KB220517

한국 종교,
영화 속으로

한국 종교,
영화 속으로

박종수 지음

이 책은 2014년 대한민국 교육부와 한국학중앙연구원(한국학진흥사업단)을 통해 창의연구지원시범사업의 지원을 받아 수행된 연구임(AKS-2014-ORS-1120002)

서문

2020년은 한국영화가 새로운 100년을 시작하는 해이다. 한국영화는 100년의 여정을 지나오면서 질적·양적으로 많은 성장을 하였다. 그러나 여전히 해결되지 않은 과제도 여러 가지가 있다. 그중 하나는 '종교영화'라는 장르가 아직 체계화되지 못한 현실이다. 이러한 현실은 아직도 종교영화를 특정 종교에 대한 선교 또는 포교영화로만 이해하려는 인식이 남아있다는 근거이며, 종교영화를 컬트영화와 비슷하게 생각하는 경향이 있기 때문이다. 따라서 종교영화라는 장르적 특징을 한국 종교영화사 측면에서 다룰 필요가 있으며, 이에 대한 체계적 접근이 필요하다. 본 연구는 이러한 관점에서 한국 종교영화에 대한 학계의 기존 연구를 바탕으로 '한국 종교'와 '영화'라는 키워드를 조합하여, 한국 종교영화에 대해서 다루었다.

요컨대, 본 연구는 한국 종교영화의 유형을 종교전통별 여섯 가지 유형으로 분류하였고, 1) 한국 무속영화, 2) 한국 불교영화, 3) 한국 유교영화, 4) 한국 천주교영화, 5) 한국 개신교영화, 6) 한국 신종교영화로 유형화하여 살펴보았다. 그리고 종교전통별로 유형화된 한국 종교영화를 내부자와 외부자의 시선으로 채워진 교리·신화·의례, 사회·윤리적 측면으로 각각 분석했다. 이러한 시각을 통해서 한국 종교영화에 대한 인식의 폭을 넓히는 기회가 되었으면 한다. 아울러 영화를 통해서 한국 종교에 대한 이해를, 한국 종교를 통해서 영화를 이해하는 계기가 되기를 바란다.

목차

서문 / 5

1부

한국 종교영화 서술의 이론적 토대

제1장 들어가며: 한국 종교영화의 개념과 유형 ·13
　　1. 연구의 배경 ·13
　　2. 국내외 연구동향 ·16
　　3. 종교영화의 개념 ·18
　　4. 한국 종교영화의 유형 ·19

제2장 한국 종교영화의 역사적 전개 ·22
　　1. 해방 이전까지의 한국 종교영화 ·28
　　2. 해방 이후 1950년대의 한국 종교영화 ·37
　　3. 1960~1970년대의 한국 종교영화 ·43
　　4. 1980~1990년대의 한국 종교영화 ·49
　　5. 2000년대 이후의 한국 종교영화 ·54

2부

한국 종교영화 각론

제3장 한국 무속영화 ·75
　　1. 갯마을(김수용, 1965) ·80

2. 무녀도(최하원, 1972) ·81

3. 석화촌(정진우, 1972) ·82

4. 초분(이두용, 1977) ·83

5. 을화(변장호, 1979) ·84

6. 나그네는 길에서도 쉬지 않는다
   (이장호, 1987) ·85

7. 그 섬에 가고 싶다(박광수, 1993) ·86

8. 태백산맥(임권택, 1994) ·87

9. 영매(박기복, 2003) ·89

10. 만신(박찬경, 2013) ·90

제4장 한국 불교영화 ·92

1. 마음의 고향(윤용규, 1949) ·97

2. 무영탑(신상옥, 1957) ·98

3. 지옥문(이용민, 1962) ·99

4. 석가모니(장일호, 1964) ·99

5. 만다라(임권택, 1981) ·100

6. 달마가 동쪽으로 간 까닭은?(배용균, 1989) ·101

7. 아제 아제 바라아제(임권택, 1989) ·102

8. 은행나무 침대(강제규, 1996) ·103

9. 번지점프를 하다(김대승, 2001) ·103

10. 봄 여름 가을 겨울 그리고 봄
    (김기덕, 2003) ·104
제5장 한국 유교영화 ·106
    1. 씨받이(임권택, 1986) ·106
    2. 성춘향(신상옥, 1961) ·108
    3. 학생부군신위(박철수, 1996) ·109
제6장 한국 천주교영화 ·110
    1. 구원의 정화(이만흥, 1956) ·113
    2. 고종황제와 의사 안중근(전창근, 1959) ·113
    3. 새남터의 북소리(최하원, 1972) ·114
    4. 초대받은 사람들(최하원, 1981) ·114
    5. 오세암(박철수, 1990) ·115
    6. 이재수의 난(박광수, 1998) ·116
    7. 박쥐(박찬욱, 2009) ·117
    8. 울지마 톤즈(구수환, 2010) ·120
    9. 피에타(김기덕, 2012) ·121
제7장 한국 개신교영화 ·122
    1. 유관순(윤봉춘, 1948) ·125
    2. 상록수(신상옥, 1961) ·126
    3. 사랑의 뿌리(강대진, 1978) ·127

    4. 사람의 아들(유현목, 1980) ·128

    5. 어둠의 자식들(이장호, 1981) ·129

    6. 낮은 데로 임하소서(이장호, 1982) ·130

    7. 할렐루야(신승수, 1997) ·130

    8. 밀양(이창동, 2007) ·131

    9. 소명 하늘의 별(신현원, 2013) ·132

제8장 한국 신종교영화 ·133

    1. 화평의 길(강대진, 1984) 134

3부

한국 종교영화 전망

제9장 서구 종교영화의 역사와 원형 ·139

    1. 예수영화(Jesus Film)의 역사 ·140

    2. 예수영화의 원형 ·147

    3. 예수영화의 새로운 양상 ·149

제10장 나오며: 한국 종교영화의 특징과 과제 ·154

    1. 한국 종교영화의 특징 ·154

    2. 한국 종교영화의 과제 ·155

부록: 한국 종교영화 DB 목록·157

　　1. 한국 무속영화·157

　　2. 한국 불교영화·192

　　3. 한국 유교영화·237

　　4. 한국 천주교영화·255

　　5. 한국 개신교영화·277

　　6. 한국 신종교영화·338

1부

한국 종교
영화 서술의
이론적 토대

제1장 들어가며: 한국 종교영화의 개념과 유형

1. 연구의 배경

① 한국 종교 연구 자료의 다각적 발굴 및 연구의 필요성

근현대 한국 종교를 연구할 때 해당 종교에 관한 일차적 자료의 확보는 중요하다. 하지만 내부자가 아니면 일차적 자료의 확보가 어려운 경우도 많다. 이 경우, 이차적 자료에 의한 연구도 가능하다. 다시 말해, 내부자가 만든 일차 자료에 의해서 한국 종교를 연구할 수도 있지만, 해당 종교에 대해서 외부자가 만든 이차 자료도 유용한 시사점을 줄 수 있다는 것이다. 왜냐하면, 종교에 대한 외부자의 시선은 한국 종교에 대한 메타연구(meta-research)로서 한국 종교의 담론을 연구하는 데 중요하기 때문이다.

이차 자료에서 주목할 만한 것은 종교영화(religious film)이다. 종교영화는 내부자에 의해서 선교·포교·포덕 등을 위해서 만들어지기도 하지만, 외부자에 의해서 해석된 종교문화가 이미지화되기도 한다.[1] 이때 그려지는 종교문화는 내재적 측면과 외재적 측면의 두 가지 유형으로 시각화된다. 내재적 측면이란 종교영화 속에 그려지는 해당 종교의 교리적·신화적·의례적인 내용들을 일컬으며, 외재적 측면이란 해당 종교의 사회적·윤리적 실천 내용들을 일컫는다. 종교영화가 외부자에 의해서 시각화될 때는 외재적 측면이 좀 더 부

---

[1] John R. May, "Visual Story and the Religious Interpretation of Film", in *Religion in Film*, Knoxville: University of Tennessee Press, 1982, pp.24~25; John R. May, "Contemporary Theories Regarding the Interpretation of Religious Film", in *New Image of Religious Film*, p.18(박종천, 「영화가 종교를 만났을 때-김기덕의 <봄여름가을겨울그리고봄(2003)>을 중심으로」, 『종교연구』 제44집(한국종교학회, 2006), pp.292~293에서 재인용).

각되곤 하는데, 이때 해당 종교의 사회적·윤리적 쟁점들이 주목되면서 종교연구의 메타연구 자료가 된다. 따라서 한국 종교 연구 자료의 다각적인 발굴과 연구를 위해서 종교영화를 통한 한국 종교의 연구는 필요하다.

② 한국 종교영화에 대한 데이터베이스 구축 시급

한국 종교에 대한 다각적 연구 자료로서 종교영화가 요청된다면, 이에 대한 자료의 수집과 정리 등의 데이터베이스 구축이 필요하다. 한국 종교영화에 대한 연구는 아직 개별적인 종교영화에 국한하여 연구되고 있기 때문이다. 대부분의 연구는 개별 종교전통의 내부자로서 종교영화를 연구하고 있어서 한국 종교영화를 총체적으로 이해하는 데 어려움이 있다.2) 2004년에 신광철에 의해서 한국 종교영화에 대한 전반적인 연구가 시도되었는데, 10년이 지난 현재까지도 이 연구를 넘어선 진전이 보이지 않고 있다. 종교영화가 한국 종교를 좀 더 다각적으로 연구할 수 있는 자료라고 한다면, 한국 종교 전체를 아우르는 종교영화에 대한 데이터베이스 구축이 시급하다. 왜냐하면, 이 작업이 종교영화의 연구에 기초자료를 제공하여, 후속연구를 가능케 하기 때문이다.

③ 한국 종교영화에 대한 융·복합적 연구의 요청

종교영화는 한국 종교 연구의 자료로서 종교학 분야에서 연구될 수 있지만, 영화학과 영상문화학, 인문콘텐츠학, 신문방송학, 언론학,

---

2) 신광철, 「한국 종교영화의 현황과 전망」, 『한국종교』 제28집(원광대학교 종교문제연구소, 2004), pp.123~124.

신학 등에서도 연구 자료로써 활용될 수 있다. 이에 따라 한국 종교 영화는 학제 간 연구로서 융·복합적인 연구가 요구되는 분야이다. 현재까지 종교영화에 대한 관심은 개별 학문적 수준에서 관심을 가 졌는데, 종교학 분야에서 종교영화에 관심을 갖고 연구한다면 보다 진전된 수준의 융·복합적 연구에 기여할 수 있으리라 본다.

본 연구의 방법은 영화 자체에 대한 분석과 영화 분석에 활용되는 방법론들의 활용이다. 종교영화라는 연구 자료의 특성상 관련 영상 자료가 일차적인 자료가 되며, 한국 종교영화에 대한 해설 및 분석 인 논문·저서·신문·잡지의 내용이 이차적인 자료가 된다. 따라서 본 연구는 한국 종교영화의 일·이차 자료를 수집 및 분류, 검토하 여 새로운 시각으로 종교영화에 대한 서술을 시도한다.

본 연구의 내용은 한국 종교영화 서술의 이론적 토대, 한국 종교영 화의 각론, 한국 종교영화의 전망 등이다. 그리고 연구의 시대적 범 위는 개항기 이후부터 현재까지이며, 한국 종교영화라는 개념적 정의 를 바탕으로 무속영화, 불교영화, 유교영화, 천주교영화, 개신교영화, 신종교영화로 범위를 한정한다. 그리고 분석 대상의 종교영화는 한국 종교영화 데이터베이스를 만든 후, 각 종교전통별 종교영화에서 분석 할 만한 가치가 높은 종교영화를 10여 편 내외씩을 선정하여 집중적 으로 분석하고자 한다. 다만, 이 연구에서 다루지 않는 연구 범위의 한계는 한국 종교영화의 전망 부분에서 과제로 다루겠다.

2. 국내외 연구동향

'한국 종교영화'와 직접적으로 관련된 저서는 많지 않다. 현재까지 확인된 저서는 『(자료로 보는) 세계의 종교영화』(정종화, 범우사, 2007), 『감독도 모르는 영화 속 종교 이야기』(김기대, 도서출판 모시는 사람들, 2012), 『종교, 할리우드에게 길을 묻다』(이경기, 책보출판사, 2013), 『한국영화 100선: <청춘의 십자로>에서 <피에타>까지』(한국영상자료원, 2013), 『윤동환의 다르게 영화보기(Cinema Religiousus)』(윤동환, 본북스, 2014) 정도이다. 이 주제와 관련된 학술논문과 학위논문은 저서와 비교할 때 많은 편이다. 그러나 본 저술연구가 지향하는 한국 종교영화의 개념과 범위, 그리고 해석의 부분에서 본 연구는 기존의 연구와 차이가 있다.

① 종교영화의 개념

종교영화라는 주제를 직·간접적으로 다루고 있는 저서는 위와 같이 5권 정도로 파악된다. 정종화는 『(자료로 보는) 세계의 종교영화』에서 국내외의 종교영화 관련 자료(영화 포스터)를 중심으로 종교영화를 소개한다. 그러나 이 책은 종교영화의 개념에 대한 설명이 충분하지 못한 상태에서 관련 포스터를 나열하고 있다. 그리고 저자는 『기독교사상』 제128호(1969)에 「참된 종교영화를 대망」이라는 글을 발표하면서, 종교영화의 개념을 기독교 중심적으로 해석하고 있다.

또한, 김기대도 『감독도 모르는 영화 속 종교 이야기』에서 종교영화에 대한 개념적 정의 없이 영화 속에 이미지화된 종교성을 발굴하여 '영화와 종교가 공유하는 것'들에 대해서 이야기하고 있다. 이러한 점은 이경기도 마찬가지다. 그는 『종교, 할리우드에게 길을 묻다』에서 할리우드의 흥행작들 속에 감독과 배우들의 종교관이 어떻게 표현되고 있는지를 동물, 사랑, 색상, 숫자, 음식, 음악 및 사운드트랙, 영화 제목 등으로 조명하고 있다.

한편, 한국영상자료원에서 펴낸 『한국영화 100선: <청춘의 십자로>에서 <피에타>까지』는 제목에서도 알 수 있듯이 종교영화만을 다룬 책이 아니다. 이 책은 시대별로 한국영화 중 100편을 선정하여 소개하고 있는데, 이 가운데 종교영화라고 부를 만한 한국영화가 소개되었다는 점에서 의의를 찾을 수 있다.

마지막으로, 윤동환의 『다르게 영화보기(Cinema Religiousus)』는 본 저서와 유사성을 갖는다. 요컨대, 저자는 다양한 영화들을 불교의 사성제 개념으로 분석하여, 영화라는 창을 통해서 종교를 관통하는 관점을 찾고 있다. 하지만 이 책은 한국영화뿐만 아니라 서구 영화를 좀 더 비중 있게 다루고 있어서 본 저서인 한국 종교영화와는 그 내용의 면에서 다르다.

종교영화와 관련한 선행 연구 저서의 경향 등을 미루어 볼 때, 본 저술연구에서 지향하는 종교영화의 개념과는 차이가 있다. 앞서 언급했듯이, 본 저술연구에서는 종교영화를 종교가 내재적으로 갖는 교리적·신화적·의례적 측면과 종교의 사회적·윤리적 실천으로 드러나는 외재적 측면으로 시각화된 매체로 이해한다. 그리고 기존의 저서에서 다루고 있는 종교영화의 개념이 서양의 종교영화를 중심으로 설정되었다는 점에서, 한국 종교영화를 총체적으로 다루는 본 연구는 차별성을 갖는다.

② 한국 종교영화의 분류 및 범위

앞서 확인했듯이, 종교영화를 다룬 기존의 저술들은 한국 종교영화를 세부적으로 분류하여 서술하지 않는다. 그리고 한국 종교영화의 범위도 설정되어 있지 않다. 다만, 앞서 언급된 신광철의 논문이 한국 종교영화의 분류와 범위에 대해서 개론적 차원에서 방향을 제시하였다는 점에서 의의를 찾을 수 있다. 본 저술의 연구는 신광철이 제시한 논문의 개론적 틀을 확장 및 세부적으로 기술한다는 점에서 선행 연구와 차별성을 갖는다.

③ 한국 종교영화의 해석

앞서 검토한 저술들은 한국 종교영화에 대한 해석에서 특정 종교에 편향된 해석을 보이는가 하면, 한국 종교영화라는 장르적 관점에서의 해석이 아니라 영화에 대한 종교적 해석이 주를 이루었다. 이러한 이유는 종교영화에 대한 장르적 개념의 정의가 없었기 때문에 파생된 결과이기도 하다. 따라서 본 저술의 연구는 한국 종교영화의 개념과 분류 및 범위의 설정을 바탕으로 각각의 한국 종교영화를 서술한다는 점에서 기존의 연구와 차별성을 갖는다.

3. 종교영화의 개념

종교영화라는 개념은 종교와 영화의 관계적 차원에서 볼 때, 서로 다르게 정의될 수 있다. 요컨대, 영화의 생산과 소비라는 측면에서 볼 때, 생산자는 종교영화에 대한 해석의 차원(the interpretation of religious film)에서 다루지만, 소비자는 영화의 종교적 해석의 차원

(the religious interpretation of film)에서 다룬다. 그리고 장르로서 종교영화는 종교전통을 소재로 한다. 예컨대, 장르로서 종교영화(religious film)는 분류 가능한 유형이나 양식, 줄거리를 갖춘 영화를 의미한다.3)

앞서 언급했듯이, 본고에서 사용하는 장르로서 종교영화의 개념은 해당 종교전통의 내부자와 외부자가 각각 바라보는 관점(줄거리)을 포괄한다.4) 요컨대, 종교영화는 내부자에 의해서 선교·포교·포덕 등을 목적으로 제작되면서도, 외부자가 해당 종교를 해석하여 종교문화를 이미지화하기도 한다. 결국 종교영화는 해당 종교전통의 내재적 측면과 외재적 측면의 두 가지 유형으로 시각화된다. 내재적 측면이란 종교영화 속에 그려지는 해당 종교의 교리적·신화적·의례적인 내용이며, 외재적 측면이란 해당 종교의 사회적·윤리적 실천 내용이다.

따라서 본 저서에서 사용하게 될 종교영화라는 장르로서 종교영화의 내용은 종교의 교리적·신화적·의례적인 내용들과 사회적·윤리적 쟁점들이다. 이러한 내용들은 종교연구의 메타연구 자료로서 기여할 것이며, 현대 한국 사회를 분석하는 자료로써 활용될 수 있을 것이다.

4. 한국 종교영화의 유형

신광철은 앞선 논문에서 한국 종교영화의 유형을 1) 무속영화, 2) 불교영화, 3) 가톨릭영화, 4) 개신교영화, 5) 신종교영화로 나누고

---

3) 조해진, 『한국영화, 장르의 법칙: 장르 아닌 영화는 없다!』(국학자료원, 2010), p.42.
4) 신광철은 「한국 종교영화의 현황과 과제」에서 종교영화를 포괄적으로 정의하여, "해당 종교 혹은 해당 종교적 주제를 소재로 하는 영화"라는 관점에서 한국 종교영화를 정의하고 분석한다.

유교적 이념을 다룬 영화 또는 장례식 영화를 소개하였다. 그리고 각 종교전통의 영화를 그 내용에 따라서 6가지에서 9가지로 분류하였다. 요컨대, 무속영화는 ① 무속 내지는 무속적 세계관을 내러티브의 중심 제재로 설정한 경우, ② 내러티브 구성상 무속의례를 차용한 경우, ③ 민담, 전설과 무속적 요소를 관련시킨 경우, ④ 무의 삶에 초점을 맞춘 경우, ⑤ 무속과 근대적 세계관 내지는 서구 종교와의 관계를 묘사한 경우, ⑥ 무속의례의 사회적 치유 능력을 묘사한 경우로 분류하였다. 반면에 불교영화는 ① 문학작품을 영화화한 작품, ② 불교 소재 설화 혹은 전설을 영화화한 작품, ③ 국책이념을 지지하기 위한 목적을 지닌 작품, ④ 불교 관련 인물의 전기 성격의 작품, ⑤ 불교 역사 관련 작품, ⑥ 수행과 깨달음의 세계를 묘사한 작품, ⑦ 현실적 삶 속에서 불교적 가르침이 지니는 의미를 추구한 작품, ⑧ 윤회사상을 구현한 작품, ⑨ 무협영화의 배경으로서 불교적 세계를 차용한 작품으로 유형화하였다.

그리고 가톨릭영화는 ① 전기영화, ② 순교사화 영화, ③ 전쟁 중 신앙의 정체성을 모색한 영화, ④ 수행의 세계에 담긴 의미를 탐구한 영화, ⑤ 타 종교와의 만남을 모색한 영화, ⑥ 본격적인 역사영화로 분류한 반면, 개신교영화는 ① 전기영화의 성격을 지니는 작품, ② 신앙의 힘으로 고난을 극복하거나 삶의 의미를 되찾는 내용을 담은 작품, ③ 기독교적 진리를 확인·입증하는 내용을 담은 작품, ④ 기독교와 무속의 갈등을 다룬 작품, ⑤ 한국 사회 및 한국 기독교 문화 비판 성향의 작품으로 분류하였다. 한편, 신종교영화는 제작 편수가 적기에 유형화하는 대신 작품 제목을 소개하였다.

신광철이 각 종교전통의 영화를 분류하는 데 서로 다른 유형을 제시한 것은 각 종교전통의 영화가 사회적 맥락을 반영하여 제작되었기 때문이다. 따라서 본 저서는 한국 종교영화에 대한 내부자와 외부자의 시선을 교차하면서 분류하는 방식으로 접근하고자 한다.

　우선, 본 저서는 한국 종교영화의 유형을 각 종교전통별 여섯 가지로 분류할 것이다. 요컨대, 한국 종교영화의 유형은 1) 한국 무속영화, 2) 한국 불교영화, 3) 한국 유교영화, 4) 한국 천주교영화, 5) 한국 개신교영화, 6) 한국 신종교영화로 유형화된다. 그리고 종교전통별로 유형화된 한국 종교영화는 내부자와 외부자의 시선으로 채워진 교리·신화·의례, 사회·윤리적 측면의 내용으로 각각 분석될 것이다. 이에 대해서는 본 저서의 제3장부터 제8장까지 다루게 된다.

제2장 한국 종교영화의 역사적 전개[5]

본 장에서는 한국 종교영화의 역사적 전개를 한국영화사의 흐름 속에서 살펴본다. 왜냐하면, 종교영화 또한 시대적·사회적 소산물이기 때문이며, 한국영화사의 맥락 속에서 종교영화를 파악할 때 종교영화의 분명한 특징이 드러나기 때문이다.

활동사진으로 출발한 한국영화는 현재 양적·질적인 면에서 서구 영화 못지않게 성장하였다. 영화사는 연구 방법의 시간성에 그 특징이 있다고 한다. 영화가 시간이 지나면서 어떻게 기능해 왔는지를 다루는 것이 영화사의 핵심이라는 것이다.[6] 영화사가 과거에 일어난 사건을 서술하는 것은 다수의 역사들이 서술될 수 있는 가능성의 장(field)을 펼치는 것이다. 영화와 영화를 둘러싼 시대의 의미는 '역사적 특정성(singularities)'에 따라 복수의 해석이 가능하며 사회적·산업적·문화적·미학적 접근 방법에 따라 다양한 이야기가 구성될 수 있다.[7]

한국영화사에 대한 연구는 한국영상자료원을 통해서 과거의 한국 영화를 비교적 수월하게 접근할 수 있는 환경이 조성되면서 많이 진척되었다. 그리고 원로 영화인들의 구술 기록과 신문기사, 잡지 등을 정리한 자료집이 발간되면서 자료의 다양성도 확보하게 되었다. 해방 이전 시기의 영화가 발굴되면서 작품을 통해 한국영화의 역사를 재구성할 수 있게 되었고, 다양한 분야의 아카이빙 작업이 활발

---

5) 본 장은 필자가 『한국예술연구』 제13호 「한국 종교영화의 역사적 전개와 특징」(2016, pp.197-218)에 게재한 원고를 수록하였음.

6) 로버트 알렌·더글라스 고메리 저, 유지나 외 역, 『영화의 역사: 이론과 실제』, 까치, 1997, pp.17~48.

7) 김미현, 『한국영화 역사』, 커뮤니케이션북스, 2014, p.16.

하게 진행되면서 역사적 자료에 대한 접근이 쉬워지기도 하였다.

한국영화사 또는 한국 종교영화사는 한국영화를 어떻게 인식하고 접근하는지에 따라서 다양한 관점과 사실을 서술할 수 있다. 본 저서는 김미현의 『한국영화 역사』를 바탕으로, 한국 종교영화가 말하고 있는 시대의 기록, 그 영화를 생산하고 소비한 시대의 대중심리와 사회구조에 대한 프레임을 짜낸 결과라는 관점을 갖고, 이에 대한 한국 종교영화에 대한 역사적 전개를 서술하고자 한다.

해방 이전부터 현재까지 파악된 한국 종교영화의 편 수는 약 190편 정도이다. 한국 종교영화는 해방 이전에 만들어진 1933년 이규환의 <밝아가는 인생>을 시작으로 2015년 김상철의 <순교>에 이르기까지 종교전통별로 다수의 영화가 제작되었다. 해방 이후부터 1950년대에는 무속영화를 비롯하여 불교영화, 천주교영화, 개신교영화가 비슷한 편 수로 제작되었다. 한국영화 산업의 전환점이 된 1960년대부터는 종교영화의 제작 편 수도 함께 늘어나기 시작하였다. 예컨대, 이 시기에 무속영화는 13편, 불교영화는 16편, 천주교영화는 5편, 개신교영화는 11편이 제작되었으며, 유교영화와 신종교영화가 각각 1, 2편씩이 제작되었다. 이 시기에 이르러서 한국 종교영화의 흐름이 비로소 생겨났다. 이후 한국 종교영화는 꾸준히 제작되고 있으며, 종교영화제 등을 통해서 단편영화 및 다큐멘터리영화가 제작되면서 종교영화의 전성기를 맞게 되었다. 각 종교전통별 종교영화의 시기별 편 수를 살펴보면 다음과 같다.

표 1> 한국 종교영화의 시기별 제작 편 수[8]

시기	소계	무속 영화	불교 영화	유교 영화	천주교 영화	개신교 영화	신종교 영화
해방 이전까지	1	1					
해방이후~1950년대	13	1	5		4	3	
1960~1970대	48	13	16	1	5	11	2
1980~1990년대	67	12	16	8	7	21	3
2000년대 이후	61	7	10	9	4	29	2
총계: 190		34	47	18	20	64	7

해방 이전 조선에 영화가 전래한 시기는 정확하지는 않지만, 1903
년 6월쯤으로 받아들여지고 있다. 활동사진 시사회가 있었다는 구전
과 기록이 전해지고는 있지만, 일반 대중들에게 공개적으로 영상이
공개된 시점이 아니라는 점에서 1903년을 조선에 영화가 전래한 시
기라 할 수 있다.[9]

이 당시 대표적인 극장은 협률사로서, 1902년 여름 고종황제의 등
극 40주년을 기념하기 위해서 관립극장으로서 황실의 지원을 받아
지어졌다. 협률사의 현 위치는 광화문의 새문안교회의 자리로 500석
정도의 좌석을 갖추었다. 협률사는 전국의 명기들을 전속단원으로 구
성하여 고종의 칙명을 받아 전국의 명인 명창들을 모아 170명의 대
단원을 구성하였다. 이들은 기량에 따라서 정부로부터 일정한 급료를
지불받았으며, 협률사는 고종 40주년 등극 기념식을 형식적으로 치
르고 난 후에 일반 영업극장으로 사용되었다. 협률사는 연회장으로서
시대에 민감하게 반응을 보여 미국과 프랑스의 활동사진을 중국 상

---

8) 한국 종교영화에 대한 자료조사는 신광철의 선행 연구를 바탕으로 중복된 영화를 조정하였고,
   2000년대 이후의 영화를 추가하여 작성되었다.

9) 김수남, 『조선 영화사 논점』, 도서출판 월인, 2008, p.11.

해를 거쳐 들여와 상영하였다. 하지만 수익은 거의 없었고 영화 상영 중 전기의 과열로 극장의 문을 일시적으로 닫았었다.[10]

구한말 영화는 양풍(洋風)과 함께 전해지면서 대중문화의 꽃으로 자리 잡았다. 1903년에 첫 상영이 이루어진 후, 1910년대 극장가의 형성과 함께 전파되었고, 1920~1930년대에 걸쳐 관람이 보편화하면서, 근대적 생활의 일부로 대중에게 환상을 제공했다.

한편, 한국영화의 제작은 1919년에 연쇄극의 형태로 <의리적 구토(義理的仇討)>가 제작되면서 비롯되었고, 1923년에 <월하의 맹서>가 완전한 극영화의 형태로 공개되면서 본격적으로 시작되었다. 영화가 보편화되기 시작한 1930년대 중반, 조선에서 상영된 전체 영화 편 수 가운데 한국영화(조선 영화)의 비율은 4%에 불과하였으며, 1940년에 이르러서야 국민 1인당 관람 횟수(외국 영화 포함)가 1회에 도달하였다. 해방 이후 1950년대 중반까지도 기록영화와 뉴스 외의 장편 극영화의 제작은 미진했다. 그리고 한국영화가 산업적으로 융성했던 1960년대와 2000년대 이후에만 한국영화의 시장 점유율이 50% 내외를 유지하고 있으며, 그 이외 시기에는 약 16%에서 40% 사이에 걸쳐 있었다.

따라서 한국영화 역사를 한국인이 한국 자본으로 제작하고 한국 문화와 정서를 다룬 작품들의 기록으로 이해한다면 그 폭은 매우 제한적일 수밖에 없다. 영화는 서양에 기원을 둔 기계 복제의 예술이며, 대규모 자본이 있어야 하는 산업일 뿐만 아니라, 상영 지역의 공동체를 구성하고 매개하는 문화이다. 그리고 영화의 역사는 그 기원

---

10) 유민영, 『우리시대 연극운동사』, 단국대출판부, 1990, pp.7~8.

부터 국제적으로 유통되어 온 제작과 소비의 순환 고리를 구성하고 있어서 민족, 국가마다 차이가 있으면서도 유사성을 공유하는 장르적 군집을 형성하고 있다. 이러한 관점에서 한국영화의 역사는 한국 근현대사의 흐름 속에서 근대의 형성과 외래의 수용을 포함한 사회문화사인 동시에 민족영화의 제작과 소비의 장이면서, 인류의 보편성을 담아낸 시간의 흐름이기도 하다. 종교영화 또한 그러한 시각에서 이해할 수 있다.

한국영화의 역사는 현대사의 시기적 상황 속에서 파악될 수 있는데, 한국영화의 세세한 제작 기록과 사실 등은 누락될 수밖에 없다. 왜냐하면, 본 저서가 한국영화에 대한 통사적인 내용을 집중적으로 다루는 것이 목적이 아니기 때문이다. 요컨대, 본 저서의 목적은 시기별 한국영화의 흐름 속에서 종교영화의 역사를 살펴보고, 이를 통해서 각기 다른 시기에 한국 종교영화 특징이 무엇이었는지 살펴보려는 것이다. 이러한 점에서 한국 종교영화의 역사적 시기 구분은 한국영화의 역사적 시기 구분과 거의 일치한다.

해방 이전까지의 시기는 활동사진과 극장가의 형성(1895~1923), 식민지 대중문화와 무성영화(1923~1935), 유성영화와 근대의 삶 그리고 군국주의(1935~1945) 등 세 부분으로 분류된다. 이것은 활동사진 상영 시기, 조선 영화 제작 출발, 그리고 유성영화의 시작을 기준으로 구분한 것이다.

해방 이후 1950년대는 '정치적 격변기'로서, 김미현의 한국영화 시기 구분은 다른 한국영화사의 시기 구분과 차이가 있다. 이 시기는 일반적으로 1954년까지 묶이는 시기로 1955년 <춘향전>의 상영을 기점으로 한다. 그러나 김미현은 1955년까지 지배적인 장르는 전쟁영화였는데 1958년에 이르러서 극영화 중심으로 영화계가 재편되었기 때문에, 영화의 기록성이 우선하던 시기로 보고 이 기간을 연장하고 있다.

그리고 김미현은 1958년부터 1962년을 '미국 문화, 근대화, 그리고 가족'이라는 주제로 별도의 시기로 분리하고 있다. 이 시기에 한국 사회와 영화 형식이 어떤 길을 갈지에 대해 여러 가능성이 공존했기 때문이었다. 당시 한국영화는 1960년 4·19혁명과 1961년 5·16 군사 쿠데타의 격변기 때, 가족 드라마를 비롯한 가족 이야기를 생산하였다.

1963년에서 1971년까지는 영화 정책이 체계를 갖추고 산업을 형성하며 장르영화 중심의 제도화가 되는 시기로 진입했다. 한편, 1972년에서 1979년까지는 유신 독재 체제가 사회 전반의 규율과 분위기를 지배하던 시기이다. 한국영화의 경향은 시대의 변화를 여러 징후를 통해 표출하고 있다.

1980년대부터 한국영화는 현대로 진입하는 차이를 가시화하고 있다. 1960년대부터 지속하던 영화 정책과 구조가 변화되면서, 금지되었던 소재와 표현 방식이 가능해졌으며, 사회 민주화에 화답하는 영화 문화가 형성되기 시작했기 때문이다. 1990년대에는 대기업 자본의 영화 투자와 미국 직접 배급이 정착했고, 소비문화를 직접 반영하는 기획 영화와 함께 2000년대를 맞이하는 작가 감독들의 데뷔작이 출현했다. 2000년대 한국영화의 성취는 정책 지원과 산업 성장에 근거한 한국형 블록버스터와 상업적 가능성과 작가성을 버무린 작품들을 통해 이루어지고 있다.

1. 해방 이전까지의 한국 종교영화

해방 이전까지 제작된 한국 종교영화에는 무속영화로 분류되는 이규환의 <밝아가는 인생>(1933)이 유일하다. 이 시기에는 장르로서 종교영화가 자리 잡기 전이었고, 신파적 또는 계몽적 영화가 주류를 이루었기 때문이기도 하였다. <밝아가는 인생>에서는 무속적 내용이 계몽되어야 할 미신으로 묘사되고, 무당과 계몽 지식인들의 갈등을 그리고 있다. 영화 속 이러한 장면들은 당대의 시대적 분위기를 반영한 결과이며, 무속에 대한 이러한 이미지는 1990년대까지 재생산되는 소재로 이어졌다.

구한말인 1900년대 초부터 조선에서 활동사진이 상영되기 시작하였다. 1910년대에 외화 프로그램을 상영하면서 진고개(현재의 명동과 충무로 일대)와 종로 일대에 극장가가 형성되면서, 활동사진은 근대 생활과 신문물에 익숙한 계층을 중심으로 유행처럼 번져 나갔다. 1919년에 신파 연쇄극인 <의리적 구토>가 제작되기 전까지 약 20년간은 서구 영화를 감상하는 시기였다.

개항 이후 주로 일본을 통해서 서양 물품들이 수입되면서 양풍(洋風)이 일상화되었고, 조선인들은 새로운 문물에 대한 수요와 욕구가 증가하였다. 도시의 대중들에게 영화는 값싸고 재미있는 화려한 볼거리로 소설과 연극에 이어서 대중들의 마음을 사로잡았다. 전통적 삶과 근대화·도시화의 풍경이 혼재되어 공존하기 시작하였다.

1903년 6월 23일 자『황성신문』의 광고에는 "동대문 한성전기회사 기계창에서 국내와 구미 각국의 절승한 풍경을 찍은 활동사진을 상영하는데, 관람 시간은 일요일과 비 오는 날을 제외한 저녁 8시부터 10시까지이며, 입장료는 동화 10전"이라는 내용의 글이 실렸다. 이에 근거하여 한국영화의 시작을 1903년으로 본다. 하지만 영화가 1887년 상영되었다는 기록을 <상록수>의 작가이자 감독인 심훈과 이구영 감독의 증언, 영화사 연구자인 이치가와 사이(市川彩)의 구술 등을 통해서 이보다 앞서 조선에서 영화가 상영되었다는 기록과 증언이 있기도 하다.[11]

조선의 영화 유입에 대한 기록에서 외국인이 상영의 주체였으며, 영화가 담배회사, 전기회사의 활동을 위한 수단이었다는 점은, 영화가 자본주의의 전파와 연관을 가지고 있다는 사실을 환기시켜 준다. 그리고 활동사진은 대중들에게 근대를 상상하고 대리 체험하는 기능을 했었다.

1902년 근대 극장의 시초인 협률사가 왕실 극장으로 개소했고, 동대문 내 활동사진소를 비롯한 양옥집, 벽돌집, 창고 등을 개조한 장소에서 활동사진이 상영되었다. 이후 경성에 거주하는 일본인의 수가 급증하면서 일본인 지역이 형성되기 시작하였고, 이에 따라 근대적 의미의 극장이 형성되었다.

남촌에 어성좌, 경성좌, 개성좌 등이 생겨났고, 1910년부터 상설 연예관인 경성고등연예관, 우미관(1912년), 대정관(1912년), 황금관(1913년)이 생겨났다. 북촌에서도 1907년 단성사를 비롯하여, 1910년대에 걸쳐 연흥사(1908년), 장안사(1908년) 등의 극장이 생겼다. 1920년까지 경성에서는 12개 극장이 생겨났다. 극장은 곧 지방도시에도 확산되어 1925년에는 서울 12관, 전국 15관이 번성했고, 군소

---

11) 김종원·정중헌, 『우리 영화 100년』, 현암사, 1999, p.16~29.

도시에는 학교나 공회당에 세운 천막극장이 대신하기도 하였다.[12]

1920년경에 경성의 인구 중 일본인은 전체 인구의 30%를 차지할 정도로 증가하였고, 이들은 상위 10%의 경제력을 보유하고 있었다. 1907년경부터 경성에 거주하는 일본인의 수가 급증하면서, 청계천을 사이에 두고 북쪽은 조선인 지역인 종로 중심의 북촌, 남쪽은 일본인 지역인 진고개 중심의 남촌이 민족적 경계를 구획하였고, 이러한 구분은 식민도시의 구조를 형성하였다.

이 시기의 극장은 복합적 연행의 공간으로서 창극, 신파연극, 기생의 병창, 유랑극단, 서커스 등과 함께 상영되었다. 모든 프로그램은 1주일 단위로 교체되었는데, 뉴스, 희극, 서부극, 멜로드라마 등의 순서로 약 2~3시간 동안의 프로그램으로 주로 저녁 시간대에 상영되었다.

연쇄극 장르는 일본에서 1897년부터 1915년까지 번성하였는데, 조선에서는 1919년부터 1922년까지 4년간 신파극단에서 제작되었다. 김도산의 신극좌가 <의리적 구토>(1919)를 제작한 것이 기점이 되었다. <의리적 구토>의 내용은 "송산은 간악한 계모 밑에서 재산을 뺏기고 가문이 위기에 처하자 의리의 칼을 빼 든다"는 내용이었다. 1919년 10월 19일 자 『매일신보』에는 '<의리적 구토>가 거둔 예상 밖의 성공'이라는 기사를 실었는데, 이것을 계기로 운영 경비를 지탱하지 못하고 해산되던 신파 연극단이 연이어 연쇄극을 촬영하는 계기가 되었다.

한국영화에서 신파는 무성영화 시기에 <장한몽>(1926), <농중

---

12) 이영일, 『한국영화전사』, 도서출판 소도, 2004, pp.50~51.

조>(1926) 등의 "눈물에 호소하는 작품"이 인기를 끌었으나, 1930
년대를 거치면서 치정, 살해, 음모 등의 소재와 우연성의 남발, 반복
적 구조, 지연된 서사 등의 양식적 특성으로 시대에 뒤떨어진 하위
장르로 인식되기 시작했다.[13]

식민지 시기의 조선 영화는 일본인 스태프와 자본이 제작에 참여
했으며, 판소리 소설을 각색한 영화와 신파극이 다수 제작되었다.
1923년 최초의 극영화 <월하의 맹서>(윤백남)가 제작되었다. 조선
총독부에서 저축을 장려할 목적으로 만든 계몽영화였으나, 조선인이
각본과 감독을 맡았고, 최초의 조선인 여배우 이월화를 비롯해 조선
인 배우와 스태프가 참여해 한국의 첫 극영화로 인정되었다.

<춘향전>(1923)은 상업적인 성공을 거둔 첫 조선 영화로 조선극
장 사장인 일본인 하야가와 고슈(早川孤舟)가 결성한 동아문화협회
에서 만든 작품이다. 조선극장 변사 김조성과 개성 명기(名妓) 한룡
이 이도령과 춘향 역을 맡았다. <춘향전>은 1923년 10월 18일 전북
군산좌에서 개봉된 후, 서울에서는 12월 5일 황금좌에서 상영되었
다. <춘향전>의 흥행 성공에 자극을 받은 단성사 경영주 박승필은
단성사 활동사진 촬영부를 조직하고 순수하게 조선인만으로 <장화
홍련전>(1924, 김영환)을 제작했다.

이 시기에는 1924년 설립한 최초 영화사 조선키네마주식회사를 비
롯해, 1925년 윤백남프로덕션, 고려키네마, 고려영화제작소, 반도키
네마, 계림영화협회 등이 설립되어 <해의 비곡>(1924, 왕필렬), <운
영전>(1925, 윤백남), <장한몽>(1925, 이경손), <멍텅구리>(1926, 이

<hr>

13) 강영희, 「일제강점기 신파양식에 대한 연구」, 서울대학교 석사학위논문, 1989.

필우) 등의 작품을 제작했다. 1930년 이후 영화 제작은 급격히 감소했지만, 중앙키네마 <꽃장사>(1930, 안종화), 동양영화사 <승방비곡>(1930, 이구영), X키네마 <큰무덤>(1931, 윤봉춘), 평양서선키네마 <도시의 비가>(1934, 이창근) 등이 발표되었다.

조선 영화가 제작되었지만, 1934년에도 전체 상영 영화 중에서 일본 영화가 69%, 기타 외화가 27%를 차지했고, 조선 영화는 4%에 불과했다. 영화 문화는 여전히 양풍(洋風)을 즐기는 관람 중심의 환경에 있었다. 한편, 1934년 조선극장에서 개봉한 <청춘의 십자로>(1934, 안종화)는 현존하는 최고(最古)의 한국영화로, 2008년 발굴되어 대중에 공개되었으며, 변사 연행을 통해 새로운 문화 형식으로 공연되고 있다.

<아리랑>(1926, 나운규)은 조선키네마프로덕션이 제작해 단성사에서 개봉하였다. 이 영화는 민요 아리랑에서 모티브를 가져왔고 상영 당시 조선 대중의 울분을 자아내어 저항적 민족주의를 대표하는 전설적인 작품이 되었다. 민족정신을 형상화했고, 한국영화의 수준을 올려놓았으며, 춘사 나운규의 저항성이 투영되었다는 점에서 한국영화사 최대의 문제작으로 꼽힌다.[14] 이 영상은 현재필름이 소실된 상태이다.

식민지 시기 대표적인 저항적 영화 활동으로 카프(KAPF)의 영화운동을 꼽을 수 있다. 조선의 영화인들은 1927년 발족한 조선영화예술협회를 시작으로, 같은 해 9월 카프의 영화동맹을 조직해 활동했다. 이후 영화제작사 서울키노 등을 결성해 <유랑>(1928, 김유영),

---

14) 이영일, 『한국영화전사』, 도서출판 소도, 2004, p.101.

<혼가>(1929, 김유영), <암로>(1929, 강호), <지하촌>(1931, 강호), <화륜>(1931, 김유영)을 제작했으나 1934년 일제의 탄압으로 카프가 해산되면서 마감되었다. 일제의 검열로 작품의 완성도가 낮고 상영이 제대로 이루어지지 못해 대중의 호응이 없었던 것으로 알려져 있다.

무성영화 시기에 제작된 영화 중 상당수는 전승되는 판소리 소설을 영화화한 작품이다. 세계 초기 영화사에서는 전래의 신화, 민담을 근대적 기계장치인 영화에 결합하는 현상이 공통적으로 나타난다. <춘향전>을 비롯해 <심청전>(1925, 이경손), <숙영낭자전>(1928, 이경손) 등이 대표적이며, 특히 <춘향전>은 1970년대까지 새로운 기술이 도입될 때마다 영화화한 최고의 이야깃거리였다.

무성영화 시기의 사운드는 현장 음악과 연주로 대신했으며 영화 해설자의 존재도 세계적으로 보편적인 현상이다. 미국에서도 변사는 영화의 전설(前說)을 담당하는 사회자로 1910년경까지 존재했다고 알려져 있다. 일본, 대만, 태국 등 아시아 지역에서는 무성영화 전 시기에 변사가 있었다.

해방 이전의 유성영화 시기는 크게 두 시기로 구분된다. 첫째는 1935년 <춘향전>이 첫 발성영화로 제작된 후 1940년까지이며, 둘째는 1941년 영화 신체제가 선포되어 조선영화배급회사로 영화의 배급이 일원화하고, (사)조선영화주식회사에서 제작이 이루어진 군국주의 시기다. 해방 이전의 유성영화는 2005년 이후 해외에서 본격적으로 발굴해 10여 편이 보존되어 있다. 이 영화들은 근대 삶을 다룬 멜로드라마, 친일 협력영화, 군국주의 선전영화로 구분된다.

이 시기에는 영화 기재가 부족해 기술적 완성도가 중요했고, 스태프는 한 사람이 연출, 촬영, 녹음, 현상, 편집을 모두 담당하는 경우가 많았다. 카메라, 조명, 현상기 등을 자체 제작하거나 개조해 사용한 사례도 있다. 대표적으로 이창근은 평양에서 서선키네마를 설립하고, 코첼1호 무성카메라를 만든 데 이어, 1937년 코첼2호 발성카메라를 개발해 <처의 모습>(1939) 등을 제작했다. 이 외에도 1960년대까지 영화 현상기 등을 직접 제작하거나 개조해 사용하는 일은 빈번하게 이루어졌다.

<춘향전>이 흥행에 성공하면서 1936년부터 대다수의 영화가 발성으로 제작되었다. 조선영화주식회사, 고려영화주식회사, 청구영화사, 고려키네마, 한양영화사, 조선영화주식회새[이후의 (사)조선영화주식회사와 다른 민간 영화사임], 고려영화협회 등이 활동했다. 1935년에서 1939년까지 총 26편의 발성영화가 제작되었는데 그중 10편은 1939년에 제작되었다. <강 건너 마을>(1935, 나운규), <바다여 말하라>(1936, 이규환), <홍길동전>(1936, 이명우), <오몽녀>(1937, 나운규), <순정해협>(1937, 신경균), <도생록>(1938, 윤봉춘), <무정>(1939, 박기채), <수업료>(1940, 최인규) 등의 영화가 연이어 나왔다.

유성영화 시기에 진입하면서 영화 기술 개혁론과 기업화론이 부상했다. 유성영화의 사운드를 재현하기 위해서는 블림프(blimp) 카메라, 싱크로나이저(synchronizer), 기계식 현상기, 소음이 적은 텅스텐 조명 등 모든 분야에서 새로운 기재들이 필요했다.

제작비가 두 배 이상 상승하면서 산업자본이 필요하고 영화 제작을 기업화해야 한다는 요구도 발생했다. 경성촬영소, 한양영화사, 고려영화협회, 조선영화주식회사 등에 촬영소를 설치했으며, 영화는 소음 통제에 유리한 스튜디오에서 주로 제작되었다.

1930, 1940년대의 유성영화 중에는 중국, 일본, 러시아에서 발굴된 <미몽>(1936, 양주남), <심청>(1937, 안석영), <군용열차>(1938, 서광제), <어화>(1939, 안철영), <반도의 봄>(1941, 이병일), <집 없는 천사>(1941, 최인규), <지원병>(1941, 안석영), <망루의 결사대>(1943, 이마이 다다시), <조선해협>(1943, 박기채), <젊은 모습>(1943, 도요다 시로), <사랑의 맹서>(1945, 최인규) 등이 보존되어 있다. 이 작품들은 사료와 증언으로만 짐작할 수 있었던 이 시대의 영화가 세상에 공개됨으로써 식민지 시기 한국영화의 귀중한 증거가 되었다.

1935년을 기점으로 서울의 인구가 40만 명을 넘어섰고 1940년대 초에는 100만 명에 육박했다. 1920년대 중반 이후부터 영화의 관객 구성이 변화하고, 장르와의 상호관계에 따라 영화 경험이 정형화되었으며, 사회질서의 일부로서 순환하는 제도적 시스템이 형성되기 시작했다. 단편으로 구성된 프로그램, 관객의 소음과 드나듦, 변사의 해설 등으로 산만하던 극장의 풍경은 서서히 스크린에 집중하는 제도적인 관객성으로 성립되어 갔다.

1930년대 극영화는 전근대의 삶과 구별되는 근대의 이미지를 생산하고 있다. 보존되어 있는 첫 발성영화 <미몽>에서는 가정을 버리고 쾌락을 좇는 여인의 파멸을 그리고 있으며, <어화>는 순박한 어촌과 매혹적이지만 위험한 도시를 대비시키며, <반도의 봄>은 영화 <춘향전>의 제작과 상영 과정을 담고 있어 당대 대중문화의 일면을 보여 주고 있다. 영화에서 재현된 근대는 매혹적이고 위험한 도시의 삶처럼 동경의 대상인 동시에 두려움의 영역이었다.

일제는 1937년 중일전쟁 이후 군국주의를 강화하면서 「국가총동

원법」(1938)을 제정해 황국신민서사, 일장기, 전쟁 표어 등을 극장에서 강제 상영토록 했다. 이에 '영화 신체제'는 전시체제하 일본과 조선 영화 산업 구조를 효율적으로 재편하기 위한 정책, 법률과 개혁을 포괄하고 있다.15)

1941년 1월부터 생필름 배급제가 시행되었고 조선어 발성영화의 전면 상영 금지가 이루어졌다. 1940년 10월 관제 '사단법인 조선영화배급회사'가 설립되었으며, 1942년 9월에는 관제 '사단법인 조선영화제작주식회사'가 발족함으로써 조선에서 영화의 제작과 배급을 국유화했다.

한편, 외화는 1936년부터 수입이 통제되기 시작했고, 1942년에 상영이 전면 금지되었다. 1942년 10월 총독부와 관계관청에 의해 구성된 '영화기획심의회'가 설립되어 선전영화를 기획하였고,16) 조선영화제작주식회사는 연간 극영화 4~6편, 문화영화 4~5편, 시사영화 12편 등을 제작했다. 조선영화배급회사는 전국을 홍백 2계통으로 구획해 각 지역에 선전영화를 전파하였다.

중일전쟁 이후 1938년 <군용열차>를 시작으로 친일 협력영화와 군국주의 선전영화가 제작되었다. 이 영화들은 내선일체와 황국신민화를 내포적으로 혹은 직접적인 방식으로 주장하는 영화로서 군국주의 이데올로기와 협력 관계에 있다. 최근 발굴된 <군용열차>, <반도의 봄>, <집 없는 천사>, <지원병>, <조선해협> 등은 일본 영화사들과 제휴한 작품이 많았고 일제가 조선인을 교육하고 만주 등에 조선의 사정을 알리기 위한 목적을 지닌다.

---

15) 한국영상자료원 엮음, 『고려영화 협회와 영화 신체제』, 한국영상자료원, 2007, p.200.
16) 김미현, 『한국영화 정책과 산업』, 커뮤니케이션북스, 2013, pp.2~6.

그러나 <군용열차>는 조선어 시나리오가 없어 일본어 시나리오를 현장에서 조선어로 즉석 번역 녹음해 오역이 발생했으며, <집 없는 천사>는 일본 문부성 추천 영화로 결정되었으나 조선어가 등장하는 이유로 추천 취소되어 일본의 이중 의식을 보여 주었다. 조선인이 주도한 <조선해협>과 일본인이 주도한 <젊은 모습>이 지원받은 기자재 수준과 제작비 규모는 매우 달랐다.[17]

2. 해방 이후 1950년대의 한국 종교영화

해방 이후 1950년대까지의 한국 종교영화는 해방 전보다는 영화 제작의 숫자가 늘어나긴 하였지만, 종교전통별 불균형을 이루고 있다. 요컨대, 이 시기에 제작된 종교영화는 무속영화가 1편(<배뱅이 굿>, 1957: 양주남), 불교영화가 5편(<마음의 고향>, 1949: 윤용규; <성불사>, 1952: 윤봉춘; <꿈>, 1955: 신상옥; <무영탑>, 1957: 신상옥; <종각(또 하나의 새벽을 그리며)>, 1958: 양주남), 천주교영화가 4편(<안중근 사기>, 1946: 이구영; <지성탑>, 1948: 김정환; <고종황제와 의사 안중근>, 1959: 전창근), 개신교영화가 3편(<죄 없는 죄인>, 1948: 최인규; <유관순>, 1948/1959: 윤봉춘)이 제작되었다.

1945년 해방에서 한국전쟁으로 이어지는 역사적 시기는 영화가 시대의 요구에 밀착했던 기간이었다. 정치적 격변기에서 기록영화의 역할이 부상해 군(軍)과 관(官) 등을 중심으로 뉴스영화, 기록영화, 문화영화 등이 다수 제작되었다. 1954년 4월부터 국산 영화 면세조

---

17) 김려실, 일제 말기의 합작 선전영화. 김미현 편, 『한국영화사: 開化期에서 開花期까지』, 커뮤니케이션북스, 2006, pp.93~96.

치가 시행되고, <춘향전>(1955, 이규환)과 <자유부인>(1956, 한형모)이 크게 성공함으로써 영화 산업의 기틀이 마련되었다.

1945년 12월 16일 조선영화동맹은 앞서 조직된 조선영화건설본부와 조선프롤레타리아영화동맹을 통합해 '반제반봉건반국수주의 민족 영화론'을 천명하며 전국적인 대중운동 단체로 결성되었다. '영화 국영화론(國營化論)'을 제기하며 미군정의 정책과 중앙영화배급사의 독점적인 배급을 비판하는 등 좌우익을 망라한 공감을 얻었으나 미군정의 탄압과 주요 영화인들의 월북으로 무력화되었다.[18]

해방 후 한국전쟁까지 약 5년 동안 총 61편의 극영화가 제작되었으며, 광복영화는 주로 고려영화협회와 계몽영화협회에서 만들었다. <자유만세>(1946, 최인규), <안중근 사기>(1946, 이구영), <윤봉길 의사>(1947, 윤봉춘) 등은 일제의 식민통치에서 벗어난 기쁨과 새 조국 건설에 대한 열망을 표현하고 있다. 1948년 단독정부 수립으로 분단이 고착되고 이념 대립이 격화하면서 <북한의 실정>(1949, 이창근) <성벽을 뚫고>(1949, 한형모), <무너진 38선>(1949, 윤봉춘) 등 남북의 현실을 다룬 영화가 제작되었다.

1950년대 전반기인 한국전쟁 후 5년 동안의 기간에는 민간 영화 산업이 형성되지 못해 군대, 행정기관, 경찰 관련 조직에서 광범위하게 영화 제작에 참여한 반민반관(半民半官)의 영화 제작이 이루어졌다. 한국전쟁 중에는 국방부 정훈국 촬영대, 공군 촬영대, 육군본부 촬영대, 해군 촬영대 등의 군대 관련 조직에서, 휴전 후에는 공보처 산하의 대한영화사와 USIS의 활동이 중심을 이루었다.

---

18) 조혜정, 미군정기 영화단체의 활동. 김미현 편, 『한국영화사: 개화기에서 개화기까지』, 커뮤니케이션북스, 2006, pp.112~114.

이 시기 전쟁영화들은 <자유전선>(1954, 김홍), <불사조의 언덕>(1955, 전창근)처럼 직접적인 방식으로 반공을 전파하거나, <운명의 손>(1954, 한형모)과 <죽엄의 상자>(1955, 김기영)같이 신파극, 탐정극 형식을 반공주의와 결합했다. <피아골>(1955, 이강천)은 빨치산의 자멸 과정을 그리고 있으나 용공혐의로 '반공영화란 무엇인가'에 대한 논쟁을 일으켰고, <격퇴>(1956, 이강천)는 국군의 영웅주의와 희생정신을 바탕으로 1960년대 반공영화의 원형을 제시하고 있다. 1950년대의 전쟁영화는 반공 이념을 서사 구조에 통합하려는 시도에도 불구하고 대중의 호응을 받지는 못했다.

1954년 3월 31일 「입장세법」 개정은 첫 영화 산업 진흥을 위한 시책으로서 중요한 의미가 있다. 1948년 초에 개정된 고율 입장세는 1949년 부분 인하를 거쳤고 1954년 입장 요금의 60%에 이르는 입장세금을 국산 영화에 한해 폐지했다. 1956년까지 국산 영화의 면세 정책이 유지됨으로써 극장에 한국영화를 상영하도록 한 이 조치는 이후 한국영화의 성장에 중요한 기여를 했다.

<춘향전>과 <자유부인>의 성공은 1950년대 중반 이후 민간 영화 산업이 형성되고, 현대극과 사극으로 영화 경향이 분화하면서 다양한 장르영화가 생산되는 계기가 되었다.

한국전쟁기에 기록영화 작업을 중심으로 활동했던 영화인들이 극영화를 연출하면서 리얼리즘 기조의 멜로드라마를 연출했다(이영일, 257). 홍성기 <출격명령>(1954), <실락원의 별>(1957), 김기영 <양산도>(1955), <황혼열차>(1957), 유현목 <유전의 애수>(1956), <잃어버린 청춘>(1957), 신상옥 <악야>(1952), <젊은 그들>(1955) 등이 대표적이다.

1960년 4·19혁명과 1961년 5·16 군사 쿠데타를 거쳐 1963년
부터 경제개발 5개년 계획이 시작되면서 근대화와 서구화의 급격한
변화에 접어들고 있었다. 1950년대 말 명동에서 충무로로 옮겨 한국
영화계의 중심이 형성되었으며, 71개의 영화수입사와 제작사가 활
동했다. 이 시기의 영화는 근대화의 격랑(激浪)에서 가족을 통해 새
로운 사회로의 희망과 불안을 그리고 있다.

1958년 이후 산업의 성장에 따라 형성된 장르영화 중에는 신파조
의 멜로드라마와 코미디가 다수 제작되어 통속성에 대한 우려가 나
타나기도 했다. <눈 나리는 밤>(1958, 하한수), <화류춘몽>(1958,
박성복) 등의 신파드라마와 <오부자>(1958, 권영순), <후라이보이
박사 소동>(1959, 정창화) 등의 코미디는 사회 현실에 눈물과 웃음
의 근원을 두고 있으나, 흥행작을 모방해 유사한 영화가 군집을 이
루게 되는 장르 자체의 특징에서도 원인을 찾을 수 있다. 이 외에
<돈>(1958, 김소동)은 농촌의 비극적 현실과 도시의 사악함을 기차
로 상징되는 근대화 이미지에 중첩시켜 주목을 받았다.

1950년대가 전후의 궁핍과 반공 이데올로기 속에서 다양한 가능
성이 공존했던 시기라면, 1960년대는 서구 민주주의의 가치가 급속
한 근대화에 침식되는 정치적·경제적 변화의 길목에 놓여 있었다.

1960년 4·19혁명에서 1961년 5·16 군사 쿠데타에 이르는 기간
은 역사적인 가능성이 발전적으로 폭발한 시기였다. 영화전국윤리위
원회가 수립되어 8월부터 민간 자율 기구에 의해 검열 업무가 시도
되었으나 큰 성과를 내지 못하고 5·16쿠데타 이후 해산되었다. 민
주적 정책과 변화의 에너지는 김기영, 유현목, 신상옥 등의 감독들
의 대표작을 통해 발현되었으며, 가족 드라마에 나타난 대담한 시선

을 통해 사회의 변화를 관찰할 수 있다.

1960년부터 1963년경까지 가족이 중심이 되어 벌어지는 이야기를 담은 가족 드라마가 전성기를 누렸다. <로맨스 빠빠>(1960, 신상옥), <박서방>(1960, 강대진), <마부>(1961, 강대진), <서울의 지붕 밑>(1962, 이형표), <삼등과장>(1963, 이봉래), <월급쟁이>(1963, 이봉래) 등은 가정에서 벌어지는 소소한 일상을 소재로 세대 갈등, 실업문제, 정치 풍자에 이르기까지 폭넓게 다루고 있다. 가족 드라마의 배우 김승호는 <육체의 길>(1959, 조긍하)에서부터 서민적 아버지상으로 근대화에 밀려나는 기성세대의 애환을 표현해 호응을 받았다(이길성, 2006).

이 시기의 대표작 <오발탄>(1961, 유현목)은 한국영화 걸작 반열에 오른 리얼리즘 영화로 꼽혀 왔다. 첫 개봉은 1961년 4월 13일에 이루어졌고, 1961년 7월 17일에 재개봉되었으나 쿠데타 정국에서 상영 중지 처분을 받았다. 1963년 샌프란시스코영화제 출품을 계기로 다시 개봉됨으로써 4·19와 5·16 사이의 사회 분위기를 그대로 반영했다. 자유당 말기에 기획되어 조명기사 김성춘이 제작했고 배우들도 거의 무보수로 촬영해 완성했다. 이범선의 동명 원작 소설이 검열에 전혀 문제가 없었던 반면에, 영화화하면서 상영 금지 처분을 받음으로써, 영화의 힘을 살린 작품으로 역사적 신화를 얻게 되었다.

<하녀>(1961, 김기영)는 이 시기의 또 다른 걸작이다. 이 영화는 중산층 가족이 마련한 이층집에 하녀가 들어오면서 행복과 부의 공간이 공포와 죽음의 장소로 변해 가는 과정을 기괴하고 그로테스크한 장면으로 연출하고 있다. 김기영 감독은 독립적인 방식으로 영화를 제작해 상업적으로도 성공한 작가성이 두드러지는 작품을 연출했다. <하녀>의 이야기는 <화녀>(1971), <충녀>(1972), <화녀 82>(1982),

<육식동물>(1984)까지 연작으로 이어지고 있으며, <이어도>(1977), <살인나비를 쫓는 여자>(1978) 등의 작품에도 괴이하고 독특한 감독의 색채가 배어 있다. 최근 <하녀>는 세계영화재단의 지원을 받아 복원됨으로써 국제적인 인지도를 더하고 있다.

4·19혁명과 5·16쿠데타 사이에 걸친 1년여의 시기를 대표하는 작품들은 각기 다른 방식으로 가족을 둘러싼 사회현실과 내부 균열을 묘사하고 있다. 가족의 이야기는 근대화와 정치적 변화의 불안, 그리고 희망을 표현하는 중요한 지점이다.

이 시기의 중요한 변화 중 하나는 한국영화의 화면 포맷(가로:세로 비율)이 1.33:1의 스탠더드에서 2.35:1의 시네마스코프로 전환했다는 점이다. 한국의 와이드 스크린은 1958년 <생명>(이강천)이 제작된 후, 1950년대 말에 1.66:1, 1.85:1의 비스타비전 비율과 시네마스코프가 일부 제작되었으나 큰 관심을 끌지는 못하다가 1962년을 전후로 시네마스코프가 지배적 형식이 되었다. 1961년 <춘향전>(홍성기)과 <성춘향>(신상옥)이 컬러 시네마스코프로 제작되어 <성춘향>이 흥행에 성공한 것이 계기였다.

1960년대의 시네마스코프는 <여사장>(1959, 한형모) 등 초기 시네마스코프의 단순하고 평면적인 스타일을 벗어나고 있다. <현해탄은 알고 있다>(1961, 김기영)는 처절한 마지막 장면을 넓은 화면을 가로지르는 트래킹 쇼트로 한 프레임에 묘사한다. <김약국의 딸들>(1963, 유현목), <갯마을>(1965, 김수용) 등은 과감한 클로즈업과 파격적인 화면 구성을 통해 형식미를 일구고 있다. <고려장>(1963, 김기영), <쌀>(1963, 신상옥)에서는 시네마스코프의 넓은 수평 화면을 적극 활용한 파노라마 샷을 통해 근대화 이데올로기를 설파하기도 했다. 1960년대 중반을 넘어서면서 <안개>(1967, 김수용), <귀로>(1967, 이만희) 등에서는 갇힌 무기력을 표현하는 형식으로 시네마스코프 화면을 활용하면서 심리적 고착 상태와 근대의 회의를 표현하고 있다.

3. 1960~1970년대의 한국 종교영화

1960~1970년대에는 한국 종교영화가 본격적으로 만들어진 시기라고 할 수 있다. 이 시기에는 이전과 비교할 때 양적으로 약 4배에 달하는 영화가 제작되었다. 무속영화는 13편으로 1950년대에 비해 양적으로 많이 늘었지만, 그 내용은 무속이 여전히 계몽되어야 할 대상으로 묘사되고 있다는 한계가 있었다. 불교영화 또한 양적으로 3배가 넘게 제작되었으며, 그 내용은 불교의 역사 또는 가르침에 대한 것, 그리고 당대의 국책이념을 지지하기 위한 내용이 주류를 이루었다.[19] 그리고 이 시기에 유교영화로 분류할 수 있는 <고가>(1977, 조문진)가 제작되었다. 이 영화는 300년째 가문을 이어 온 장동 김씨가의 이야기로, 개화기 전통을 고수하는 인물과 신학문을 좇는 인물 사이의 갈등을 다루고 있다.

한편, 이 시기에는 천주교영화와 개신교영화가 각각 5편, 11편씩 제작되었는데, 이 영화들의 내용은 주로 전기적 인물 또는 순교사에 대한 것이었다. 천주교에서는 안중근이 주로 다루어졌으며, 개신교에서는 성직자로서 손양원·주기철이 영화화되었다. 그리고 신종교영

---

19) 이에 대해서는 신광철의 「한국 종교영화의 현황과 과제」, 『한국종교』 28집(원광대학교 종교문제연구소, 2004), p.134의 불교영화 내용 분류를 참조.

화가 2편 제작되었는데, <백백교>(1961, 하한수)와 <동학난>(1962, 최훈)이 제작되면서, 사회적으로 문제가 되었던 백백교사건이 다루어지는가 하면, 서구화에 대한 반성적 차원에서 동학에 대한 영화가 제작되기도 하였다.

1960~1970년대에는 영화 정책과 영화법이 대기업화를 지향하고자 강력한 행정력을 토대로 추진되었기 때문에 산업과 문화 전체에 대한 근본적인 전환점으로 작용하였다. 1962년 1월 제정된 영화법은 영화 산업의 보호와 육성이라는 방향을 제시하면서, 이를 실현하기 위해 강력한 통제를 하려는 모순적인 정책 목표를 표방하고 있다. 메이저 영화사를 육성하기 위해 영화제작자만 외화 수입이 허용되었던 수입, 제작 일원화 정책과 영화 통제를 위해 시나리오의 사전 검열, 필름의 실사 검열이라는 이중 검열 체제를 시행한 것이 대표적인 조치였다.

이 기간을 장르영화 시기로 부를 수 있는 것은 한 작품이 흥행에 성공하면 이어 유사한 경향의 작품이 군집을 형성하는 전형적인 장르 현상이 두드러지기 때문이다. 1963년 이후의 한국 장르영화를 크게 구분한다면 멜로드라마, 사극, 희극영화처럼 전통 장르가 진화한 범주와 스릴러액션, 청춘영화와 같이 새롭게 등장해 짧게 지속한 단속 장르(cycle), 그리고 문예영화, 반공·계몽영화처럼 외화 수입 쿼터를 목적으로 제작한 정책 영화로 구분할 수 있다.

1960년대의 장르영화는 근대화의 억압적 공기와 정책의 영향에 의한 것이었지만, 그럼에도 불구하고 끊임없이 생산되고 소비되었으며, 때로 예술적·작가적 성취가 당당히 담겨 있는 주목할 만한 현상이었다.

1960년대에는 시네마스코프와 더불어 컬러가 확산되었다. 첫 컬러 영화 <여성일기>(1949, 홍성기)와 1950년대 제작된 몇 편의 컬러영화는 큰 주목을 받지 못했다. 그러나 <성춘향>이 성공하면서 1962년부터 <연산군>(신상옥), <진시황제와 만리장성>(권영순), <대심청전>(이형표) 등이 연이어 컬러 시네마스코프로 제작되었다. 컬러는 제작비가 흑백에 비해 높았기 때문에 대중성이 있는 사극과 결합했다. 1969년 한국영화의 96%가 컬러 시네마스코프로 제작되면서 흑백 화면을 대신하게 되었다. 1960년대 후반의 사극은 <내시>(1968, 신상옥), <이조여인 잔혹사>(1969, 신상옥)처럼 에로티시즘이 배어 있는 경향을 보였다.

1960년대 중반부터 희극영화가 흥행에 성공하면서 인기 코미디언이 출연한 장르영화도 양산되었다. <총각김치>(1964, 장일호), <청춘사업>(1965, 심우섭), <여자가 더 좋아>(1965, 김기풍)의 이례적인 관객 동원은, 1960년대 말까지 당대의 평론가들이 '저속하다'고 표현한 여장남자 코미디와 팔푼이 시리즈로 이어졌다.

1960년대 중반에 유행한 청춘영화는 해방 전후에 출생해 미국 대중문화에 익숙했던 4·19 세대 중심의 젊은 관객에 의해 지지받았다. <맨발의 청춘>(1964, 김기덕), <초우>(1966, 정진우)를 비롯한 청춘영화는 아카데미극장과 주변의 도시공간에서 어슬렁거리는 젊은 관객층의 장르였다. 청춘영화가 대부분 일본 시나리오를 번안한 작품이었다는 사실은 부인할 수 없는 한계지만, 이루지 못한 사랑에 괴로워하는 젊은이들의 풍속도이기도 했다.

1960년대 장르 현상 중 일부는 영화법과 정책에 의한 것이었다. 외화 수입 쿼터를 확보하기 위해서는 우수영화 선정 기준에 부합하는 영화를 제작해야 했고, 반공·계몽영화가 주된 대상이었다. 영화 검열이 가혹해지면서 한국전쟁을 소재로 한 <7인의 여포로>(1965, 이만희)는 북한군을 인간적으로 그렸다는 이유로 반공법 위반 혐의를 받았고, <춘몽>(1965, 유현목)은 반라 장면으로 음화 제조 혐의를 받았다.

한국영화는 1960년대의 황금기를 지나 1970년대에 접어들면서 침체의 늪에서 헤어나지 못했다. 경제성장에 따른 텔레비전의 보급, 국민들의 오락 성향과 형태의 다양화, 영화의 질적 하락이 원인으로 지적된다.

무엇보다 유신시대 가혹한 검열과 정책의 영향으로 국책 영화가 양산된 점이 가장 큰 원인임을 부인할 수 없다. 대중소설을 영화화한 작품이 인기를 얻었고 하위 장르가 출현했으며 청년 문화가 영화에 담겼다.

1970년대의 본격적인 경제성장과 도시화는 서울을 비롯한 위성도시의 인구 밀집과 공간의 확장을 가져왔다. 1955년에서 1975년까지 서울의 인구는 157만 명에서 1975년 689만 명으로 4.39배 증가하면서 총인구의 19.8%가 거주하는 거대 도시로 변모했다(김미현, 2008).

영화 산업의 침체는 유신시대 검열을 비롯한 통제 정책의 결과이기도 하다. 1970년 8월 6일 3차 개정 영화법이 공포되었고, 4차 영화법 개정은 1973년 2월 16일 이루어졌다. '유신 영화법'이라 불리는 4차 개정 영화법은 영화사 등록제를 허가제로 전환해 문화공보부의 허가를 받아야만 영화를 제작할 수 있도록 명문화했고, 3차 개정에서 분리되었던 제작업과 수입업을 다시 통합했으며, 3∼4년간 중단했던 외국 영화 수입 쿼터 보상 제도를 부활했다.

1970년을 전후해 <몽녀>(1968, 임권택), <지지하루의 흑태양>(1971, 장석준) 등이 입체영화로 촬영되었고, <춘향전>(1971, 이성구)이 한국영화사의 유일한 70mm 영화로 촬영되었다. 이와 같은 기술의 활용에는 장석준, 유재형, 서정민 등의 촬영감독들이 자체 제작하거나 개조한 영화 장비가 사용되었다.

　대중소설의 영화화 흐름은 비극적 여주인공의 인생 여정을 소재로 삼는 경우가 많았고 1970년대 호스티스 소재 영화의 기류를 형성하기도 했다. <별들의 고향>의 경아가 도시적 감상 속에서 떠도는 이미지를 표현하고 있다면, <영자의 전성시대>의 영자는 도시화의 바람에 상경해 식모, 여공, 차장, 창녀를 전전하는 밑바닥 인생의 절망과 희망을 보여 주었다.

　1975년 김호선, 변인식, 이장호, 하길종, 홍파 등의 신인 영화인들은 '영상시대'를 결성해 청년문화의 메시지를 전달하고 '한국영화의 예술화 운동'을 지향한다는 기치를 내걸었다. 동인지 『영상시대』를 발간하고 신진 인력을 양성하는 등 의욕적으로 활동했으나 오래 지속되지는 못했다. 영상시대의 대표작 <바보들의 행진>(1975, 하길종)은 통기타, 청바지, 생맥주, 장발 단속, 단체 미팅, 희망 없는 연애 같은 청춘 풍속도와 시위로 얼룩진 대학(영화에서는 검열로 대학 간 운동시합 장면으로 교체되었다) 등 시대의 풍경을 그대로 보여 주었다. 송창식의 가요들이 영화음악으로 사용되었고 주제가 '고래사냥'은 4·19혁명의 이상이 좌절된 비극을 주인공의 자살에 빗대어 은유적인 가사로 풀어내었다.

　하길종 감독은 1972년 <화분>으로 데뷔해 1979년 <병태와 영자>를 마지막으로 타계한, 유신시대를 살았던 감독이다. 그는 <화분>에서 '청와대'를 상징하는 '푸른 집' 사람들의 성적 타락과 폭력을 통해 한국 정치의 단면을 그리고자 했으며, 이후 영화에서도 시대에 대한 정치적 알레고리를 구현하고자 했다. 그러나 영화 청년의 이상이 현실에 번번이 좌절을 겪으면서 "한국영화는 세계 속의 어디쯤 있는가. 아무 곳에도 없다. 싹도 없고 잔해도 없다. 설익은 모방과 지저분한 상흔만이 있다"20)고 탄식했다. 1970년대의 청년 문화는 음울했던 시대를 자기 파괴와 낭만적 저항으로 넘어서려 한 청년의 자화상이었다.

3, 4차 영화법 개정을 통해 영화진흥조합에 이어 영화진흥공사가 발족하면서 국책 영화의 직접 제작이 이루어졌다. 첫 번째 작품 <증언>(1973, 임권택)은 육해공군의 지원을 받아 강원도와 인천에서 사상 최대 규모의 로케이션을 했고, 한강 다리, 전투기 등의 미니어처 촬영과 최첨단 특수효과 기술에 이르기까지 대규모로 제작되었다. 이어 반공영화 <들국화는 피었는데>(1974, 이만희), 새마을운동 홍보영화 <아내들의 행진>(1974, 임권택)을 비롯한 총 5편이 제작되었다. 영화 시책에 따라 민간 영화제작사에서도 반공, 새마을 정신, 호국, 멸사봉공 등을 소재로 '민족 주체성의 확립'과 '애국애족의 국민성을 고무'하는 국책 영화를 제작했다.

1970년대 장르 현상 중에 특징적인 것은 하이틴영화다. 하이틴영화는 1970년대 중·후반에만 존재했던 단속 장르이며 십대 고교생을 관객으로 끌어들인 최초의 문화적 현상이다. <고교 얄개>(1976, 석래명)는 서울 관객 26만을 동원하는 대성공을 거두었으며, <여고

---

20) 하길종, 한국영화의 가능성. 『사회적 영상과 반사회적 영상』, 전예원, 1982, p.345.

졸업반>(1975, 김응천), <진짜 진짜 잊지마>(1976, 문여송) 등이 흥행에 성공했다.

하위 장르 중에서는 홍콩 영화의 영향을 받은 무협 장르와 스파이 영화가 재개봉관에서 인기를 끌었다. 한편, 김기영, 김수용, 유현목, 이만희, 임권택 감독 등도 수작을 내놓았고, 1960년대 윤정희, 남정임, 문희에 이어 장미희, 유지인, 정윤희가 신트로이카 여배우로 전성기를 구가했다.

4. 1980~1990년대의 한국 종교영화

1980~1990년대는 한국 종교영화가 양적으로나 질적으로 한 단계 도약을 시작한 시기이다. 약 70편 가까이 종교영화가 제작되었는데, 그 내용도 다양하게 제작되었기 때문이다. 이 시기에 접어들면서 종교영화는 주로 내부자의 관점에서 제작되었던 관행에서 벗어나 외부자의 관점에서 사회적·윤리적 측면이 부각되기 시작하였다는 점에서 의의를 찾을 수 있다. 이러한 경향은 2000년대 이후 현재 제작되는 한국 종교영화의 흐름에도 영향을 주고 있다.

1980년대는 정치·사회·영화사적으로 구조적인 전환의 시기였다. 이장호와 배창호 감독에 이어, 장선우·박광수·이명세 등 '코리안 뉴 웨이브(Korean New Wave)'가 등장하면서 영화운동 정신과 충무로 영화계와의 결합이 이루어졌다.

1980년대는 정치적 독재와 경제성장이 동전의 양면처럼 지배했던 1970년대와 갑작스러운 단절 끝에 출현한 듯했다. 그러나 신군부는 1980년 광주 민주화 항쟁을 탄압하고 언론 통폐합을 단행했으며 문화를 통치 수단으로 적극 활용했다. 3S(Sex, Screen, Sports) 정책으로 대변되는 문화 정치의 시작이었다.

1980년대 한국영화는 정치적으로 열린 틈새를 비집고 역사적·사회적·성적 문제를 건드리기 시작한 공적 담론의 장소가 되었다는 점에서 중요하다. 이 시기의 영화들은 사회 비판적 영화, 토속적 작품, 에로 영화로 구분되기 이전에 권력이 허용한 공간을 전유한 대중문화의 가능성을 보여 주었다.

1980년에 제작된 세 편의 영화 <바람 불어 좋은 날>(이장호), <피막>(이두용), <짝코>(임권택)는 전환의 시대를 알리는 서막과 같은 작품들이다. 이장호는 <바람 불어 좋은 날>에서 도시로 상경한 농촌 청년들의 근대화에 대한 자의식과 결코 지지 않겠다는 의지를 피력하면서, <바보선언>(1982), <과부춤>(1983), <나그네는 길에서도 쉬지 않는다>(1987)로 이어지는 시대정신의 변화와 영화적 실험을 예고했다.

이두용은 <피막>에서 무속을 빌려 살인자를 처벌하는 굿판을 벌임으로써 억압된 것의 존재와 귀환을 알렸다. <땡볕>(1984, 하명중), <뽕>(1985, 이두용) 등의 '토속적' 작품들은 모호한 역사적 시기에 피지배자의 처절한 경험을 통해 육체에 가해지는 고통을 사실적으로 드러낸다.

1987년 6월 민주화 항쟁이 노동자 대투쟁으로 이어지면서 대학 영화패를 중심으로 '열린 영화', '민중 영화', '민족 영화', '소형 영화' 등의 기치를 걸었던 영화 운동이 출현했다. 우리나라의 문화 운동은 1970년대 후반 프랑스문화원 시네클럽, 독일문화원 동서영화 동우회 등에서 활동한 문화원 세대에서 시작되었으나, 1980년대는 실천적인 교육, 투쟁의 수단으로 영화의 사회적 역할을 고민했다는 점에서 차이가 있다.

장선우는 초기작 <서울황제>(1986), <성공시대>(1988) 등을 통해 광주 민주화 항쟁과 자본주의의 상업적 타락을 블랙코미디 형식으로 그려 내었으나, <경마장 가는 길>(1989), <너에게 나를 보낸다>(1994), <꽃잎>(1996), <거짓말>(1999) 등 성을 매개로 개인과 역사의 위선을 비트는 형식 파괴적이고 논쟁적인 작품을 발표하기도 했다.

반면, 박광수는 <칠수와 만수>(1988), <그들도 우리처럼>(1990), <그 섬에 가고 싶다>(1993), <아름다운 청년 전태일>(1995), <이재수의 난>(1998) 등에 이르기까지 민주화운동과 저항의 역사를 일관된 시선으로 담담하게 그려 내었다. 이명세는 <개그맨>(1988)에서부터 사회 저항적 영화 대신 꿈과 판타지가 뒤섞인 드라마를 통해 독특한 미학의 작가 세계를 구축하고 있다.

이들은 1980년대 후반부터 1990년대까지의 영화 산업과 인력의 구조 변화 시기에서 중심적인 감독군으로 부상했다.

1990년대에 금융자본의 영상 산업 진출도 이루어졌다. 금융자본의 영상 산업 투자는 벤처 투자 열풍이 불면서 일어난 정부의 전폭적 지원에 의해 시작되었다. 1996년 일신창투의 <은행나무 침대>(강제규)가 금융자본이 투자한 첫 영화이며, 본격적인 활동은 1998년 미래영상벤처 1호가 영상전문투자조합을 결성하면서부터 이루어졌다. 영상전문투자조합은 한국영화 투자 자본의 중요한 재원으로 일정 규모의 자본을 조성하고 이를 여러 작품에 분산투자 하는 방식으로 운영된다.21)

---

21) 김미현, 『한국영화 정책과 산업』, 커뮤니케이션북스, 2013, pp.70~71.

대기업의 영화 산업 진출은 한국영화 편당 제작비의 증가와 제작 편 수의 감소를 가져왔다. 1996년 평균 제작비는 10억 원(순 제작비 9억 원, 마케팅비 1억 원)이었으나, 이후 총 제작비에서 마케팅비가 차지하는 비중이 지속적으로 증가해 1999년에는 총 제작비 19억 원 (순 제작비 14억 원, 마케팅비 5억 원)으로 늘어났다.

1990년대 제작 편 수가 감소한 것은 직배 영화의 영향과 더불어 대기업 투자 전략의 결과이기도 했다. <은행나무 침대>(1996, 강제 규), <쉬리>(1999, 강제규) 등을 비롯해 PC통신 소설을 영화화한 <퇴마록>(1998, 박광훈) 등 고제작비 영화의 출현은 산업 구조와 시대 변화의 산물이었다.

1990년대 '기획 영화'라는 용어는 한국영화 산업에 스타시스템, 마케팅과 홍보의 강화 등 할리우드식 전략을 도입해 합리적인 투자 결정을 통해 제작한 상업영화 현상을 일컫는다. 신진 기획 프로듀서들의 활동이 활발해지면서 신씨네, 씨네 2000, 기획시대, 영화세상, 우노필름, 명필름 등은 대기업 자본과 기획 역량을 결합했다.

<투캅스>(1993, 강우석), <마누라 죽이기>(1994, 강우석), <닥터봉>(1995, 이광훈) 등 감각적인 웃음의 로맨틱코미디와 액션 장르는 비디오, 케이블 시장에서 성공한 장르이기도 했다. <하얀 전쟁>(1992, 정지영), <우리들의 일그러진 영웅>(1992, 박종원), <개 같은 날의 오후>(1995, 이민용) 등 역사와 현실을 깊게 되새긴 작품들은 여전히 제작되었다. 그러나 1990년대 시장을 주도한 기획 영화는 한국영화가 '코리안 뉴웨이브'로 대변되는 1980년대의 정치·사회적 의무감에서 벗어나고 있다는 역사적 징후이기도 했다.[22]

1990년대에는 박찬욱, 홍상수, 김기덕, 이창동이 차례로 첫 작품

을 발표했다.

박찬욱은 <달은 해가 꾸는 꿈>(1992)으로 '매력적인 B급 영화'를 선보였으며, <공동경비구역 JSA>(2000)를 거쳐, 복수 삼부작과 <박쥐>(2009), 할리우드 데뷔작 <스토커>(2013)까지 인간의 욕망과 탁월한 미장센을 결합한 작품 세계를 보여 주고 있다.

홍상수는 <돼지가 우물에 빠진 날>(1996)에서 일상의 소소한 사건과 관계가 얽혀 조금씩 진전되지만 되풀이되는 플롯을 구성하고, <강원도의 힘>(1998), <오! 수정>(2000), <극장전>(2005), <우리 선희>(2013)까지 거의 매년 작품을 발표했다.

김기덕은 <악어>(1996)에서 어디에도 존재할 것 같지 않았던 삶의 원초적인 욕망과 폭력성을 세상에 알렸다. <파란대문>(1998), <섬>(2000), <나쁜 남자>(2001), <빈집>(2004), <피에타>(2012), <뫼비우스>(2013)까지, 홍상수와 더불어 저예산 독립 제작 방식으로 영화를 만들면서, 작가적 기표로 가득한 스타일로 (유사)장르적 흐름을 이끌었다. 이창동은 <초록물고기>(1997)에서 <박하사탕>(1999), <오아시스>(2002), <밀양>(2007), <시>(2010) 등까지, 때로는 시간의 재배열과 판타지를 통해, 때로는 인간의 이중적 윤리와 이미지를 통해, 현실에 정면으로 진입하는 서사를 펼치고 있다.

이들은 2000년에 <플란다스의 개>로 데뷔해 <살인의 추억>(2003), <괴물>(2006), <마더>(2009), <설국열차>(2013)로 우리의 역사와 현실을 장르적 감각으로 탁월하게 그려 낸 봉준호와 함께 2000년대를 걸쳐 작가주의 감독이자 세계적으로 널리 알려진 한국영화감독으로 부상했다.

---

22) 김영진, 「코미디의 새로운 감각, <결혼이야기> <투캅스>」. 김미현 편, 『한국영화사: 開化期에서 開花期까지』, 커뮤니케이션북스, 2006, pp.325~327.

5. 2000년대 이후의 한국 종교영화

2000년대 이후 한국의 종교영화는 종교영화제 및 독립영화제를 통해서 단편영화 또는 다큐멘터리영화가 제작되면서 황금기를 맞았다. 2015년 현재 약 60편에 가까운 영화가 제작되었는데, 내부자적 관점과 외부자적 관점이 균형 있게 제작되고 있다는 점이 특징으로 나타나고 있다. 1980~1990년대에 외부자적 관점으로 전환되기 시작하였다면, 최근에는 개별 종교의 자성적 목소리가 반영된 내부자적 종교영화가 활발히 제작되고 있다는 점에서 균형이 잡히고 있다고 해석할 수 있다.

2000년대 이후의 한국영화 산업은 양적·질적 성장을 이어 갔다. 2000년에서 2012년까지 극장 시장 규모는 3,460억 원에서 1조 4,551억 원으로, 국민 1인당 극장 관람 횟수는 1.3회에서 3.83회로, 한국영화 제작 편 수는 59편에서 229편으로, 스크린 수는 720개에서 2,081개로, 한국영화 점유율은 35.1%에서 58.8%로 증가했다.

한국영화 제작비가 상승하고 극장 중심으로 영화 시장이 재편되면서 '한국형 블록버스터'는 고제작비 액션 장르를 일컫는 주류 상업영화의 제작 경향을 상징했다. 한국형 블록버스터를 최초로 표방한 영화는 1998년 <퇴마록>이며, 1999년 <쉬리>가 620만 관객을 동원하자 할리우드 블록버스터를 형식적으로 차용하면서 한국의 역사와 민족적 감성을 결합한 영화로 형성되었다.

<공동경비구역 JSA>(2000, 박찬욱), <친구>(2001, 곽경택)의 성공에 이어, 1,000만 이상의 관객을 동원한 <실미도>(2004, 강우석), <태극기 휘날리며>(2004, 강제규)가 차례로 등장했다.[23]

2013년까지 <왕의 남자>(2005, 이준익), <괴물>(2006, 봉준호), <디워>(2007, 심형래), <해운대>(2009, 윤제균), <광해, 왕이 된 남자>(2012, 추창민), <도둑들>(2012, 최동훈), <7번방의 선물>(2013, 이환경) 등 9편의 영화에 1,000만 이상의 관객이 찾았다.

한국영화의 주요한 특징은 상업적 성공과 작가적 표지가 적절히 결합한 상업적 작가주의로 정의할 수 있다. 2000년대 이후의 한국영화계는 1962년 데뷔한 임권택 감독이 여전히 활동하는 가운데 1980, 1990년대 데뷔한 주요 감독들이 국제영화제에서 수상하면서 국내에서도 흥행에 성공하는 작가군을 형성하고 있다. 그 뒤를 잇는 감독들이 영화 산업 내에서 자신의 입지를 다지고 있고, 다수의 신인 감독들이 진입하면서 가능성을 잇는 풍요로운 토양을 조성하고 있다.

작품 경향은 매우 역동적이며 특정 장르가 주도하기보다 다양한 영화들이 동시에 나오는 현상이 증가하고 있다. 2000년대 초반 <조폭마누라>(2001, 조진규) 이후 조폭 코미디가 다수 제작되었으나, 장르 현상은 크게 두드러지지 않는다. 블록버스터 중심의 액션영화, 멜로드라마, 코미디, 공포, 스릴러, 누아르, 사극까지 다양한 장르가 포진되어 있으며, 이 중 공포영화가 여름철에 제작되는 계절적 장르로 자리 잡은 것과 역사적 상상력에 기초한 사극이 제작되기 시작한 것이 특징적이다. 장르 혼합적(hybrid) 경향의 공존이 주된 흐름이라 할 수 있다.

2007년 이후 한국영화 제작 편 수가 연간 100~230편까지 증가한 것은 디지털을 이용한 다양한 창작 시도가 가능해진 덕분이다.

23) 김경욱, 「<쉬리>와 한국형 블록버스터」, 김미현 편, 『한국영화사: 개화기에서 개화기까지』, 커뮤니케이션북스, pp.289~291.

상업적인 규모로 제작되고 유통되는 영화는 연간 50~70편이라 할 수 있으며, 제작 편 수의 절반은 제작비 10억 이하의 저예산 영화다. 다수의 신인감독들이 장편 극영화를 소규모 예산으로 제작할 수 있게 됨으로써 영화 문화와 미래 창작군의 성장에 중요한 밑거름이 되고 있다.

2부

한국 종교영화
각론

영화 속의 내용 중에 종교와 관련된 부분들은 이전에 비해 상당히 많아지고 있다. 이것은 종교를 직·간접적인 소재로 활용하고 있는 영화가 많이 제작되고 있다는 의미이기도 하다. 이를 반영하듯, 영화 속 종교적 의미에 대한 연구도 꾸준히 발표되고 있다. 하지만, 종교를 직·간접적으로 다루고 있는 영화에 대한 장르로서의 '종교영화' 자체에 대한 연구는 미진한 편이다. 이에 따라서 본고는 장르로서의 종교영화에 대한 구체적인 논의가 필요하다고 보았으며, 이에 대한 논의로서 국내에서 종교영화가 역사적으로 어떻게 제작되었는지를 한국영화사의 궤적 위에서 살펴보고, 그 특징에 대해서 살펴보고자 한다.

영화는 다양한 용어로 현재까지 불려 오고 있다. 예컨대, 영화는 영화의 이론적 전달을 강조할 때는 시네마(Cinema)로, 예술과 독립, 작가영화를 지향할 때는 필름(Film)으로, 상업영화 전반을 일컫거나 영화에 대한 일반적인 의미로 쓰일 때는 무비(Movie)로, 영화를 산업적으로 통칭할 때는 모션 픽처(Motion Picture)로, 움직이는 동영상의 모든 것을 지칭할 때는 무빙 이미지(Moving Image) 등으로 사용되고 있다.24) 본고는 영화에 대한 이러한 용어 중에서 필름의 개념을 차용하여, 장르로서 '종교영화(religious films)'를 다룬다.

영화에서는 장르를 "유사한 내용이나 플롯, 연기와 대사의 관습, 특정한 대상, 풍경, 위상을 사용함에 따라서 서로 연관된 영화의 집합"25)으로 구분한다. 그렇다면 장르로서 '종교영화'는 무엇일까? 사전적 정의는 대체로 "종교적 주제를 다루는 영화" 또는 "특정 종교

---

24) 민경원, 『영화의 이해』, 커뮤니케이션북스, 2014, p.vi.
25) 조해진, 『한국영화 장르의 법칙: 장르 아닌 영화는 없다!』, 국학자료원, 2010, p.49.

를 주제로 한 영화" 등으로 서술되고 있다.26) 그렇지만 영화에서 장르의 개념과 구분은 닐(Neals)이 말했던 것처럼 단순하지 않다. 요컨대, 영화에서 장르 개념은 거대 오락 산업과 관련해서 최근부터 사용된 용어이며, 영화는 장르적으로 거의 순수하지 않다. 그리고 하나의 장르는 또 다른 하위 장르를 만들어 내어 그 개념이 명확하지 않다.27) 따라서 장르로서 '종교영화'에 대한 정의와 구분은 특정한 시각을 전제한 조작적 정의가 불가피하다.

종교영화는 내부자에 의해서 선교·포교·교화 등을 위해서 만들어지기도 하지만, 외부자에 의해서 해석된 종교문화가 이미지화되기도 한다.28) 이때 그려지는 종교문화는 내재적 측면과 외재적 측면의 두 가지 유형으로 시각화된다. 내재적 측면이란 종교영화 속에 그려지는 해당 종교의 교리적·신화적·의례적인 내용들을 일컬으며, 외재적 측면이란 해당 종교의 사회적·윤리적 실천 내용들을 일컫는다. 종교영화가 외부자에 의해서 시각화될 때는 외재적 측면이 좀 더 부각되곤 하는데, 이때 해당 종교의 사회적·윤리적 쟁점들이 주목되면서 종교연구의 메타연구(meta-research) 자료가 된다. 이것이 본 연구가 '종교영화'에 주목하게 된 배경이 되었다.

하지만, 종교영화는 한국 종교 연구의 자료로서 종교학 분야에서 연구될 수 있지만, 영화학과 영상문화학, 인문콘텐츠학, 신문방송학,

---

26) 『영화사전』, 『두산백과사전』, 『위키백과사전』 등.

27) S. Neals, "Questions of Genre," *Screen*, Vol.31, no.1, 1990, pp.58~63(수잔 헤이워드 저, 이영기 외 역, 『영화 사전(개정판)』, 한나래, 2012, pp.389~392에서 재인용).

28) John R. May, "Visual Story and the Religious Interpretation of Film", *Religion in Film*, University of Tennessee Press, 1982, pp.24~25; John R. May, "Contemporary Theories Regarding the Interpretation of Religious Film", *New Image of Religious Film*, Rowman & Littlefield, 1997, p.18(박종천, 「영화가 종교를 만났을 때-김기덕의 <봄여름가을겨울그리고봄(2003)>을 중심으로」, 『종교연구』 44, 한국종교학회, 2006, pp.292~293에서 재인용).

언론학, 신학 등에서도 연구 자료로서 활용되고 있다. 이에 따라서 한국 종교영화는 학제 간 연구로서 융・복합적인 연구가 요청되는 분야라고 할 수 있다. 그런데 종교 분야에서의 한국 종교영화에 대한 연구는 아직까지 개별적인 종교영화에 국한하여 연구되고 있다. 대부분의 연구들(특히 학위논문)이 개별 종교전통의 내부자로서 종교영화를 연구하고 있기 때문에, 한국 종교영화를 총체적으로 이해하는 데 어려움이 있었다.[29] 이러한 상황에서 2000년대 초반부터 한국 종교영화에 대한 전반적인 연구가 신광철에 의해서 시도되었다는 점은 고무적이었다.[30] 그리고 1999년부터 한신대 종교문화학과에서 교양과목으로 개설한 <종교와 영화>라는 과목은 대학생들에게 영화를 종교(학)적으로 읽어 내는 능력을 배양하고, 영화를 텍스트 삼아 종교학개론 강좌를 구성한다는 목표 아래,[31] '종교영화'의 개념과 장르적 특징 등을 이해시키는 데 기여하였다. 그리고 신광철, 박종천, 김윤성 등이 영화에 대한 종교적 읽기와 분석 작업을 논문으로 발표하면서[32] '종교영화'에 대한 학문적 담론이 조금씩 형성되

29) 신광철, 「한국 종교영화의 현황과 전망」, 『한국종교』 28, 원광대학교 종교문제연구소, 2004, pp.123~124.

30) 「신종교와 영화 I : 임권택 감독의 영화 <개벽>의 경우」, 『신종교영화』 7, 2002; 「영화의 종교적 구조에 대한 성찰: 영화, 종교(학)적으로 읽기를 위한 예비적 작업」, 『종교문화연구』 4, 2002; 「죽음, 그리고 남은 자들의 삶: 영화 <축제>를 중심으로」, 『종교연구』 21, 2000; 「죽음, 그리고 남은 자들의 삶: 영화 <학생부군신위>를 중심으로」, 『한신인문학연구』 3, 2002; 「한국 가톨릭영화의 회고와 전망」, 『부산교회사보』 28, 2000; 「한국 개신교영화의 회고와 전망」, 『종교학연구』 19, 2000; 「한국 불교영화의 회고와 전망」, 『종교연구』 27, 2002; 「한국 종교영화 작가론(I)-최하원 감독의 영화세계와 그의 기독교영화」, 『한국종교사연구』 11, 2003; 「한국 종교영화의 현황과 전망」, 『한국종교』 28, 2004 등.

31) 신광철, 「영화와 종교교육」, 『종교교육학연구』 17, 한국종교교육학회, 2013, p.64.

32) 2003년에 한신대학교 종교문화연구소에서는 『종교문화연구』 제5호의 특집을 "종교학적 상상력과 영화: 역사, 기억, 현실"이라는 주제를 다루면서 「굿의 사회적 치유능력에 대한 현대적 해석: 영화 <나그네는 길에서도 쉬지 않는다>와 <그 섬에 가고 싶다>에 나타난 굿의 지향성을 중심으로」(신광철), 「인공지능과 영혼: 2001 Space Odywwey에서 A.I까지」(김윤성), 「연금술적 상상력과 제의적 영화 체험: 영화 <박하사탕>을 중심으로」(박종천)를 다루었다. 최근에

기 시작하였다.

한편, '종교영화'와 관련된 저서는 『(자료로 보는) 세계의 종교영화』(정종화, 범우사, 2007), 『감독도 모르는 영화 속 종교 이야기』(김기대, 도서출판 모시는사람들, 2012), 『종교, 할리우드에게 길을 묻다』(이경기, 책보출판사, 2013), 『한국영화 100선: <청춘의 십자로>에서 <피에타>까지』(한국영상자료원, 2013), 『윤동환의 다르게 영화보기(Cinema Religiousus)』(윤동환, 본북스, 2014) 등이 소개되었다.

본고는 '종교영화'에 대한 선행 연구를 바탕으로 한국에서의 '종교영화'에 대해서 다룬다. 요컨대, 한국영화사의 흐름 속에서 종교영화의 역사적 전개를 살펴보고 그 특징에 대해서 살펴보고자 한다. 이 작업을 위해서 우선, 한국 종교영화에 대한 개념을 살핀 후, 한국 종교영화의 유형에 대해서 간략히 제시한다. 그리고 한국영화사의 흐름 속에서 종교영화에 대해서 소개한 후, 한국 종교영화의 종교전통별·감독별 특징에 대해서 살펴본다. 이를 통해서 한국 종교영화가 역사적으로 어떻게 전개되고 있는지 파악할 수 있으며, 장르로서 서구 종교영화와 어떠한 차이가 있는지가 밝혀질 수 있을 것이다.

'종교영화'에 대한 논의가 여러 학문 분야에서 있었기 때문에, 종교영화의 역사적 전개와 특징을 살피기 위해서는 종교영화의 개념적 정의가 어떻게 논의되고 있는지 살펴볼 필요가 있다. 본고에서는 저서와 논문에서 사용되고 있는 종교영화의 개념을 살펴보겠다.

_____

는 최화선이 「신화, 유령, 잔존하는 이미지-아피찻퐁 위라세타쿤의 영화를 중심으로」, 『종교문화비평』 27(2015)과 「종교를 '본다'는 것-종교와 영화 가르치기」, 『종교문화비평』 29(2016)를 발표하면서 이 분야 연구의 폭을 넓히고 있다.

저서에서 사용되고 있는 종교영화의 개념은 몇 가지로 나뉜다. 첫째, 정종화는 『(자료로 보는) 세계의 종교영화』에서 국내외의 종교영화 관련 자료(영화 포스터)를 중심으로 종교영화를 소개한다. 그러나 이 책은 종교영화의 개념에 대한 설명이 충분하지 못한 상태에서 관련 포스터를 나열하고 있다. 그리고 저자는 『기독교사상』 제128호(1969)에 「참된 종교영화를 대망」이라는 글을 발표하면서, 종교영화의 개념을 기독교 중심적으로 해석하고 있다.

둘째, 김기대도 『감독도 모르는 영화 속 종교 이야기』에서 종교영화에 대한 개념적 정의 없이 영화 속에 이미지화된 종교성을 발굴하여 '영화와 종교가 공유하는 것'들에 대해서 이야기하고 있다. 이러한 점은 이경기도 마찬가지다. 그는 『종교, 할리우드에게 길을 묻다』에서 할리우드의 흥행작들 속에 감독과 배우들의 종교관이 어떻게 표현되고 있는지를 동물, 사랑, 색상, 숫자, 음식, 음악 및 사운드트랙, 영화 제목 등으로 조망하고 있다.

셋째, 윤동환의 『다르게 영화보기(Cinema Religiousus)』에서 다양한 영화들을 불교의 사성제 개념으로 분석하고, 영화라는 창을 통해서 종교를 관통하는 관점을 찾고 있다. 하지만 한국영화뿐만 아니라 서구 영화를 좀 더 비중 있게 다루고 있어서 한국 종교영화에 대한 역사적 전개과정과 특징에 대해서 살펴보기 힘들다.

논문에서 사용되고 있는 종교영화의 개념은 신광철과 박종천의 서술이 눈에 띈다. 신광철은 "종교(무속, 불교, 천주교, 개신교, 신종교 등)를 소재로 한 영화"로 정의하면서 가장 폭넓게 '종교영화'의 개념을 사용하고 있으며, 박종천은 서구의 영화이론을 차용하여 "종교전통"에 따른 분류와 "종교적 세계관/형식이 영화적 의미/문법과 결합되는 방식"으로 구분하여 정의하였다.

본고는 위와 같은 정의를 참고하되, '종교영화'를 종교 전통에 따른 분류와 함께 종교가 내재적으로 갖고 있는 교리적·신화적·의례적 측면과 종교의 사회적·윤리적 실천으로 드러나는 외재적 측면으로 시각화된 매체로 사용하고자 한다. 종교영화라는 개념은 종교와 영화의 관계적 차원에서 볼 때, 서로 다르게 정의될 수 있다. 요컨대, 영화의 생산과 소비라는 측면에서 볼 때, 생산자는 종교영화에 대한 해석의 차원(the interpretation of religious film)에서 다루지만, 소비자는 영화의 종교적 해석의 차원(the religious interpretation of film)에서 다룬다. 그리고 장르로서 종교영화는 종교전통을 소재로 한다.

앞서 언급했듯이, 본고에서 사용하는 장르로서 종교영화의 개념은 해당 종교전통의 내부자와 외부자가 각각 바라보는 관점(줄거리)을 포괄한다.33) 요컨대, 종교영화는 내부자에 의해서 선교·포교·포덕 등을 목적으로 제작되면서도, 외부자가 해당 종교를 해석하여 종교문화를 이미지화하기도 한다. 결국 종교영화는 해당 종교전통의 내재적 측면과 외재적 측면의 두 가지 유형으로 시각화된다. 내재적 측면이란 종교영화 속에 그려지는 해당 종교의 교리적·신화적·의례적인 내용들이며, 외재적 측면이란 해당 종교의 사회적·윤리적 실천 내용들이다. 따라서 본고에서 사용하게 될 장르로서 종교영화의 내용은 종교의 교리적·신화적·의례적인 내용들과 사회적·윤리적 쟁점들이 포함된다.

---

33) 신광철은 「한국 종교영화의 현황과 과제」에서 종교영화를 포괄적으로 정의하여, "해당 종교적 주제와 종교 세계를 소재로 삼는 영화"라는 관점에서 한국 종교영화를 정의하고 분석한다.

신광철은 앞선 논문에서 한국 종교영화의 유형을 1) 무속영화, 2) 불교영화, 3) 가톨릭영화, 4) 개신교영화, 5) 신종교영화로 나누고 유교적 이념을 다룬 영화 또는 장례식 영화를 소개하였다. 그리고 각 종교전통의 영화를 그 내용에 따라서 여섯 가지에서 아홉 가지로 분류하였다. 예컨대, 무속영화는 ① 무속 내지는 무속적 세계관을 내러티브의 중심 제재로 설정한 경우, ② 내러티브 구성상 무속의례를 차용한 경우, ③ 민담, 전설과 무속적 요소를 관련시킨 경우, ④ 무의 삶에 초점을 맞춘 경우, ⑤ 무속과 근대적 세계관 내지는 서구 종교와의 관계를 묘사한 경우, ⑥ 무속의례의 사회적 치유 능력을 묘사한 경우로 분류하였다. 반면에 불교영화는 ① 문학작품을 영화화한 작품, ② 불교 소재 설화 혹은 전설을 영화화한 작품, ③ 국책이념을 지지하기 위한 목적을 지닌 작품, ④ 불교 관련 인물의 전기 성격의 작품, ⑤ 불교 역사 관련 작품, ⑥ 수행과 깨달음의 세계를 묘사한 작품, ⑦ 현실적 삶 속에서 불교적 가르침이 지니는 의미를 추구한 작품, ⑧ 윤회사상을 구현한 작품, ⑨ 무협영화의 배경으로서 불교적 세계를 차용한 작품으로 유형화하였다.

그리고 가톨릭영화는 ① 전기영화, ② 순교사화 영화, ③ 전쟁 중 신앙의 정체성을 모색한 영화, ④ 수행의 세계에 담긴 의미를 탐구한 영화, ⑤ 타종교와의 만남을 모색한 영화, ⑥ 본격적인 역사영화로 분류한 반면, 개신교영화는 ① 전기영화의 성격을 지니는 작품, ② 신앙의 힘으로 고난을 극복하거나 삶의 의미를 되찾는 내용을 담은 작품, ③ 기독교적 진리를 확인·입증하는 내용을 담은 작품, ④ 기독교와 무속의 갈등을 다룬 작품, ⑤ 한국 사회 및 한국 기독교문화 비판 성향의 작품으로 분류하였다. 한편, 신종교영화는 제작 편

수가 적기에 유형화하는 대신 작품 제목을 소개하였다.

신광철이 각 종교전통의 영화를 분류하는 데 서로 다른 유형을 제시한 것은 각 종교전통의 영화가 사회적 맥락을 반영하여 제작되었기 때문이다. 따라서 본고에서는 한국 종교영화에 대한 내부자와 외부자의 시선을 교차하면서 분류하는 방식으로 접근하고자 한다.

우선, 본고는 한국 종교영화의 유형을 각 종교전통별 여섯 가지 유형으로 분류할 것이다. 요컨대, 한국 종교영화의 유형은 1) 한국 무속영화, 2) 한국 불교영화, 3) 한국 유교영화, 4) 한국 천주교영화, 5) 한국 개신교영화, 6) 한국 신종교영화로 유형화된다. 그리고 종교 전통별로 유형화된 한국 종교영화는 내부자와 외부자의 시선으로 채워진 교리·신화·의례, 사회·윤리적 측면의 내용으로 각각 분석될 것이다.

한국 무속영화는 신광철이 분석한 것처럼 굿과 세계관이 중요한 제재를 이루고 있다. 다시 말해, 무속의 내재적 측면인 교리적·신화적·의례적인 내용이 중요한 흐름을 차지하고 있다. 물론 해방 이전에 제작된 <밝아가는 인생>(1993, 이규환)에서는 '무속=미신'이라는 인식 속에서 타파해야 할 전근대적 유산으로 이미지화되었고, 이러한 공식은 해방 이후 꾸준하게 이어져 왔다. 하지만 이러한 공식에 균열이 생기기 시작한 것은 '국풍81'을 계기로 굿의 사회적 치유 기능을 주목하게 되면서부터였다. 이러한 분위기는 2000년대에 들어서면서부터 다큐멘터리 무속영화가 제작됨에 따라서 '무속=미신'이라는 공식이 해소되어 갔다.

특히, 2013년에 제작된 <만신>(박찬경)은 김금화의 일대기를 다루면서, 이전에 제작된 <영매>(2003, 박기복)와 <사이에서>(2006, 이창재)가 보여 주지 못한 무속영화의 사회적·윤리적 실천 내용을 보다 분명하게 보여 주었다고 할 수 있다. 예컨대, <영매>와 <사이에서>가 무속인의 운명적 삶을 보여 준 데 비해, <만신>은 한국 현대사의 흐름 속에서 김금화의 일대기를 그려 가면서 무속의 사회적 치유 기능을 이미지화하고 있기 때문이다.

한국 불교영화는 2000년대 이전까지는 가장 많은 편 수가 제작되었으며, 그에 걸맞게 작품적 완성도도 높았다. 송희복이 지적했듯이, 불교영화는 한국 문화의 세계화 또는 글로벌화를 지향하는 현대적 흐름에 가장 걸맞은 영화라고 할 수 있다.34) 신광철은 한국 불교영화의 내용을 아홉 가지로 분류하여 그 특징을 설명하였는데, 그의 분류를 본고의 종교영화 개념으로 재해석하면 크게 두 가지로 분류될 수 있다.

첫째, 내재적 측면으로서 교리적·신화적·의례적인 내용을 다루고 있는 것은 1) 불교 소재의 설화 또는 전설의 내용, 2) 수행과 깨달음의 내용, 3) 윤회사상, 4) 불교적 가르침의 의미, 5) 불교의 역사와 인물 등이다. 둘째, 외재적 측면으로서 사회적·윤리적 쟁점을 다루고 있는 것은 1) 국책이념의 지지, 2) 문학작품의 재현, 3) 무협영화의 배경 등이다.

한국 불교영화는 다양한 내용을 다루고 있지만, 현재까지는 내재적 측면이 좀 더 많이 다루어졌다. 이러한 특징은 앞서 지적했듯이,

---

34) 송희복, 『영화 속의 열린 세상』, 문학과 지성사, 1999, p.215.

한국 사회에서 불교가 갖는 문화적 위상과 정체성을 반영하고 있기 때문이다. 이러한 이유로 불교에 대한 외부자적 시선으로서 사회적·윤리적 쟁점들은 비교적 덜 다루어졌다. 2000년대 이후부터 다큐멘터리영화 또는 독립영화가 활발하게 제작되면서 불교영화에서도 이러한 분위기가 반영되고 있다.

한국 유교영화를 종교영화의 하위 장르로서 분류하는 것이 타당한가에 대해서는 문제 제기가 있을 수 있다. 요컨대, 유교와 유학의 구분을 놓고 의견이 분분하기 때문이다. 본고가 이 구분에 대해서 다루는 논문이 아니기 때문에 이에 대한 부연 설명을 생략하고, 유교 또는 유학(근대 이전의 사유체계를 포괄하는 전통의 가치)의 내용을 담고 있는 영화를 한국 유교영화의 범주로 사용하였다. 이러한 관점에서 현재까지 파악된 한국 유교영화는 18편 정도이다. 1977년에 제작된 <고가>(조문진)를 비롯해서 <의궤, 8일간의 축제 3D>(2014, 최필곤)에 이르기까지 유교 또는 유학이 근대 시기를 거쳐 산업사회로 전환되면서 서구화된 세계관과 종교와 부딪히는 내용이 상당수이며, 전통적 의례 또는 삶의 방식에 대해서 재고하거나 의미를 부여하는 내용 등으로 제작되었다.

한국 천주교영화는 2000년대 이전까지는 종교문화의 내재적 측면인 교리적·신화적·의례적인 내용이 거의 대부분이었다. 예컨대, 안중근을 비롯한 성인들의 전기, 순교 및 역사, 정체성 및 수행의 세계, 타종교와의 만남 등이 천주교영화의 주된 내용이었다. 그러나 2000년대 이후부터는 천주교에 대한 외부자의 시선으로서 사회·윤리적 관점이 대두되기 시작하였다. <박쥐>(2009, 박찬욱)와 <검은 사제들>(2015, 장재현)이 대표적이다. <박쥐>는 뱀파이어가 된 신부를 등장시켜 사제의 인간적 욕망과 윤리적 문제에 대해서 은유적으로 다루는 한편, <검은 사제들>은 사제의 퇴마 이야기를 다룸으로써 천주교의 사회적 역할에 대해서 우회적으로 묘사하고 있다.

한편, <울지마 톤즈>(2010, 구수환)와 <바보야>(2011, 강성옥)는 이태석 신부와 김수환 추기경의 삶을 다룬 영화로서 종교문화의 내재적 측면을 보여 주고 있지만, 두 인물이 보여 준 삶의 모습들은 외부자에게 한국 천주교가 사회적 정의를 실천하기 위해서 애쓰고 있는 모습을 보여 주기에 충분하였다.

한국 개신교영화 또한 천주교영화와 비슷한 특징을 보인다. 예컨대, 한국 개신교영화는 교리·신화·의례적 내용으로서 종교문화의 내재적 측면으로 제작된 영화들은 전기, 신앙의 힘, 기독교적 진리의 입증 등의 내용이 주류를 이루고 있으며, 외재적 측면으로는 개신교와 무속의 갈등, 기독교문화 및 교리에 대한 문제 제기 등으로 나타났다.

다만, 천주교영화와 비교할 때 개신교영화가 1970년대부터 종교문화의 외재적 측면인 사회·윤리적 내용이 제작되었다는 점은 한국 사회 내 개신교 종교문화의 영향력을 확인시켜 준다고 볼 수 있다.

한국 신종교영화는 동학, 증산교, 백백교, 원불교 등을 소재로 <동학난>(1962, 최훈), <개벽>(1991, 임권택), <동학, 수운 최제우>(2011, 박영철), <화평의 길>(1984, 강대진), <백백교>(1961, 하한수; 1991, 최영철), <미스 홍당무>(2008, 이경미) 등 7편 정도가 제작되었다. 1962년에 제작된 <동학난>은 동학농민운동을 배경으로 하지만, 신분 차이에 의한 남녀의 사랑을 지나치게 강조하여 '동학란'에 대한 조명이 떨어졌다는 비판을 받기도 하였다.[35]

앞선 <표 1>에 의하면, 한국 종교영화의 총 편 수는 대략 190편이었다. 이 중에 2편 이상을 제작한 감독은 강대진(5편), 고응호(2편), 김상철(2편), 김수용(4편), 김환태(2편), 박광수(2편), 박찬경(2편), 박철수(4편), 배창호(2편), 변장호(2편), 신상옥(5편), 양주남(2편), 유현목(5편), 윤봉춘(4편), 이기원(2편), 이두용(3편), 이장호(5편), 임권택(10편), 임원식(5편), 장일호(3편), 최인현(3편), 최하원(5편), 홍성기(2편), 홍의봉(3편) 등이며, 총 120여 명이 한국 종교영화를 제작하였다.

강대진의 경우, <사랑의 원자탄>(1977)을 비롯해서 <사랑의 뿌리>(1978), <석양의 10번가(빛을 마셔라)>(1979), <죽으면 살리라>(1982) 등의 개신교영화를 만들다가 신종교영화인 <화평의 길>(1984)을 제작하기도 하였다. 그는 1933년 전남 목포 출생으로 1987년 54세의 나이로 작고하였다. 그는 신상옥 감독 밑에서 조감독을 하면서 익힌 현장 감각으로 27세 때 <부전자전>이란 영화를 통해서 감독으로 데뷔한다. 이후 1960~1970년대에 작품 활동을 왕성하게 하였는데, 서민영화 감독이라는 별칭을 얻었듯이, 그는 열악한 환경 속에서도 시련을 딛고 일어나서 내일을 준비하는 인간상으

---

35) 이효인, 「한국역사에 대한 한국영화의 묘사」, 『우리 영화의 몽상과 오만』, 민글, 1994, p.63.

로 주로 그려 냈다.36) 그의 이러한 작가정신은 종교영화로 분류되는 위와 같은 5편에서도 찾아볼 수 있다.

김수용은 1929년 경기도 안성 출생으로, 희곡의 연출과 주연 등으로 참여하기도 하였고 <공처가>(1958)란 영화를 통해서 감독으로 데뷔하였다. <갯마을>(1965)을 비롯하여, 불교의 윤회사상을 바탕으로 한 김동리 원작의 <까치소리>(1967), <이어도>(1977), <중광의 허튼소리>(1986) 등의 무속영화 및 불교영화를 제작하였다. 그는 상업주의적 감각을 유지하면서 시대상황과 현실을 파고드는 리얼리즘의 전형을 제시하는가 하면, 종교적인 영화를 다루는 등 다방면에서 작품 활동을 하였다고 평가되고 있다.37)

박철수는 1948년 대구 출생으로 2013년 불의의 사고로 세상을 떠났다. 그는 신상옥 감독과의 인연으로 1979년 <골목대장>으로 감독에 데뷔하는데, 대사를 절제하고 화면 위주의 영상미를 추구하는 연출력을 인정받으면서 다양한 장르의 영화를 제작하였다. 그러면서 <땜장이 아내>(1983), <오세암>(1990), <학생부군신위>(1996)를 제작하면서, 불교영화와 유교영화를 통해서 현대 한국 사회의 문제를 진단하였다. 예컨대, <오세암>에서는 고아 남매인 길손과 감이의 여정을 따라서 추악하고 타락한 세계를 희망과 구원의 세계와 대비시킴으로써 현대 한국 사회를 비판하였고, <학생부군신위>에서는 5일장으로 치러진 장례를 상세하게 그려 내면서, 유교적 전통의 소재를 통해서 가족과 공동체적 질서에 대해서 재고하게 하였다. 박철수의 종교영화는 종교문화의 외재적 측면을 강조하였다고 할 수 있다.

---

36) 김종원 외, 『한국영화감독 사전』, 국학자료원, 2004, pp.19~21(강대진 편).
37) 김종원 외, 위의 책, pp.108~111(김수용 편).

신상옥은 1926년 함북 청진 출생으로, 해방 이후 고려영화협회 미술부에서 일하다가 1952년 한국영화예술협회의 <악야(惡夜)>를 통해서 감독으로 데뷔하였다. 그는 1953년에 프로덕션을 설립하고 영화제작 및 수출 배급까지 관여하였다. 그는 <꿈>(1956), <무영탑>(1957), <상록수>(1961), <다정불심>(1967), <반혼녀>(1973) 등의 무속, 불교, 개신교 종교영화 등 다양하게 제작하였다.[38]

유현목은 1925년 황해도 봉산 출신으로 독실한 개신교 신자인 어머니의 영향을 받았다. 그는 배우로서의 길을 시도하였으나 실패하고, 작가로서 조감독으로서 생활을 하다가 1958년 <아름다운 여인>을 비롯하여 <오발탄>(1961), <김약국의 딸들>(1963), <잉여인간>(1964), <나도 인간이 되련다>(1969) 등 다양한 작품 활동을 한다. 그러한 가운데 <순교자>(1965), <장마>(1979), <사람의 아들>(1980), <상한 갈대>(1984), <천국의 비밀>(1989)과 같은 개신교영화와 무속영화를 제작하였다.[39]

이장호는 1945년 서울 출생으로 신상옥 감독과의 인연으로 1974년 최인호의 동명 소설을 영화화한 <별들의 고향>을 통해서 데뷔한다. 그는 한국영화가 검열과 정치적인 탄압으로 표현의 자유가 억압당했던 암흑기에 다양한 장르를 넘나들며 작품 활동을 하였다. 그중 <어둠의 자식들>(1981), <낮은 데로 임하소서>(1982), <과부춤>(1983), <나그네는 길에서도 쉬지 않는다>(1987), <시선>(2013) 등 개신교영화와 무속영화 등을 제작하였다. 물론 그는 일정한 스타일의 영화를 만들수 없었던 1970~1980년대의 한국영화의 흐름 속에서 다양한 장르

---

38) 김종원 외, 앞의 책, pp.318~322(신상옥 편).
39) 김종원 외, 앞의 책, pp.389~392(유현목 편).

에 대한 실험과 도전, 그리고 다양한 소재를 개척했다는 점에서 평가될 수 있다.[40]

임권택은 1934년 전남 장성군 출생으로 해방 전후 유년 시절을 <태백산맥>(1994)을 통해서 재현하였다. 도상적 존재로서의 인간을 <짝코>(1980), <만다라>(1981), <길소뜸>(1985), <아제 아제 바라아제>(1989), <서편제>(1993) 등을 제작하는 과정에서, <상록수>(1978), <신궁>(1979), <불의 딸>(1983), <씨받이>(1986), <개벽>(1991), <축제>(1996) 등의 무속영화, 불교영화, 유교영화, 개신교영화 등을 다양하게 제작하였다.[41]

임원식은 1935년 황해도 평산 출생으로 천도교도인 아버지의 영향을 많이 받으며 자랐다. 그러나 그는 기독교 방송국에서 연출 겸 성우로 활동하였고 신상옥 감독 밑에서 조감독으로 경험을 쌓은 후 1962년 <청일전쟁과 여걸 민비>를 통해서 감독으로 데뷔하였다. 그는 무속영화인 <박수무당>(1974)과 <저 높은 곳을 향하여>(1977), <순교보>(1986), <엄마의 기도, 나의 기도>(1989), <불행한 아이의 행복>(1992) 등의 개신교영화를 다수 제작하였다.[42]

최하원은 1937년생으로 1968년 <나무들 비탈에 서다>를 통해서 감독으로 데뷔하였다. 그는 천주교영화를 대표하는 감독 가운데 한 사람으로 <새남터의 북소리>(1972), <초대받은 사람들>(1981), <초대받은 성웅들>(1984)을 제작하였으며, <무녀도>(1972), <다정다한>(1973)과 같은 무속영화와 불교영화도 만들었다.[43] 그의 영화들

40) 김종원 외, 앞의 책, pp.486~489(이장호 편).
41) 김종원 외, 앞의 책, pp.523~525(임권택 편).
42) 김종원 외, 앞의 책, pp.531~533(임원식 편).
43) 김종원 외, 앞의 책, pp.633~634(최하원 편).

은 1970년대 영화계의 화두였던 리얼리즘적 경향을 반영하듯이, 당시 천주교와 무속과의 갈등에 대해서 사실적으로 보여 주고 있다.44)

이 밖에도 김기덕은 <봄 여름 가을 겨울 그리고 봄>(2003)을 통해서 불교영화 또는 종교영화의 새로운 접근을 시도하였다는 점에서 의의를 찾을 수 있다. 이상과 같이, 다양한 감독에 의해서 제작된 한국 종교영화는 선교・포교・포덕 등을 목적으로 제작되는가 하면, 해당 종교전통을 해석하여 종교문화를 이미지화하기도 하였다. 요컨대, 한국 종교영화는 해당 종교전통의 내재적 측면(교리적・신화적・의례적인 내용들)과 외재적 측면(사회적・윤리적 실천 내용들)의 두 가지 유형으로 시각화되고 있다고 할 수 있다.

---

44) 신광철, 「한국 종교영화 작가론(Ⅰ)-최하원 감독의 영화세계와 그의 기독교영화」, 『한국종교사연구』 11, 한국종교사학회, 2003, p.50.

제3장 한국 무속영화

한국 무속영화의 제재는 의례(굿)와 무속 세계관이 중요하게 활용되어 왔다. 상당수의 작품에서 굿과 같은 의례는 중요한 소재로 활용되고 있으며, (박수)무당 또는 무녀의 존재는 한국영화의 중요한 캐릭터의 위상을 차지해 왔다. 무속은 한국영화에 있어 가장 풍부하고 오랜 전통을 지닌 주제 가운데 하나이다.

하지만 무속을 소재로 한 무속영화에 대한 연구는 아직 시작단계에 있으며,45) 최근부터 무속영화에 대한 학문적 연구가 시도되고 있다. 예컨대, 김소영은 한국영화의 제재로서 무속에 대한 관심을 제기하면서, 한국영화를 관통하는 새로운 장르로서의 '판타스틱 영화론'을 제기하였다. 그녀는 무속을 판타스틱 영화의 물줄기로 파악하였다.46)

앞서 제시한 <표 1>에 의하면, 한국 무속영화는 대략 34편 정도가 발표되었으며, 이 영화들은 대체로 (1) 무속 내지는 무속적 세계관을 내러티브의 중심 제재로 설정한 경우, (2) 내러티브 구성상 무속 의례(굿)를 차용한 경우, (3) 민담, 전설과 무속적 요소를 관련시킨 경우, (4) 무(巫)의 삶에 초점을 맞춘 경우, (5) 무속과 근대적 세계관 내지는 서구 종교와의 관계를 묘사한 경우, (6) 무속의례(굿)의

---

45) 무속을 소재로 한 영화에 대해서는, 다음과 같은 몇 편의 짧은 글이 소개된 바 있다. ① 민속의 영화화 문제, 신동아(1977년 7월호). ② 이정국, 무속을 다룬 한국영화의 근본적인 문제점과 그 가능성, 영화(영화진흥공사, 1989년 5월호). 이 밖에 김지석의 논문에 '무속영화' 항목이 부분적으로 서술되어 있다(김지석, 「깨달음과 이타행 그리고 소외: 한국의 종교영화」, pp.60~63; 신광철, 「한국 종교영화의 현황과 전망」, 『한국종교』 28, 2004, pp.125~126에서 재인용).
46) 김소영, 『판타스틱 한국영화: 근대성의 유령들』, 씨앗을뿌리는사람, 2000.

사회적 치유 능력을 묘사한 경우 등으로 묶일 수 있다. 이들 한국의
무속영화를 정리, 소개하면 아래의 <표 2>와 같다.

<표 2> 한국 무속영화의 시기별 제작 편 수

시기	한국종교 영화소계	무속 영화	영화 제목
해방 이전까지	1	1	밝아가는 인생(이규환, 1933)
해방 이후~1950년대	13	1	배뱅이굿(양주남, 1957)
1960~1970년대	48	13	갯마을(김수용, 1965), 석화촌(정진우, 1972), 무녀도(최하원, 1972), 배뱅이(김기, 1973), 반혼녀(신상옥, 1973), 박수무당(임원식, 1974), 한네의 승천(하길종, 1977), 초분(이두용, 1977), 이어도(김기영, 1977), 물도리동(이두용, 1979), 신궁(임권택, 1979), 을화(변장호, 1979), 장마(유현목, 1979)
1980~1990년대	67	12	피막(이두용, 1980), 무녀의 밤(변장호, 1982), 불새의 늪(고응호, 1983), 불의 딸(임권택, 1983), 화랭이(고응호, 1985), 태(하명중, 1986), 나그네는 길에서도 쉬지 않는다(이장호, 1987), 사방지(송경식, 1988), 한줌의 시간 속에서(백일성, 1993), 그 섬에 가고 싶다(박광수, 1993), 태백산맥(임권택, 1994), 비디오 리추얼(김윤태, 1998)
2000년대 이후	61	7	오구(이윤택, 2003), 영매(산 자와 죽은 자의 화해)(박기복, 2003), 사이에서(이창재, 2006), 신도안(박찬경, 2008), 비단꽃길(김정욱, 2010), 만신(박찬경, 2013), 허창열씨 오구굿(강지원, 2013)
총계	190	34	

무속 의례 또는 무속적 세계관을 내러티브의 중심 제재로 설정한
경우, 무속의 구조에 대한 물음을 던지고 있다는 점에서 주목할 만
하다. 무속의 세계관 혹은 구조에 대한 영상적 성찰을 시도하고 있
는 이들 영화는 작품성도 뛰어난 편이다. 하길종 감독의 <한네의 승
천>은 무속마을의 제사굿과 관련된 금기의 문제를 다루고 있다. 이

두용 감독의 <초분>은 남도 섬 지방의 전통 장례문화인 초분을 소재로 전통의 유지와 개발의 문제를 천착하고 있다. 이두용 감독의 <피막>은 양반집 규수와 피막지기의 이루어질 수 없는 사랑과 한(恨)이라는 주제를, 무속에 내재된 서민적 생명력으로 풀어 가는 흐름을 취하고 있다.[47] 백일성 감독의 <한줌의 시간 속에서>는 무속의 시간관에 대한 철학적 성찰을 시도하고 있다는 점에서 주목할 만한 작품이다.

내러티브 구성상 무속의례(굿)를 차용한 작품들에서는 무속의례인 굿이 스토리텔링의 중심 제재로 활용되고 있다. 남도의 작은 갯마을을 무대로 한 김수용 감독의 <갯마을>은 문예영화의 새바람을 불러일으킨 작품으로 기억되고 있다.[48] 김기영 감독의 <이어도>는 제주도에 전설로 내려오는 '상상 속의 유토피아' 이야기를 소재로 한 것이다. <이어도>에서는 무속의례(넋 건지기)가 차용되고 있다. 민담, 전설과 무속적 요소를 관련시킨 경우, 특정한 이야기의 제재로서의 무속에 대해 주목하고 있다. 석화(생굴) 채취에 의존하는 서해 외판섬에서 벌어진 이야기를 소재로 한 정진우 감독의 <석화촌>은 신통력을 상실해 가는 무속 전통의 의미를 탐구하고 있다. 곽정환 감독의 <배뱅이>는 배뱅이굿과 관련된 이야기를 소재로 하고 있으며, 신상옥 감독의 <반혼녀>는 '퇴마'를 중심적 줄거리로 삼고 있다. 하명중 감독의 <태>는 무속의 현실적 몰락을 묘사하면서도, 새로이 태어나는 아이의 생명 속에서 전통 혹은 무속적 세계의 부활의 가능성을 목도하고 있다는 점에서 주목되는 작품이다. 송경식 감독

47) 허창, 피막, 『한국영화 70년 대표작 200선』, 집문당, 1996, p.315.
48) 호현찬, 『한국영화 100년』, 문학사상사, 2000, pp.138~139.

의 <사방지>는 兩性을 지니고 태어난 사방지(이혜영 역)에 얽힌 이야기를 소재로 한 것이다.

무속과 근대적 세계관 내지는 서구 종교와의 관계를 모색한 작품들의 경우, 시대적인 추이에 따라 양자의 관계를 바라보는 관점에 변화가 수반되고 있음을 확인할 수 있다. 이규환 감독의 <밝아가는 인생>은 근대 초입에서의 전통적 세계관과 근대적 세계관의 충돌을 소재로 삼은 것으로서, 전통적 세계관을 대표하는 무속이 이른바 '미신타파'의 관점에서 지양(止揚)의 대상으로 설정되고 있다. 최하원 감독의 <무녀도>는 김동리의 소설을 원작으로 한 것으로서, 무속과 기독교의 관계를 성찰한 것이다. 최하원 감독은 영화 <무녀도>를 통해 무속과 기독교의 관계를 새롭게 조명하였다. 영화 <무녀도>의 에필로그(모화-윤정희 역-가 달을 품듯 한 동작을 취하며 물속으로 사라지는 장면)에 대한 해석에는 다양한 가능성이 있을 수 있으나, 감독 자신의 표현에 의한다면 무속과 기독교의 갈등보다는 두 전통 사이의 만남을 지향한 작품으로 보는 것이 타당할 것이다.[49] 변장호 감독의 <을화> 또한 김동리의 소설을 원작으로 한 것으로서, 무속과 기독교의 관계를 성찰한 것이다.[50] 변장호 감독의 <무녀의 밤>은 무당의 딸인 수희(장미희 역)가 겪는 차별과 방황을 소재로 한 것이다. 수희는 방황 끝에 어머니의 뒤를 이어 무녀의 길을 걷는다. <무녀의 밤>은 수희의 삶을 축으로 무속과 기독교(특히 천주교)의 갈등과 거기 담긴 의미를 천착하고 있다. 임권택 감독의 <불의

---

49) 신광철, 「한국 종교영화 작가론(1): 최하원 감독의 영화세계」, 『한국종교사연구』 11, 한국종교사학회, 2003, pp.57~61.

50) 신광철, 「이미지로 재현된 무속과 그리스도교의 마주침」, 『역사민속학』 12, 한국역사민속학회, 2001.

딸> 또한 무속과 기독교의 관계를 성찰한 작품이다.

무속의례(굿)의 사회적 치유 능력을 천착한 작품들은 무속의 사회성을 묻고 있다는 점에서 주목할 만한 것들이다. 유현목 감독의 <장마>는 반공영화 장르에 속한 작품이면서도, 여타의 반공영화와는 구별되는 작품이다. 유현목 감독은 영화 <장마>를 통해 무속적 세계관을 통한 인간 화해를 시도하고 있다. 이장호 감독의 <나그네는 길에서도 쉬지 않는다>는 영화 에필로그의 굿 장면에 나타나듯이, 굿의 사회적 치유 능력에 대한 비전을 제시하고 있는 작품이다. 박광수 감독의 <그 섬에 가고 싶다> 역시 <나그네는 길에서도 쉬지 않는다>처럼 무속의 사회적 치유 능력에 대한 성찰을 시도하고 있다. 두 영화는 모두 민족 분단의 현실을 돌파하는 힘의 실마리를 무속의례(굿)의 공동체적 함의로부터 찾고 있다. 조정래의 소설을 원작으로 한 <태백산맥>은 역설적이게도 이데올로기 대립 현장의 한복판에서 무속의례(굿)의 현존을 묘사하고 있다. 이러한 설정 또한 앞의 두 영화가 시도하고 있는 '무속을 통한 분단 트라우마 치유'와 궤적을 공유하고 있다.[51]

본 장에서는 한국 무속영화 34편 중에서 가장 주목할 필요가 있다고 판단한 영화 10편을 소개하면서, 무속영화의 특징을 살펴보고자 한다.[52]

---

51) 신광철, 「한국 종교영화의 현황과 전망」, 『한국종교』 28, 2004, pp.128~131에서 재인용.

52) 영화의 내용 소개는 한국영상자료원 영상도서관(www.koreafilm.or.kr/library)과 네이버 영화정보(movie.naver.com) 및 다음 영화정보(movie.daum.net) 등을 옮겨놓았다.

1. 갯마을(김수용, 1965)

바닷가 작은 갯마을, 고기잡이를 나간 배가 돌아오지 않는 일이 잦아지면서 이 마을에서는 언제부터인가 과부들이 많아졌다. 시집온 지 석 달도 안 된 해순도 만선의 꿈을 안고 고기잡이를 나갔던 남편이 바다의 풍랑을 만나서 죽었기 때문에 청산과부가 되었다. 해순은 그때부터 개펄에 나가서 해산물을 캐며 시어머니와 시동생을 부양하며 세월을 보내고 있었다. 23살의 해순은 외모가 반반하여 뭇 사내들의 관심을 끌었지만, 해순은 생업에 매달리면서 남편이 돌아오기를 기다린다.

어느 날 해순은 잠결에 한 사내의 옷자락을 힘껏 부여잡고 있는 자신을 발견하는데, 그 사내는 자신을 끈질기게 쫓아다닌 상수였다. 상수와의 관계가 마을에 소문이 퍼지자, 시어머니와 시동생은 해순을 다른 마을로 보내기로 한다. 해순은 무거운 마음으로 상수를 따라 나선다.

그렇게 시작된 해순은 상수와 함께 채석장과 산중을 떠돌며 산다. 그러나 떠돌이 생활에 지친 해순은 해만 지면 바닷가 갯마을을 그리워하면서 눈물을 흘린다. 그러던 어느 날 상수가 죽게 된다.

기구한 운명으로 해순은 다시 혼자가 되었다. 그녀는 남편의 두 번째 제삿날, 그립던 갯마을로 시어머니를 찾아간다. 마을 아낙들과 시어머니는 그녀를 반갑게 맞아들이지만, 실성한 해순은 바다가 보이는 언덕에 올라가 수평선을 바라보면서 돌아오지 않는 남편을 하염없이 기다린다.

이 영화에서 무속과 관련한 내용은 풍랑 속에서 배가 무사히 돌아오길 바라면서 성황당에 모여서 기도를 드리는 장면과 무당을 통해서 죽은 아들의 혼백을 건지는 장면 등이다. 이 영화 속에서는 무속이 민중들의 기층신앙으로 여전히 자리 잡고 있음을 보여 주고 있다.

2. 무녀도(최하원, 1972)

모하는 아름다운 자태와 영험함으로 소문난 무당이다. 동네에서 웬만큼 큰 굿은 그녀가 모두 해낸다. 그러나 모화의 지난날은 한으로 점철되어 있었다. 중광대의 딸이었던 모화는 어린 시절 아버지의 사당패를 따라다니다가 최 진사 댁 마당놀이판에서 최 진사의 아들 최 도령과 눈이 맞는다. 당시 사회적 분위기는 모화와 최 도령과의 사랑이 금기시되었다. 그러던 중 모화는 최 도령의 아이를 임신하게 되고 최 진사는 가문의 불명예를 두려워하여 두 사람의 관계를 떼어 놓는다.

모화의 임신 때문에 노심초사하던 사당패 아버지는 죽고 목숨을 겨우 보전한 모화는 어린 아들 욱이를 데리고 모진 고생 끝에 강신하여 무당이 된다. 아들 욱은 공부를 위해서 절에 맡겨지고 모화는 낭이라는 반벙어리 처녀를 자신의 뒤를 이을 수양딸로 삼는다. 그러던 어느 날 아들 욱이 어머니 모화를 찾아온다. 건장한 청년으로 자란 욱의 모습에서 모화는 언뜻 그 옛날 최 도령의 체취를 느낀다. 절에서 공부만 하는 줄 알았던 욱은 선교사의 도움으로 기독교 신자가 되어 있었다.

한편 낭은 욱에게 연정을 품게 되고, 욱 역시 낭에게 마음이 끌리게 된다. 모화는 욱에게 든 예수 귀신을 쫓기 위해서 굿을 하고, 성경책을 찢는다. 두 모자의 보이지 않는 대립으로 모하의 가정은 차츰 파국으로 내달린다. 영험한 신통력도, 자신도 모두 잃어버린 모화는 물에 빠져 죽은 시체를 찾는 굿판에서, 자신이 영험한 신통력이 있음을 보여 주고자 한다. 그러나 아무리 굿을 해도 모화가 찾는 시체는 나타나지 않고, 자신이 물속으로 빨려 들어가면서 끝내 나타나지 않는다.

이 영화는 무당을 소재로 삼은 무속영화로서, 1936년 월간 『중앙』 5월호에 실렸던 김동리의 단편소설 「무녀도」를 영화화한 작품이다. 그러나 원작과는 다르게 불륜의 업을 계승한 가족사의 비운, 근친상간이라는 치명적인 비극성에 초점을 두었다.

3. 석화촌(정진우, 1972)

서해의 외딴섬, 굴(석화)을 따서 생계를 잇는 이곳 주민들은 사람이 바다에 빠져 죽으면 다음 사람이 죽을 때까지 저승에 오르지 못한다는 미신을 믿고 있었다. 무녀 별례의 아버지가 바다에서 죽은 후 어머니는 아버지를 뒤따라 투신자살한다. 이번에는 어머니의 혼백을 승천시켜 달라는 조건을 내걸고 별례가 강 주사의 병든 외아들 이식에게 시집가기로 한다. 별례를 사랑하는 거무는 이를 알고 분노한다.

그러나 강 주사가 수장시킨 것은 산 사람이 아니라 죽은 사람이었음이 밝혀진다. 그러자 거무는 별례를 빼앗아 전마선에 태우고 육지로 도망친다. 풍랑이 일기 시작할 때 별례는 거무 몰래 배 밑창에 구멍을 뚫는다. 거무와 별례의 시체가 석화밭 갯벌에 떠오르던 날 그 곁에는 강 주사의 아들 이식의 시체도 물에 떠 있었다.

이 영화는 이청준의 소설 「석화촌」을 영화화한 것으로, 죽음이 때로는 진실한 사랑으로의 귀환임을 상기시켜 주고 있다. 사랑을 완성하는 죽음의 현상학을 무녀를 통해서 보여 주고 있다. 섬마을 사람들 간의 애환과 원초적 소망을 그리고 있다.

4. 초분(이두용, 1977)

남해 초도의 어부 소돌은 살인죄로 복역 중 모친상을 당해 간수와 함께 잠시 고향에 다니러 온다. 소돌의 귀향과 함께 미역밭에서 시체가 떠오르고 미역이 폐수로 썩어 가자 어민들은 모든 것을 소돌의 탓으로 돌리며 그를 원망한다. 흉흉해진 민심을 안타깝게 지켜보던 간수는 5년 전 소돌이 연루된 살인사건을 다시 조사한다.

이곳에서도 젊은이들은 뭍으로 나가려 들고 노인들은 섬과 초분을 지키려 애쓰면서 갈등을 빚고 있었다. 그리고 혼란한 틈을 타서 마을의 정신적 지주임을 자처하는 당무당이 청년들을 부추겨 섬의 관광지 개발을 추진하고 있었다. 그 과정에서 사람을 죽이고 소돌에게 살인 누명을 씌운 것이다. 간수는 당무당의 부정을 당국에 알리자, 당무당은 벼랑에서 떨어져 죽고, 소돌은 살인 혐의를 벗는다. 그리고 소돌이 섬으로 돌아올 때까지 소돌의 조카가 섬을 지킨다.

이 영화는 오태석의 희곡을 영화한 것으로, 연극 <초분>은 1973
년 초연되었다. 연극은 초분을 지키는 섬사람들에게 초점을 맞추었
지만, 영화는 외딴섬을 배경으로 사악한 무당이 초분을 이용해 섬을
지배한다는 시각으로 내용을 전개한다.

5. 을화(변장호, 1979)

옥선은 처녀의 몸으로 임신하여 마을에서 쫓겨난다. 혼자서 아들
영술을 낳아 기르던 그녀는 아들의 병을 고치러 마을 무당 박지를
찾아갔다가 신내림을 받아 무당이 된다.

이때 신어미가 내려준 이름이 을화이다. 을화의 굿이 효험이 있다
는 소문과 함께 그녀는 큰무당이 되어 마을 무당 자리를 차지한다.
이 때문에 배신을 느낀 박지는 양반집 아이를 유괴하여 을화를 모함
하려다가 유괴와 살인 혐의로 구속된다.

그 후 을화는 박수 방돌이와 정을 통해 딸 분이를 낳는다. 을화는
어린 아들 영술에게 불도를 가르치기 위해서 기림사로 보내고 방돌
마저 집을 나가자 말을 잘 못 하는 분이와 산다. 그때 어릴 적, 절에
맡겼던 아들 영술이 10년 만에 집에 돌아온다. 모자는 감격적으로
해후하지만 그날 저녁, 기도드리는 영술을 보고 을화는 충격을 받는
다. 영술은 불자가 아니라, 기독교 신자가 되어 돌아왔기 때문이다.

한편 오구굿 때 정 부잣집 아들이 분이의 미모를 보고 첩으로 들
이려 하자, 을화는 이를 환영하고 영술은 반대한다. 그러다가 아들
영술이 생부를 찾아내었다는 사실을 알고, 아들을 빼앗길까 봐 두려
워하면서 기독교에 대한 강한 반발을 드러낸다.

을화는 영술의 성경책을 빼앗아 불태우고, 영술은 성경책을 빼앗으려다가 을화의 칼에 찔려 죽는다. 결국 영술은 죽고 방돌이가 나타나서 분이를 데리고 떠난다.

이 영화는 김동리가 「무녀도」를 1978년 장편으로 개작해서 『문학사상』에 발표한 작품을 영화화한 것이다. 작가는 "샤머니즘의 세계를 더욱 깊이 있게 문학적으로 형상화시키는 일과 샤머니즘에서의 죽음과 삶에 대한 문제점을 더욱 깊이 문학적으로 형상화하기 위해서 『을화』를 쓰게 되었다고 밝혔다. 이 장편소설에서도 단편 「무녀도」처럼 어머니 을화와 아들 영술의 종교 대립이 첨예하게 대두된다.

그러나 최하원의 <무녀도>와는 이야기의 설정이 다르다. <무녀도>는 무속(전통)과 기독교(근대)를 설정하면서도 종교의 대립이나 갈등을 넘어선 인간의 삶을 추구하고 있다. 그러나 변장원의 <을화>는 일제강점기를 배경으로 신내림을 받아 무당이 된 을화의 인생역정을 그린 시대극으로 개화기 시대의 토착신앙의 모습과 서구 기독교와의 충돌 등 당시의 시대적 상황을 반영하고 있다.

두 작품은 허무주의적인 성향의 샤머니즘을 그리면서 이에 대한 반대 이미지로 진취적이고 계몽적인 종교로서 기독교를 부각시키고 있다.

6. 나그네는 길에서도 쉬지 않는다(이장호, 1987)

계해년이 저물어 가는 어느 날, 사내는 벽장 구석진 곳에서 3년 전에 죽은 아내의 유골을 꺼낸다. 그는 유골을 뿌릴 장소를 물색하기 위해서 막연하게 동해의 '물치'라는 곳을 찾아 나선다. 그리고 그 날 밤 여관에서 병든 노인과 그를 돌보는 간호사를 만난다. 이북이 고향이라는 노인은 가능한 한 북쪽 가까이에 가서 죽는 것이 소원이라고 한다.

그날 노인의 아들이 노인을 데려간 후 여관에 남겨진 간호사와 사내는 서로 신세 한탄을 하다가 의기투합하게 된다. 둘은 결혼을 약속한 후 사내가 먼저 서울에 올라가서 준비를 하기로 한다. 서울로 떠나기 전 둘이서 바닷가에서 벌어진 굿판을 구경하고 있는데, 간호사가 갑자기 신의 부름을 받은 듯 숨을 거두고 만다. 사내는 이 장면을 물끄러미 지켜본다. 여행하면서 만난 사람들과의 애화, 그리고 흐르는 듯한 풍경들이 사내의 머릿속에 각인되면서 지나간 기억들이 겹쳐 떠오른다. 사내는 사흘 동안 죽은 아내의 환영을 따라 낯선 고장을 마치 운명의 여로를 밟듯 떠돌아다닌 것이다.

이 영화는 1985년 이상문학상을 수상한 이제하의 소설을 영화화한 것으로, 죽음과 섹스, 실향, 샤머니즘 등 모호하면서도 관념적인 모티프를 통해서 윤회와 죽음, 운명이라는 주제를 다루고 있다. 상상과 회상을 현재와 과거의 경계 없이 섞어 놓은 편집 기법을 통해서, 인간 존재 본연의 슬픔을 표현한 영화라고 평가받고 있다.

7. 그 섬에 가고 싶다(박광수, 1993)

문재구는 아버지 문덕배의 유언에 따라서 꽃상여를 배에 싣고 친구이자 시인인 김철과 함께 고향인 섬으로 온다. 그러나 섬사람들은 배를 섬에 대지 못하도록 완강히 저지하고 나선다. 가까스로 혼자 섬에 도착한 김철은 너무도 슬프고 아름다웠던 네 여인에 대한 추억과 그해 여름날의 사건을 떠올린다.

1950년 한국전쟁이 일어나던 해, 엄마가 없는 철은 동네 아낙들의 품에서 자랐다. 남편에게 버림받은 재구의 어머니 넙도댁과 타고난 색기로 동네 남자들의 관심을 한 몸에 받았던 벌떡녀, 그리고 남편에게 얻어맞고 살다가 무당이 된 업순네, 그리고 어린 철에게 젖을 물려 주며 꿈과 사랑을 알게 해 준 바보 옥님 등이 그들이다.

그 평화롭던 마을에 어느 날, 무장한 인민군들이 들이닥치더니 반동분자를 색출해 내기 시작했다. 그것은 자기 한목숨을 부지하기 위해서 이웃을 고발한 문덕배의 짓이었다. 그로 인해 섬사람들은 가족을 눈앞에서 잃고 가슴속에 한을 안고 살아왔다. 전쟁이 끝나자 배신자 문덕배는 섬에서 쫓겨났다. 섬사람들은 문덕배의 상여가 들어오지 못하게 배에다 불을 지르고 철과 재구는 불타는 상여를 물끄러미 바라볼 뿐이다.

8. 태백산맥(임권택, 1994)

해방 직후 좌우익의 대결이 팽팽한 가운데, 1948년 10월 19일, 여순 반란 사건이 일어난다. 전라남도 보성군 당 위원장인 염상진을 중심으로 한 좌익세력은 벌교를 장악한 후 인민재판을 열어 반동분자를 숙청한다. 그러나 반란군이 패퇴하면서 좌익세력은 다시 조계산으로 후퇴하고 이번엔 벌교로 돌아온 우익세력이 좌익 연루자와 그 가족들을 연행하여 조사한다. 이때 대동 청년단 감찰부장 염상구는 형 염상진에 대한 증오심으로 빨치산의 아내를 겁탈하는 등 좌익 가족에 대한 보복 테러를 가한다.

순천중학교 교사이며 민족주의자인 김범우는 벌교 내에서 벌어진 좌익의 잔인한 반동숙청과 우익의 과도한 보복 등 양쪽을 비판하고 막아 보려다 오히려 빨갱이로 몰려 고초를 겪게 된다. 한편, 빨치산을 토벌하기 위해서 심재모가 이끄는 계엄군이 벌교에 들어서고 염상진은 연상진대로 해방구가 된 율어면에서 무상분배에 의한 토지개혁을 실시한다. 이는 주민들의 높은 호응을 얻지만 심재모의 기습작전으로 빨치산들은 다시 산으로 쫓긴다. 산자락 마을을 가운데 두고 벌이는 심재모와 염상진의 싸움은 점점 그들의 이성을 마비시키고 김범우는 이데올로기의 광기에 희생되는 사람들의 모습을 보면서 문득 전쟁을 예감한다.

1949년 겨울부터 시작된 군경이 합세한 동계 대토벌 작전으로 빨치산은 많은 군사를 잃게 되고 그들이 혹독한 굶주림과 절망 속에 허덕이고 있을 때 6·25 전쟁이 시작된다. 남아 있던 빨치산들이 모두 전투에 나간 후 염상진은 자폭하여 죽는다.

이 영화는 조정래의 대하소설 『태백산맥』을 영화화한 것으로, 분단으로 비롯된 냉전 상황을 작가의 고향인 벌교를 무대로 그려 내고 있다. 지식인 김범우가 세습무당 소화에게 남긴 말이었던 "이 굿은 죽은 자가 아니라 살아남은 자를 위한 것"이라는 대사가 소설의 한 주제로서 이성보다 감성이 지배하는 적대와 수모의 혼돈 속에서 살아남은 자의 고통이 무엇인가를 대변해 주고 있다.

9. 영매(박기복, 2003)

<영매>에는 세 명의 서로 다른 무당의 이야기가 등장한다. 포항의 별신굿에서부터 '당골레'로 불리는, 무업을 가업으로 삼는 세습무 그리고 신들림의 체험으로 무당이 된 진도와 인천의 강신무를 보여 준다. 지역과 출신 등이 다르지만 세 무당 이야기의 공통점은 모두 자신들이 겪었던 슬픈 가족사가 중심을 이룬다는 점이다. 신을 모시고 타인의 어려움을 해결해 주는 무당이지만, 자신의 가족 앞에서는 일반인들과 마찬가지로 한 사람의 아내, 동생 그리고 딸일 뿐이다. 무당은 더는 신비한 존재도 경외와 두려움의 대상도 아니다.

그들은 우리와 같은 하나의 인간으로서 자신들의 삶을 노래한다. 한 맺힌 엄마 몸신이 들어온 진도 강신무 이야기의 주인공은 박명자 무당이다. 그녀는 무당 일을 농사일과 병행하고 있다. 진도가 도시에 비해 손님이 없기 때문이다. 하루는 굿을 하던 중 갑자기 어머니의 영이 그녀에게 빙의된다. 빙의된 어머니의 영은 이제 의뢰인의 굿보다는 사위를 혼내기에 바쁘다. 평소 자신을 이해해 주지 못하는 남편에 대한 원망이 어머니의 영혼을 통해 내 딸 고생 그만 시키라고 으름장을 놓은 것이다. 신을 모시는 무당이라도 남편에 대한 불만은 일반인들과 다르지 않다.

이런 아내의 돌출행동에 남편은 어쩔 줄 몰라 하고 자신의 잘못을 장모의 영에게 빈다. 진도라는 공간은 강신무보다는 사실 세습무인 당골에게 더 어울리는 공간이다. 그러나 세상이 변함에 따라 세습무는 사라지고 점점 강신무만이 득세하는 상황이다. 그렇다고 영화는 서로 다른 두 무속의 차이에 대해서 어떠한 시비도 편도 들지 않는다. 큰언니부터 막내까지 무당의 네 자매를 다룬 진도의 씻김굿 세습무 자매를 통해, 영화는 근대성에 의해 잊혀 가고 있는 우리 전통문화의 한 끝자락을 지고지순하게 바라본다.

진도 당골의 이야기는 <영매>의 초반부와 후반부를 동시에 장식한다. 채정례 당골 무당은 팔십의 나이에도 불구하고 아직도 크고 작은 진도 씻김굿을 주관하고 있다. 그녀의 어머니는 진도에서 굿을 제일 잘한 것으로 유명한 당골이었고 네 자매 모두 무업을 이어받았다. 세월이 지나 이제는 자신과 중풍에 걸린 둘째 언니만 남았다. 자신은 남에게 천대받고 고생길이 훤한 무업을 천직으로 삼고 지금까지 당골로 살아왔지만 자신의 여덟 남매에게는 이 어려움을 절대로 물려주고 싶지 않아 모두들 타지로 보냈다. 신을 섬기는 무당의 몸이지만 역시 자식한테만큼은 여느 부모의 마음과 다르지 않다.

이 영화는 무당들이 걸어온 수많은 가시밭길을 짐작할 수 있게 천천히 그녀들의 넋두리를 들려준다. 영화의 종반부에는 언니가 결국 세상을 하직하고, 동생은 평생 고생만 하고 외로움 속에 죽어 간 언니를 위해 손수 씻김굿을 연다. 남에게 천대받으면서도 꿋꿋이 무당 일을 해 온 언니를 위한 팔십 먹은 무당의 씻김굿. 이 굿은 비단 한 무당을 위한 굿이 아니라, 이 땅의 모든 집 없는 무당들을 위한 진혼가일 것이다.

10. 만신(박찬경, 2013)

영화 <만신>은 무녀를 높여 부르는 말로서, 인간문화재이자 만신,

김금화 선생의 자서전을 읽고 감명을 받은 박찬경 감독이 그녀의 일생을 다큐멘터리영화로 만든 것이다. 이 영화는 다큐멘터리이면서 극영화이기도 하며, 김금화 선생의 과거 장면은 시대별로 김새론, 류현경, 문소리 배우가 각각 역할을 맡아 표현했다. 한 여자로서, 그리고 무녀로서, 한국 근현대사를 정면으로 돌파해 온 인간 김금화의 놀라운 삶을 다룬 영화이다.

제4장 한국 불교영화

불교영화는 편 수면에서, 한국 종교영화 가운데 많은 비중을 차지하고 있을 뿐만 아니라, 질적인 측면에서도 우수한 작품이 상당히 많다. 한국의 불교영화 가운데에는 <달마가 동쪽으로 간 까닭은?>(배용균 감독, 로카르노영화제 최우수작품상 수상), <아제 아제 바라아제>(임권택 감독, 모스크바영화제 여우주연상 수상), <화엄경>(장선우 감독, 베를린영화제 알프레드 바우어상 수상), <유리>(양윤호 감독, 칸영화제 황금카메라상) 등과 같이 해외 영화제에서 좋은 평가를 받은 작품들이 있다. 한국 불교영화는 약 44편 정도가 파악되고 있는데, 이를 <표 3>으로 정리해 보았다.

<표 3> 한국 불교영화의 시기별 제작 편 수

시기	한국종교 영화소계	불교 영화	영화 제목
해방 이전까지	1		
해방 이후~1950년대	13	5	마음의 고향(윤용규, 1949), 성불사(윤봉춘, 1952), 꿈(신상옥, 1955), 무영탑(신상옥, 1957), 종각(또하나의 새벽을 그리며)(양주남, 1958)
1960~1970년대	48	16	에밀레종(홍성기, 1961), 지옥문(이용민, 1962), 원효대사(장일호, 1962), 이차돈(김승옥, 1962), 사명당(안현철, 1963), 석가모니(장일호, 1964), 대석굴암(홍성기, 1965), 다정불심(신상옥, 1967), 성불사의 밤(김화랑, 1970), 대지옥(권영순, 1972), 서산대사(전조명, 1972), 다정다한(최하원, 1973), 파계(김기영, 1974), 관세음보살(최인현, 1978), 달마신공(이혁수, 1978), 사문의 승객(이영우, 호금전, 1979)
1980~1990년대	67	16	만다라(임권택, 1981), 니르바나의 종(박철수, 1981), 땜장이 아내(박철수, 1983), 소림대사(남기남, 1983), 중광의 허튼소리(김수용, 1986), 호국팔만대장경(장일호, 1978), 아제 아제 바라아제(임권택, 1989), 달

1980~1990년대	67	16	마가 동쪽으로 간 까닭은?(배용균, 1989), 우담바라(김양득, 1989), 꿈(배창호, 1990), 오세암(박철수, 1990), 산산이 부서진 이름이여(정지영, 1991), 화엄경(장선우, 1993), 은행나무 침대(강제규, 1996), 유리(양윤호, 1996), 카루나(이일목, 1996)
2000년대 이후	61	10	무사(김성수, 2000), 달마야 놀자(박철관, 2001), 번지점프를 하다(김대승, 2001), 동승(주경중, 2002), 봄 여름 가을 겨울 그리고 봄(김기덕, 2003), 오세암(성백영, 2003), 할(윤용진, 2010), 꿈: 수행(윤찬규, 2011), 산사의 바람소리(박영환, 2012), 길 위에서(이창재, 2012)
총계	190	47	

한국의 불교영화는 대략 문학작품을 영화화한 작품, 불교 소재 설화 혹은 전설을 영화화한 작품, 국책이념을 지지하기 위한 목적을 지닌 작품, 불교 관련 인물의 전기 성격의 작품, 불교 역사 관련 작품, 수행과 깨달음의 세계를 묘사한 작품, 현실적 삶 속에서 불교적 가르침이 지니는 의미를 추구한 작품, 윤회사상을 구현한 작품, 무협영화의 배경으로서 불교적 세계(사찰과 승려)를 차용한 작품 등으로 분류된다.

위의 <표 3>을 참고하면, 한국 불교영화의 주된 흐름을 형성하는 것은 문학작품을 영화화한 작품, 수행과 깨달음의 세계를 묘사한 작품, 현실적 삶 속에서 불교적 가르침이 지니는 의미를 추구하는 작품, 불교 관련 인물의 전기 성격을 띠는 작품, 불교 소재 설화 혹은 전설을 영화화한 작품 등임을 알 수 있다.

문학작품을 영화화한 작품의 경우는 한국영화의 주된 경향을 이루어 온 '문예영화'와 맥락을 같이하고 있다. 이러한 경향의 작품들은 불교문학에 나타난 메시지의 영상화 작업의 모색이라는 성격을 지니는 것이다. 문학작품을 영화화한 작품들의 경우, 대체로 다른 유형의 작품들에 비해 상대적으로 작품성과 예술성이 높은 편이었다. 하지만, 한국 불교영화의 문학 장르에 대한 의존도가 높다는 것은 불교영화의 장르적 독립성을 저해하는 요소가 될 수도 있다는 점을 간과해서는 안 된다. 이 점과 관련해서, <달마가 동쪽으로 간 까닭은?>과 같은 독립된 시나리오에 기반한 영상화 작업이 불교영화의 장르적 독립성을 확보하는 데 상당한 가능성을 던져 주고 있다고 본다.

수행과 깨달음의 세계를 묘사한 작품들은 수적으로도 적지 않은 비중을 차지할 뿐만 아니라, 질적 측면에서도 우수한 작품이 많아서 한국의 불교영화를 대표할 만한 유형이라고 할 수 있다. 이들 작품 가운데 상당수는 문학작품을 원작으로 삼은 것이기도 하지만, 앞서 언급한 문학작품을 영화화한 작품들과 비교할 때 내용 면에서 수행과 깨달음의 세계라는 초점을 공유하는 동시에, 원작의 운용 면에서도 감독의 자율적인 해석이 두드러지는 편이라는 점에서 독립된 유형으로 분류하였다. 그뿐만 아니라, <아제 아제 바라아제>, <달마가 동쪽으로 간 까닭은?>, <화엄경>, <유리> 등 국제영화제에서 좋은 평가를 받은 한국 불교영화의 대부분이 이 유형에 속하는 작품들이라는 점에서도, 수행과 깨달음의 세계를 묘사한 작품들은 한국 불교영화를 대표할 만한 것이라고 하겠다. 이러한 흐름은 한국불교의 선불교적(禪佛敎的) 전통과 밀접한 연관성을 지니는 것이기도 하다. 수행과 깨달음의 세계를 묘사한 작품들의 경우, 한국 불교영화를 대표할 만한 유형으로 여겨진다. 따라서 이러한 유형의 불교영화에 대한 보다 적극적이고 체계적인 관심을 통해서 '한국적인 불교영화'의 정립을 적극 모색해야 할 것이다. 이러한 유형의 불교영화의 상당수가 이야기 전달(story-telling) 중심으로 전개되고 있는 점에 대해서는 비판적인 성찰이 있어야 할 것이다. 한국 불교영화 나름의 이미지를 통해 수행과 깨달음의 세계, 나아가 불교적 선(禪)사상을 상징적으로 전달하는 데에 더욱 많은 노력을 경주해야 할 것이다.

현실적 삶 속에서 불교적 가르침이 지니는 의미를 추구하는 작품 또한 7편에 달하여 상당한 비중을 차지하고 있다. 이들 작품 가운데 상당수가 불교적 가르침이 지니는 의미를 설득력 있게 영상화하는 데까지 이르지는 못하고 있는 실정이지만, 근원적 사랑의 실천을 통한 종교 간 만남의 가능성을 모색하고 있는 <오세암>이나 불교적 메시지의 대중화에 한 발 나아간 모습을 보여 준 <달마야 놀자> 같은 작품이 지니는 의의에 대한 적극적인 평가가 이루어져야 할 것이다. 현실적 삶 속에서 불교적 가르침이 지니는 의미를 추구하는 작품들의 경우, 앞의 수행과 깨달음의 세계를 묘사한 작품들에 비해 상대적으로 영화예술로서의 완성도가 떨어지는 편이다. 이러한 유형의 작품의 경우, 대중들의 정신세계와 현실적 삶을 꿰뚫어 보는 지혜가 요청됨에도 불구하고, 문제의식이 거기에까지 미치지 못하고 있는 것으로 보인다.

불교 관련 인물의 전기적 성격을 띠는 작품들의 경우, 석가모니, 이차돈, 원효대사, 사명당, 서산대사, 중광 등의 삶이 다루어졌다. 이 가운데 이차돈, 원효대사, 사명당, 서산대사 등의 경우는 이른바 호국불교영화의 흐름과 맥락을 같이하고 있다. 이들 작품은 대부분 호국불교영화의 황금기인 1960년대에 제작된 것이다. <석가모니>의 경우도 넓게 보아서는 충효사상에 입각해 제작된 영화로 볼 수 있다. 불교 관련 인물의 전기적 성격을 띠는 작품들 가운데 이채로운

것은 '걸레 스님'으로 널리 알려진 중광의 삶과 행적을 영화화한
<중광의 허튼소리>이다. 국책이념을 지지하기 위한 목적으로 만들
어진 작품들 역시 전형적인 호국불교영화의 성격을 띠는 것으로 볼
수 있다. 불교 역사 관련 작품들 가운데에서도 <대석굴암>과 <호국
팔만대장경>은 호국불교영화의 성격을 띠는 것들이다. 불교 관련 역
사영화 4편 가운데 3편이 고려시대를 다루고 있는 대목도 이채롭다.

한편, 불교 소재 설화 혹은 전설을 영화화한 작품들의 경우, 비교
적 초기에 집중되고 있음을 알 수 있다. 불교 관련 인물의 전기 성격
을 띠는 작품들의 경우, 호국불교영화의 그늘을 벗어날 필요가 있다
고 본다. 이제, 지금까지의 불교영화의 경험을 온축한 진정한 의미
에서의 전기영화가 나와야 할 시점이 되었다. 불교 관련 인물 전기
영화와 관련해서, 한국적 '붓다영화(Buddha Film)'의 제작에 불교계
와 영화계가 힘을 합하는 것도 좋을 것이다. 인물 선정에 있어서도
만해 스님, 청담 스님, 성철 스님 같은 근현대 시기와 함께한 인물의
삶의 영상화 작업에 대해서도 관심을 기울여야 할 것이다. 불교 관
련 역사영화의 경우, 아직 본격적인 역사영화는 없는 셈이다. 가톨
릭영화 <이재수의 난>과 같은 본격적인 역사영화가 지니는 의의를
생각할 때, 비중 있는 불교 역사영화의 출현은 시급하게 요청되는
대목이라고 본다.

불교 소재 설화 혹은 전설을 영화화한 작품들의 경우, 설화나 전
설에 담긴 근원적인 의의와 맥락이 효율적으로 전달되고 있지 못한
편이다. 이러한 유형의 불교영화가 불교적 메시지를 우의적인 맥락
에서 쉽게 전달할 수 있는 가능성이 있다는 점에서 앞으로 개발의
여지가 크다고 본다. 무협영화의 배경으로서 불교적 세계(사찰과 승

려)를 차용한 영화들은 대부분 흥미 위주로 제작된 것으로서, 작품성 면에서는 주목할 만한 것들은 별로 없다.

본 장에서는 한국 불교영화 44편 중에서 가장 주목할 필요가 있다고 판단한 영화 10편을 소개하면서, 불교영화의 특징을 살펴보고자 한다.[53)]

1. 마음의 고향(윤용규, 1949)

도념은 산사에서 주지 스님과 생활하며 불도를 배우는 사미승이다. 어릴 때 자신을 절에 맡긴 어머니를 애타게 그리워하는 도념은 서울에서 죽은 아들의 제를 지내기 위해 내려온 미망인에게 모정을 느낀다. 미망인도 도념에게 애틋한 정을 느끼면서 주지 스님에게 도념을 수양아들로 삼아 서울로 데려가게 해 달라고 간청한다. 그 무렵 동승의 친어머니는 아들을 멀리서 지켜보기 위해서 절에 왔다가 도념이 좋은 가정의 수양아들로 가게 된 것을 알고 아이의 장래를 위해서 발길을 돌린다.

미망인이 도념을 데리고 하산하기로 한 날, 도념이 새를 덫으로 잡아 죽인 것이 알려지면서 주지 스님은 미망인이 도념을 수양아들로 삼겠다는 요청을 거절하고 미망인은 자주 찾아오겠다는 말만 남긴 채 절을 떠난다. 친어머니가 산사에 다녀간 것을 뒤늦게 알게 된 도념은 그토록 그립던 어머니를 찾아 산사를 떠난다.

---

53) 영화의 내용 소개는 한국영상자료원 영상도서관(www.koreafilm.or.kr/library)과 네이버 영화정보(movie.naver.com) 및 다음 영화정보(movie.daum.net) 등을 옮겨놓았다.

이 영화의 원작은 연극으로 공연된 함세덕의 <동승>이다. 원작자는 동승과 주지 스님의 관계를 일제하의 억압과 자유와 해방을 암시하고 있으나, 영화에서는 산촌 고찰에 아들을 맡기고 돌아서는 어미의 비통한 마음과 이를 돌보게 된 주지승과 소년과의 인연을 그리고 있다.

2. 무영탑(신상옥, 1957)

신라 경덕왕 10년 사월 초파일, 다보탑을 2년 만에 완성하고 이제 석가탑을 세우고 있는 불국사에 왕이 행차한다. 일행은 다보탑을 보고 감탄한다. 특히 유종의 딸 구슬아기는 경덕왕의 불국사 행사에 따라갔다가 부여의 석공 아사달을 보고 한눈에 마음을 빼앗긴다. 아사달을 사랑하는 구슬아기의 마음은 깊어 가지만, 아사달은 결혼한 지 1년 만에 헤어진 부여의 아내 아사녀만을 그리워한다.

한편 아사녀는 아사달을 찾아 불국사로 오지만 삼층석탑이 완성되기 전에는 만나지 못한다는 전갈을 받고 석탑이 비치는 그림자 연못 앞에 앉아 아사달을 기다린다. 드디어 삼층석탑이 완성되던 날 아사녀는 연못에 비친 석탑을 보고 기뻐하던 나머지 연못에 빠져 죽고 이 소식을 전해 들은 아사달은 아내를 찾아 연못을 헤매다 연못에 몸을 던진다. 아사달을 사랑하던 구슬아기 역시 평민을 사랑한 죄로 화형에 처해진다.

이 영화는 1938년 7월부터 1039년 2월까지 동아일보에 연재되었던 현진건의 장편 역사소설을 원작으로 하여 만들었다. 신라시대 불국사의 삼층석탑을 세우는 데 몰두하던 아사달이 사랑하는 아사녀의 죽음을 맞게 되는 비극적인 이야기를 담고 있다.

3. 지옥문(이용민, 1962)

목련존자의 효성에 크게 감동한 세존이 지아비를 배반하고 간음 살인죄로 지옥에 떨어진 청체 부인을 극락으로 구원한다. 한편 도색 과 사기 행각을 벌인 바라문 교주는 갖은 괴로움을 당한다.

이 영화는 석가의 10대 제자로 알려진 목련존자의 일대기를 그리 고 있다. 대자대비의 교리를 깊이 있게 다루면서 지옥의 번뇌와 고 통을 표현하고 있다.

4. 석가모니(장일호, 1964)

인도의 카비라 성에서 태자가 태어나자 대왕은 그의 이름을 싯달 타라고 짓는다. 같은 날 태어난 그의 아우도 아들을 낳았는데, 그의 이름은 사빌 성의 타이바였다. 싯달타는 학문이 높고 선하고 지혜로 운 청년으로 성장하였으나, 타이바는 잔인하고 욕심이 많은 폭군으 로 성장하였다. 그들은 야수타라 공주에게 동시에 청혼을 하여 결투 한 끝에, 싯달타가 이겨서 그녀와 결혼한다.

싯달타는 진리를 찾기 위해서 고행하는 사람과 신에게 제물로 바 쳐져 고통을 받는 사람들을 보면서, 중생을 구원할 수 있는 길을 찾 는다. 그리고 아내 야수타라가 아기를 낳은 지 얼마 되지 않아서 고 행의 머나먼 길을 떠난다. 대왕은 싯달타가 태어나던 날 아수다 선 인이 했던 예언을 생각하면서, 야수타라에게 이 모든 일이 그의 예언대로 된 것이라고 말하여 준다.

싯달타의 수도행이 계속되는 동안 점점 더 포악해진 타이바는 파라문을 세우고, 파라문 신에게 노예와 천민을 제물로 바치는 악행을 일삼는다. 부처가 된 싯달타의 설법을 듣기 위해서 사람들이 모여들자, 타이바는 부처의 타도를 외치고 파라문 신전이 무너지면서 죽을 고비에 처한다. 그는 부처의 도움을 받아 살아나고, 비로소 중생을 위한 설법을 하게 되고 수많은 사람들이 그를 따른다.

이 영화는 기존의 사극 이미지에서 벗어난 새로운 경향의 영화로, 화려한 볼거리 위주의 스펙터클에 그쳤다는 평을 받았다.[54]

5. 만다라(임권택, 1981)

출가한 지 6년이나 되는 젊은 스님 법운은 연인 영주의 황상을 안은 채 구도의 길을 걷고 있다. 그즈음 그는 승적도 없는 땡추중 지산을 만나면서 자신의 번뇌를 주체하지 못하게 된다. 소주병이 떨어질 날이 없고 심지어 자살 약까지 가지고 다니면서 헛웃음 치는 지산. 그는 어쩌면 달관한 부처 같기도 하고, 세속의 병든 잡인 같기도 하다. 법운과 지산, 두 영혼이 벌이는 싸움이 시작된 지 얼마 후 지산은 눈 속에서 죽어 갔다. 지산의 시신을 화장하고 나서 법운은 영주를 찾아본다. 그리고 세속의 모든 인연이 덧없음을 재확인하고 다시 고행의 길을 떠난다.

이 영화는 1979년 김성동의 동명 소설을 영화화한 것으로, 주인

---

54) 『조선일보』 1963.10.24.

공이 조계종단과의 마찰로 승적을 박탈당한 후 불교에 대한 모순과 본질을 깨닫는 과정을 영화화한 것이다. 영화 초반에 지산의 이미지는 법운의 말처럼, "옛 고승의 기행을 흉내 내는 땡중"에 불과하였으나, 영화가 진행되는 동안 지산의 캐릭터에서 생명력과 감흥이 더해지면서 지산의 이미지에서는 승화된 종교의 진정성이 부여된다. 인간의 구원에 대해 의미를 묻는 구도자의 파계와 죽음을 통해서 종교의 완성적 의미를 성찰하게끔 하고 있다.

6. 달마가 동쪽으로 간 까닭은?(배용균, 1989)

노승 혜곡과 동자승 해진이 사는 낡은 산사로 젊은 기봉이 찾아든다. 기봉은 자기 본성을 깨닫는 견성성불로 자유의 길을 얻고자 하는 승려이다. 혜곡은 밤낮을 가리지 않고 좌선을 하다가 옆구리에 동상이 생겨서 살을 도려내고도 파안대소를 짓는 경지에 다다른다. 그는 세상과의 인연이 끝나고 있음을 알고 있다. 그런 혜곡과 끊임없이 정신적 교감을 갖는 기봉은 법을 얻기 위해서 고행과 수행을 하지만, 아직 인륜과 혈육의 정, 세간의 욕망에서 벗어나지 못하고 번뇌에 갈등한다. 그는 혜곡이 자신에게 한 것처럼 어린 해진에게 사랑의 끈을 놓지 않는다. 혜곡은 죽을 때가 임박하자 기봉에게 아무에게도 알리지 말고 자신을 화장시켜 달라고 부탁하고, 기봉은 이를 따른다.

감독은 이 영화에서 동자승의 눈에 비친 인간의 생과 사, 자연과 생명의 신비함 등을 담담하게 묘사한다. 바위처럼 흔들림이 없는 노승 혜곡, 자기의 본성을 깨닫고 해탈에 이르고자 하지만 세속적 번뇌를 끊어내지 못하는 젊은 승려 기봉, 그리고 아직 세속의 때가 묻지 않은 동자승 해진, 이 세 명의 승려를 통해서 삶과 죽음, 해탈과 자유라는 문제를 풀어나간다. 이 영화는 이러한 형이상학적 질문을 던지면서, 선문답의 형식으로 영화를 끌어간다.

7. 아제 아제 바라아제(임권택, 1989)

순녀는 출가한 아버지 윤봉을 찾아 덕암에 왔다가 은선 스님의 제자가 된다. 은선의 또 다른 제자로는 진성이 있었다. 수행 중 순녀는 자살을 기도하던 박현우를 구해 준 일로 파계를 하게 된다. 현우는 순녀의 충고대로 새 출발을 결심하지만, 새 출발을 위해서는 순녀의 도움이 필요하다고 말한다. 순녀는 순순히 현우와의 생활을 선택한다.

그러나 직장에서 막장이 붕괴되는 사고로 죽고, 아이마저 사산된다. 그때 남해안에서 구도의 길을 걷던 진성을 만나 순녀는 다시 절로 돌아온다. 은선 스님은 속세에 나가 인간의 아픔을 체득한 순녀를 수도자로 받아들이라는 유언을 하지만, 주변의 시선은 냉랭하다. 다비식이 끝나자 순녀는 은선 스님의 뼈를 모아 절을 떠나면서, 사람들의 빛이 될 천 개의 탑을 만들고 그곳에 은선 스님의 뼈를 넣어 중생을 구하겠다고 말한다. 그런 순녀를 진성은 여전히 이해하지 못하고 순녀는 진성을 뒤로한 채 세상 밖으로 나선다.

아제 아제 바라아제는 반야심경의 마지막 구절로, "가자, 가자, 더 높은 개달음의 세계로 나아가자"라는 뜻이며, 이 영화는 1985년 한승원의 동명 소설을 영화화한 것으로, 초월적인 이상세계를 추구하는 진성과 파계하여 맨몸으로 세속을 떠도는 청화, 두 여승의 파란만장한 삶을 통해서 참다운 자유인의 길을 일깨워 주고 있다. 이상적인 신앙을 추구하는 두 젊은 비구니의 서로 다른 수행방법, 즉 진성의 소승적 수행과 순녀의 대승적 수행을 보여 주면서, 거듭나는 인간의 운명을 묘사하고 있다.

8. 은행나무 침대(강제규, 1996)

대학 강사 수현과 외과의사 선영은 결혼을 앞두고 있다. 수현의 일상은 안정되고 평범하였으나 우연히 노천시장에서 은행나무 침대를 만나면서 걷잡을 수 없는 혼란에 빠져들게 된다. 그에게는 전생의 사랑이 있었다. 약 1,000년 전 수현은 궁중악사로서 미단 공주의 연인이었는데, 그들은 신분의 차이 때문에 슬픈 이별을 한 사연이 있다. 이룰 수 없는 사랑으로 악사는 들판의 은행나무가 되고, 또다시 은행나무 침대의 영혼이 되면서 천 년의 시간 속에서 수현으로 다시 태어난 것이다. 궁중악사를 잊지 못하는 미단 공주는 그를 찾아서 나타난다.

한편, 미단 공주를 짝사랑해 온 황 장군도 공주의 뒤를 따라나선다. 황 장군은 미단 공주와 수현의 재회를 질투한 나머지 수현을 헤치려 하지만, 미단 공주는 온 힘을 다해 이를 막아 낸다.

9. 번지점프를 하다(김대승, 2001)

1983년 소나기가 쏟아지던 어느 여름날, 국문학과 82학번 서인우는 자신의 우산 속으로 뛰어든 사랑스러운 여자 인태희를 만난다.

비에 젖은 검은 머리, 아침 햇살 같은 미소, 당돌한 말투에 이르기까지 인우는 첫눈에 그녀에게 반한다. 그녀를 생각하면 가슴이 설레고 그녀의 손길이 닿은 물건은 모든 것이 소중해진다. 그렇게 사랑이 무르익어 갈 무렵 인우는 입대한다. 그리고 짧은 이별일 줄 알았던 그 순간이 영원으로 이어진다. 제대 후 그녀를 찾았으나 어디에도 태희는 없었다.

17년이 지나 이제 인우는 어엿한 가장에다 고교 국어교사가 되었다. 그럼에도 그는 아직도 태희를 잊지 못하고 있다. 그러던 어느 날, 그 옛날 여름날처럼 비가 내렸고, 자신의 우산 속으로 뛰어든 태희처럼 그의 인생을 송두리째 뒤흔드는 현빈을 만난다. 현빈은 새끼 손가락을 펼치는 버릇에다 태희가 했던 이야기를 그대로 하고 있다. 그러나 그는 태희가 아니라 남자 고교생이다. 인우는 그가 태희임을 당장 알아볼 수 있었지만, 현빈은 인우를 모르고 있었다. 인우는 그런 태희가 너무나 안타까운 나머지 자신의 생활을 모두 던져 버린다. 그제야 비로소 현빈, 아니 태희는 인우를 알아본다.

이 영화는 불교의 전생이라는 소재를 활용하여 남녀의 사랑의 의미를 찾고 있다.

10. 봄 여름 가을 겨울 그리고 봄(김기덕, 2003)

호수 위 주산암에 버려졌던 아기는 노스님이 거두어 동자승이 되고 소년으로 자란다. 그러나 소년은 요양차 주산암에 찾아온 소녀와 사랑에 빠지고, 사랑이 낳은 집착은 소년승을 속세의 소용돌이로 몰아넣는다.

세월이 흘러 중년에 접어든 사내는 사랑에 배반당한 분노를 이기지 못해 살인을 저지른 뒤, 암자로 숨어들지만, 그의 뒤를 추적해 온 형사들에게 잡혀 다시 속세로 나가 죗값을 치른다. 오랜 세월이 지나 출소한 사내는 노스님마저 입적한 주산암에 찾아와서 피나는 구도의 삶을 시작한다.

이제 수도승이 된 사내는 주산암에 버려진 아기를 데려다 키우게 되고, 자신과 똑같은 운명에 처한 그 아이를 통해 저 유전하는 사계절처럼 모든 것이 언제나 다시 시작되고 영원한 죽음도 순간적인 삶도 모두가 하나임을 깨닫게 된다.

이 영화는 동자승이 성장할 때까지의 구도 과정을 인간의 근본적인 욕망과 애증을 불교적인 시각으로 그리고 있다. 인간이 어디선가 왔다가 다시 알 수 없는 곳으로 돌아가듯이, 얼굴도 모르는 부모로부터 버림받은 한 아이가 절과 속세를 넘나들며 겪게 되는 삶의 여정을 설화적인 구조를 통해서 보여 준다.

동자가 커 가면서 겪는 일들을 보여 주면서 그 동자가 노승이 되고 그 노승 밑에 동자가 들어오고 하는 순환의 인생이 진행된다. 이것은 천진한 동자승이 소년기, 청년기, 중년기를 거쳐 장년기에 이르는 파란 많은 인생사를 신비로운 호수 위 암자의 사계에 담아내어 인생의 사계절과 비유해서 이야기를 엮고 있다.

제5장 한국 유교영화

한국 유교영화는 유교적 이념 또는 세계관을 드러내거나, 전통과 근대라는 대비에서 전통을 강조하는 영화적 내용을 담고 있는 것으로 범주화하였다. 이러한 시각을 토대로 한다면, 약 18편의 영화를 유교영화로 묶을 수 있다. <표 4>의 시기별 유교영화를 살펴보면 아래와 같다.[55]

<표 4> 한국 유교영화의 시기별 제작 편 수

시기	한국종교 영화소계	유교 영화	영화 제목
해방 이전까지	1		
해방 이후~1950년대	13		
1960~1970년대	48	1	고가(조문진, 1977)
1980~1990년대	67	8	돌아오시는 날(1984), 씨받이(임권택, 1986), 여자F(이현승, 1987), 축제(임권택, 1996), 학생부군신위(박철수, 1996), 삼대구년(배원정, 정현철, 1998), 정(배창호, 1999), 틈(김경록, 1999)
2000년대 이후	61	9	딸들의 명절(정호현, 이주영, 2000), 가족프로젝트-아버지의 집(조윤경, 2001), 왠지 작은 찻잔과 밥그릇(이정화, 2003), 문디(정해심, 2008), 최후의 인어들(리즈채, 2008), 사과(정철, 2009), 엄마에게(이홍재, 2011), 상두별곡(김호진, 2012), 의궤, 8일간의 축제 3D(최필곤, 2014)
총계	190	18	

1. 씨받이(임권택, 1986)

조선시대 대갓집 종손인 신상규와 그의 부인 윤씨 사이에 손이 없

---

55) 영화의 내용 소개는 한국영상자료원 영상도서관(www.koreafilm.or.kr/library)과 네이버 영화정보(movie.naver.com) 및 다음 영화정보(movie.daum.net) 등을 옮겨놓았다.

자, 상규의 어머니와 숙부 신치호는 숙의 끝에 씨받이 여인을 들일 것을 결정한다. 신치호는 직접 씨받이 마을로 들어가 씨받이 여인이었던 필녀의 딸 옥녀를 간택하여 집안으로 들인다. 합방 날, 옥녀를 대면한 상규가 옥녀의 빼어난 용모에 사로잡혀 옥녀를 총애하게 되자, 부인 윤씨는 옥녀를 질투하게 된다.

드디어 옥녀에게 태기가 있자, 온 집안은 옥녀를 떠받들게 되며 옥녀도 잠시 자신의 처지를 망각하여 상규를 진실로 사랑하게 된다. 필녀는 자신의 과거를 돌이켜 보며 옥녀를 타이르나, 옥녀는 받아들이지 않는다. 옥녀가 아들을 낳자, 그 아이는 곧장 윤씨의 품에 안기고 신씨 종가는 경사를 맞는다. 그러나 옥녀는 아기의 얼굴도 보지 못한 채 그날 밤으로 떠날 것을 종용받고 집을 떠난다. 하지만 그녀는 1년 후 자신의 아이가 있는 집 근처에서 목매 자살한다.

이 영화는 개인의 자유의지와 사회적 규범과의 갈등을 그려 낸다. 자유로운 개인이 제도화된 사회와 만났을 때, 그가 선택할 수 있는 삶의 방식은 어떠해야 하는가. 옥녀는 아무리 새로운 규범과 체제에 적응한다 하더라도 양반 가문의 일원으로 들어갈 수 없었다. 옥녀는 영원한 이방인의 신분으로 존재한다. 하지만 옥녀가 아이를 임신하면서부터 상황은 달라졌다. 온갖 규범과 약속에도 불구하고 옥녀의 본능적인 모성이 깨어나기 때문이다.

하지만 그럴수록 주변과의 갈등은 커져 간다. 자유로운 환경에서 생활하던 자유로운 영혼, 원하지 않았지만 어쩔 수 없이 옮겨 가야 했던 새로운 환경, 완전하게 고립된 처지였다가 아이가 생기면서 새롭게 만들어지는 관계, 아이에게 애정을 쏟을수록 더 상처받아야 하는 냉혹한 현실, 더는 아이를 찾지 않겠다는 약속을 하고 자신이 살던 곳으로 돌아오지만 그 또한 옛날의 공간이 아니게 되었다.

2. 성춘향(신상옥, 1961)

남원 사또 자제 이 도령은 단옷날 광한루로 나왔다가 그네를 타는 춘향을 본다. 하인 방자에게 춘향을 데려오라 하나, 어미는 기생이지만 아비는 참판이고, 기생 짓은 마다하고 글 읽기와 서화에 골몰하는 콧대 높은 춘향.

어느 날 밤, 춘향의 집에 찾아온 이 도령은 춘향 어미 월매에게 춘향을 아내 삼기로 맹세한 후 첫날밤을 치른다. 행복한 신혼생활을 하던 중, 이 도령은 한양으로 부임하게 된 아버지를 따라가야 하게 되었다. 함께 한양길에 오를 줄 알았지만, 상황이 허락되지 않았다. 신관 사또로 부임한 변학도는 춘향의 미색에 홀려 수청을 명하나, 춘향은 기생도 아니고 사람도 아니고 절개도 없냐며, 수청을 거절하고 하옥된 뒤 모진 고초를 당한다.

한편 장원급제한 이 도령은 암행어사로 제수 받고 남원으로 내려와 월매를 만난 후, 짐짓 몰락한 척하며 노잣돈이라도 얻으러 왔다고 한다. 옥중에서 이 도령을 만난 춘향은 자신의 처지도 잊고 월매와 향단에게 극진히 대해 줄 것을 부탁한다. 다음 날 변학도의 생일 잔치 중 춘향이 처형을 당하는 찰나, 암행어사로 등장한 이 도령은 변학도를 파직하고 춘향을 구한다.

춘향전은 여러 감독에 의해서 영화화되었는데, 홍성기의 <춘향

전>은 스타일을 억제하는 연극적인 느낌과 화면의 평면적인 스타일을 선호하였다면, 신상옥의 <성춘향>은 춘향이의 감정을 다루는 세련된 영화적 표현과 화면의 입체적 스타일을 활용하였다.

3. 학생부군신위(박철수, 1996)

아버지 박 노인의 부음을 전해 듣고 영화감독인 장남 찬우가 고향으로 내려온다. 그동안 부모님을 모셔 온 차남 찬길과 금단 부부는 슬픔에 젖어 있고 카페를 경영하는 막내딸 미선, 미국에 사는 삼남 찬세, 큰 고모, 작은 고모 등 일가친척들이 번잡스럽게 모여든다.

소주와 맥주 박스가 산처럼 쌓이고 죽음처럼 적막했던 시골집 마당은 오일장이 서는 장터처럼 활기를 띤다. 돼지 멱따는 소리에 곡소리, 초상집은 이 사람, 저 사람들이 모이는 만남의 장에다 먹고 마시며 떠드는 삶의 연속일 뿐 이 집 가장의 죽음에는 도통 관심이 없다. 평소 부모의 속을 썩이던 미선만이 울음을 그치지 않는 가운데 영화감독 찬우는 이런 상가의 부산한 움직임을 영화로 바라보기 시작한다. 상가는 죽은 자와 산 자가 어우러진 한판 굿판으로 점차 죽은 자가 아닌 산 자의 몫으로 남는다.

제6장 한국 천주교영화

한국 천주교영화는 약 20편 정도로 파악된다. 천주교 영화는 대체로 전기영화, 순교사화 영화, 한국전쟁 중에서 교회 내지는 신앙의 정체성을 모색한 영화, 수녀의 삶을 중심으로 수행의 세계에 담긴 의미를 탐구하는 영화, 타종교와의 만남의 가능성을 모색한 영화, 그리고 본격적인 역사영화 등으로 분류된다. 이를 토대로 한국의 가톨릭영화를 정리, 소개하면 아래의 <표 5>와 같다.

<표 5> 한국 천주교영화의 시기별 제작 편 수

시기	한국종교 영화소계	천주교 영화	영화 제목
해방 이전까지	1		
해방 이후~1950년대	13	4	안중근 사기(이구영, 1946), 지성탑(김정환, 1948), 구원의 정화(이만흥, 1956), 고종황제와 의사 안중근(전창근, 1959)
1960~1970년대	48	5	자주댕기(최인현, 1968), 지하실의 7인(이성구, 1969), 의사 안중근(주동진, 1972), 새남터의 북소리(최하원, 1972), 목소리(김영길, 1972)
1980~1990년대	67	7	초대받은 사람들(최하원, 1981), 초대받은 성웅들(최하원, 1984), 소명(최인현, 1984), 아가다(김현명, 1984), 오세암(박철수, 1990), 언제나 막차를 타고 오는 사람(김혁, 1991), 이재수의 난(박광수, 1998)
2000년대 이후	61	4	포도나무를 베어라(민병훈, 2006), 박쥐(박찬욱, 2009), 울지마 톤즈(구수환, 2010), 바보야(강성욱, 2011)
총계	190	20	

위의 <표 5>에 의하면, 한국 천주교영화는 전기영화와 순교사화 영화가 주된 흐름을 형성해 왔음을 알 수 있다. 전기영화의 경우, 이

벽, 최양업, 김대건, 안중근 등의 삶이 다루어졌다. 전기영화에서 다루어지는 인물의 폭에 보다 다양성을 기하면 좋으리라고 본다. 예컨대, 한국 천주교 최초의 순교자 김범우의 삶이나 초기 교회의 여성 지도자 강완숙, 그리고 옥중서간의 주인공 이누갈다의 삶을 영화화해 본다면, 초기 교회의 진솔한 모습을 파악하는 데 적지 않은 도움이 되리라고 본다. 아울러 전기영화가 특정 인물을 지나치게 영웅시하게 될 위험에 대하여 경계를 늦추어서는 안 될 것이다. 이 점에서, <초대받은 성웅들>의 인물 묘사가 주목된다. 이 영화의 경우, 인물의 성격을 묘사함에 있어, 내레이션보다는 인물을 직접적으로 정감 있게 묘사하는 방법을 취하고 있다.

순교사화 영화의 경우, 카메라가 순교자의 결연한 모습에 지나치게 고정됨으로 인해, 관객들로 하여금 순교자의 영성을 충분하게 이해하지 못하게 만드는 측면이 있음을 부인하기 어렵다. 전기영화와 마찬가지로, 순교사화 영화의 경우에도 순교자가 영웅으로 묘사되는 것은 관객과 영화의 거리를 멀어지게 하는 역효과를 초래할 수 있다. 오히려 순교자의 심리적 상태를 세밀하게 묘사하여 갈등적 상황 속에서도 결국 순교의 길을 택하는 과정을 담담한 필치로 서술한다든지, 배교자의 심리 상태와 순교자의 심리 상태를 교차 서술하는 방법을 통해 순교적 영성의 함의를 보다 선명하게 부각시킬 수 있을 것이다. 한편, 전기영화나 순교사화 영화 둘 다에 해당되는 것으로, 영화에 등장하는 다양한 인물에 대한 그 나름의 설명 장치를 갖추는 것도 필요할 것이다.

그리고 그러한 설명이 역사적 설득력을 담지할 수 있어야 할 것이다. 한국전쟁 중 신앙의 정체성 문제를 그린 영화들은 주제에 담긴 역사적 무게를 고려할 때, 한국 가톨릭영화의 폭을 넓힐 수 있는 좋은 소재라 할 수 있다. 하지만 이들 영화가 기본적으로 반공영화에 속하는 것인 까닭에, 이데올로기 논쟁으로부터 자유롭지 못하다는 한계를 지니는 것이 사실이다. 이러한 주제를 반공영화가 아닌 역사영화 내지는 시대영화의 틀 속에서 풀어 나간다면 상당한 진전이 있을 것이다.

수행의 세계에 담긴 의미를 탐구하는 영화들은 대체로 호기심의 차원을 크게 벗어나지 못하고 있다. 명상과 수행의 세계에 대한 대중적 관심이 동서양을 막론하고 하나의 문화현상으로 자리 잡아 가고 있는 오늘의 시점에서, 가톨릭의 수행자 내지는 수행의 세계에 담긴 의미를 좀 더 심층적으로 파고드는 주제 의식이 천착되어야 할 것이다. 예컨대 수행자의 내면세계에 근접함을 통해서, 세파에 시달린 채 의미를 잃고 사는 현대인들의 정신세계에 청량감을 전달할 수 있을 것이다.

1990년대에 접어들면서 한국의 가톨릭영화에 의미심장한 변화의 경향이 나타나기 시작하였다. 박철수 감독의 <오세암>과 박광수 감독의 <이재수의 난>은 한국 천주교영화의 새로운 방향을 제시하였다는 점에서 주목된다. <오세암>은 서로 다른 두 종교의 수행자들이 어린 생명을 보호하는 일을 통해서 하나가 될 수 있는 가능성을 영화를 통해 모색하고 있다. <이재수의 난>은 가톨릭의 역사적 의미에 대한 물음을 담담하게 묻고 있다는 점에서 의의를 지닌다. 바야흐로 한국 천주교영화에서 역사영화의 가능성이 첫 단추를 꿰게 된 것이다. 두 편의 영화가 이른바 '선교적 의도'로부터 자유로운 작품이라는 점도 주목할 만하다.

1. 구원의 정화(이만흥, 1956)

미모의 처녀 아심은 예조판서 김응겸의 외동딸이며 재하는 대사간의 아들이다. 어느 여름날 밤 재하는 남장한 아심을 보고 한눈에 반해 추격한다. 아심은 재하에게 쫓겨 달아나다 낙마로 의식을 잃게 되고 때마침 그곳을 지나던 한 미소년의 도움을 받는다. 그것이 인연이 되어 아심은 소년을 열렬히 사랑하게 된다.

그러나 미소년 시메온은 기독교 신봉자로서 당국의 눈을 피해 다니는 신분이다. 아심은 시메온이 그녀의 사랑을 거절하자 앙심을 품고 그를 고발해 형을 받게 한다. 시메온이 십자가에 처형당하는 순간, 시메온의 볼록한 가슴을 보고 아심은 비로소 그가 여자임을 알게 된다. 시메온은 그리스도의 품으로 돌아갈 것을 선택했고, 이것을 본 아심도 형장으로 뛰어든다.

이 영화는 1954년에 경향신문에 연재되었던 박계주의 소설을 영화화한 것으로, 조선 말 대원군의 섭정 시기 천주학자와 천주교인들에 대한 박해와 순교, 동성애를 주제로 삼고 있다.

2. 고종황제와 의사 안중근(전창근, 1959)

망국의 기운이 감도는 구한말 광무 9년, 이토 히로부미와 친일 매국노의 압력에 의해 을사조약이 체결된 지 얼마 지나지 않아 헤이그 밀사 사건을 빌미로 일제는 고종황제의 퇴위를 강요한다. 안창호의 연설을 듣고 감명받은 안중근은 연해주로 가서 한국 의병과 만주원정군 사령관이 되어 하얼빈 역두에서 이토 히로부미를 저격, 거사는

성공하지만 안중근과 그의 동지들은 투옥된다. 그는 법정에서도 조
선의 독립운동의 정당성을 주장하며 일제에 항거하다가 사형을 당
한다.

3. 새남터의 북소리(최하원, 1972)

민서는 길에서 본 다련에게 한눈에 반해 그녀를 뒤쫓는다. 그녀는
천주교 신자였고 미사를 드리다 발각되어 포도청으로 끌려가고 있
었다. 민서는 고문과 고초를 당하는 다련을 어렵게 구해 내지만 두
사람은 다시 포졸에게 잡힌다.

한편, 다련을 짝사랑하던 여상은 다련을 구하기 위해서 천주교도
들의 모임 장소를 밀고하게 되고, 천주교 신자들이 희생당하게 되자
양심의 가책을 느끼고 자살한다. 언제부터인가 사랑하게 된 민서와
다련은 형장에서 서로의 이름을 부르며 담담하게 죽음을 맞이한다.

이 영화는 주인공들의 삶을 통해서 교회와 신앙의 의미를 자연스
럽게 성찰하게끔 한다. 선교적 차원을 강요하기보다, 신자들의 삶을
통해서 빚어지는 역사의 흐름을 서술하고 있다.

4. 초대받은 사람들(최하원, 1981)

1784년 천주교가 조선에 도입되자 이승훈, 정약종, 정약용 등의
초기 천주교인들은 정부의 탄압을 피해 가면서 전교에 노력한다. 신
유박해로 많은 천주교인들이 희생되었으나, 정하상 등은 박해 중에
흩어진 교우들을 모아서 교세를 계속해 확장해 나간다.

이러던 중 항주와 정은의 사랑이 무르익는다. 둘은 부친들 사이에 정혼이 이루어진 관계이지만, 한 사람의 부친은 재상이 되고, 다른 한 사람의 부친은 천주교도로 처형을 당한 탓에, 혼사가 이루어지기 어려운 상황이다. 정은은 자신의 종교적 신념을 지키기 위해서 사랑을 거부하지만, 항주는 그들의 사랑을 포기하지 않는다. 이후 대박해가 시작되고 수많은 신도들이 형장의 이슬로 사라지는 절박한 순간에 마침내 항주는 천주교에 귀의하여 성령을 받는다.

이 영화는 한국 천주교 전래 150주년을 기념하는 차원에서 제작되었다. 조선 후기 천주교 신부들과 천주교인들이 겪은 고난과 박해, 교세의 확장과 순교정신을 사실에 근거하여 엮어 내었다. 중국에서 세례를 받고 돌아와 전교하려던 이승훈을 비롯해 남인에 속하는 권철신, 홍낙민, 이가원, 정약종 및 중국인 신부 주문모 등을 사형에 처하고, 이 사실을 북경에 와 있던 주교에게 보고하려던 황사영을 참사한 사건을 다루고 있다.

5. 오세암(박철수, 1990)

천주교 재단 소속 보육원에 있던 다섯 살짜리 길손과 시각장애인 누나 감이는 전날 밤 보육원을 빠져나온다. 남매는 고향으로 돌아가겠다는 일념으로 모든 역경을 딛고 가까스로 고향 부근까지 오게 된다.

그러나 고향은 댐 건설로 주변이 온통 물바다가 되어 있었다. 낙심한 두 남매는 우연히 만난 행운 스님을 따라 절에서 지내게 된다. 그러던 어느 날, 행운 스님이 길손 남매를 남겨 두고 탁발하러 간 사이 암자에 오르는 길이 폭설로 막혀 버렸다. 그때 보육원에서 없어진 두 남매를 찾아 길손네 고향까지 온 안젤라 수녀는 수몰지에서 아이들의 아버지가 댐 공사 기간 중에 사망했고, 어머니는 행방불명된 상태임을 알게 된다. 그리고 안젤라 수녀가 암자에 도착했을 때 소년 길손은 시각장애인 누나의 곁에 앉아 더는 움직이지 못하고 있었다.

이 영화는 정채봉의 동화집을 영화화한 것으로, 다섯 살배기 길손이 몸과 영혼을 의탁했던 암자라는 의미이다.

6. 이재수의 난(박광수, 1998)

1901년 천주교인들은 고종황제의 칙서를 들고 와 활발한 포교활동을 벌이고, 이를 빌미로 타락한 교인들이 부패한 봉세관의 앞잡이로 활동한다. 이에 분노한 제주민들은 어차피 굶어 죽을 바엔 차라리 싸우다 죽겠다고 결전을 각오한다.

두려움을 느낀 천주교인들이 기습공격을 가해 오자 이재수는 사랑하는 숙화를 남겨 둔 채 평민의 신분으로 민란의 장두에 선다. 이재수는 신부와 교인들이 숨어 있는 제주성을 포위하고 악질 교인들과 교폐를 시정해 줄 것을 요구한다.

마침내 이재수는 제주성을 함락하고 조선 정부로부터 세폐와 교폐를 시정하겠다는 약속을 받아 낸다. 그러나 프랑스 함대는 이미 제주도를 향하고 있었다. 이제 그 핏빛 겨울이 지나고 보리 이삭이 필 무렵, 그를 따랐던 수많은 백성과 연인 숙화를 넘겨 둔 채 이재수는 스스로 목숨을 바친다.

이 영화는 1901년 제주도에서 실제로 일어났던 천주교인과 주민들 간의 충돌사건을 다룬 영화이다.

7. 박쥐(박찬욱, 2009)

주인공 상현은 가톨릭 신부로 병원에서 환자들을 돌보고 있다. 고아원에서 자란 그는 사람의 생명을 구하는 의사가 될 것인가 아니면 영혼을 구하는 신부가 될 것인가 고민하다가 신부의 길을 선택했다. 하지만 환자들이 속수무책으로 죽어 가는 것을 보면서 무력감을 느끼는 것은 어쩔 수 없었다. 그러던 차에 그는 자신을 희생할 수 있는 기회를 얻게 된다. 해외에서 비밀리에 진행되는 백신 개발 실험에 참여하기로 한 것이다. 그는 실험 도중에 바이러스에 감염되어 죽음을 맞지만 곧 정체불명의 피를 수혈받아 기적적으로 소생한다. 그 피가 그를 뱀파이어로 만들어 버린다.

한국으로 돌아온 상현은 가톨릭 신자들 사이에 영웅이 된다. 죽음에서 기적적으로 소생한 그에게 병을 치유하는 능력이 있다고 믿는 신도들이 그에게 몰려든다. 하지만 상현은 정기적으로 피를 먹지 않으면 안 되는 뱀파이어. 어느 날 죽어 가는 환자의 피를 처음으로 맛본 후, 그는 성스러운 신부와 피를 원하는 육체적 욕망의 화신인 뱀파이어의 두 얼굴을 가지고 살아가게 된다. 뱀파이어는 정기적으로 피를 먹어야 한다. 그렇지 않으면 온몸에 발진이 돋는다. 그러나 상현은 살인만은 최대한 피하려고 한다. 그래서 의식불명의 환자에게 수혈되는 피를 훔쳐 마시거나 자의적으로 피를 제공하는 사람의 피만 마신다.

그러던 어느 날, 그는 우연히 초등학교 동창인 강우와 그의 아내 태주를 만나게 된다. 강우의 어머니는 '행복 한복'이라는 한복집을 운영하고 있다. 한복집은 일본식 적산가옥의 1층에 있고, 강우와 그의 아내 태주 그리고 강우의 어머니는 그 집의 2층에 살고 있다. 강우의 어머니는 어린 시절 부모에게 버려진 태주를 데려와 키우다가 며느리로 삼았다. 그녀는 러시아 술인 보드카를 즐겨 마시고, 매주 수요일마다 지인들과 중국 오락인 마작을 즐긴다. 그 마작 모임을 오아시스라고 부르는데, 멤버는 강우와 그의 어머니, 태주, 강우의 직장 상사인 승대와 영두 그리고 필리핀 처녀 이블린이다. 여기에 상현이 합류한다.

마작을 하기 위해 강우의 집을 드나들면서 상현은 강우의 아내인 태주에게 흡혈 욕구와 성적 욕구를 동시에 느낀다. 태주 역시 상현에게서 병약한 남편에게서 느끼지 못한 성적 욕망을 강하게 느낀다. 이런 두 사람의 욕망이 합치되어 두 사람은 파멸의 위험을 안은 위험한 사랑을 시작한다.

상현과 태주는 점점 대담하게 애정행각을 벌인다. 그러다가 상현이 뱀파이어라는 사실을 태주가 알게 된다. 태주는 처음에는 이런 상현을 무서워했으나 두려움은 곧 사라진다. 그녀는 뱀파이어인 상현의 힘을 빌려 남편 강우와 그의 어머니를 죽이기로 한다. 하지만 강우를 죽이는 데는 성공하지만 그의 어머니를 죽이는 데에는 실패한다. 이 일로 강우 어머니는 전신마비가 되어 눈을 깜빡거리는 것 이외에는 할 수 없는 신세가 된다. 그녀는 눈을 이용해 오아시스 멤버들에게 강우를 죽인 사람이 태주와 상현이라는 사실을 알린다. 하지만 그로 인해 오아시스 멤버들은 상현과 태주에게 죽임을 당한다.

상현은 태주를 죽이지만 자기 피를 수혈함으로써 그녀를 다시 살려 낸다. 그리하여 태주도 뱀파이어가 된다. 그러나 상현은 점점 피에 굶주린 욕망의 화신이 되어 가는 태주를 더는 참을 수 없는 지경에 이른다. 그래서 결국 그녀와 최후를 맞이하기로 결심한다. 상현은 태주를 차에 싣고 바닷가로 향한다. 하늘에는 태양이 찬란하게 빛나고 있다. 뱀파이어는 햇빛을 받으면 재로 변하게 되어 있다. 태주는 햇빛을 피해 차 트렁크나 차 밑으로 들어간다. 하지만 상현이 기어이 그녀를 끄집어낸다. 죽음을 거부하던 태주도 결국 이를 받아들이기로 한다. 두 사람은 바닷가 절벽 위에 차를 세우고 그 위에 걸터앉아 지는 해를 바라보며 최후를 맞는다. 마지막에 태주가 상현에게 말한다.

이 영화는 추한 것과 아름다운 것, 진지함과 경박함, 눈물과 웃음, 성(聖)과 속(俗), 현실과 환상, 희생과 욕망, 일상의 비루함과 신비 등 온갖 이질적인 요소들이 공존하는 영화다. 영화에 사용된 음악도 그렇다. 이 영화에는 바흐의 칸타타 82번 [나는 만족하나이다]와 1930년대와 1940년대에 유행했던 남인수, 이난영의 [고향], [고향의 그림자], [선창에 울러 왔다]가 나온다. 여기서 18세기 독일 종교음악과 20세기 한국 대중가요 사이에 놓여 있는 시간적·공간적 간극을 성(聖)과 속(俗)의 대비로 이해하는 것은 어쩌면 이 영화의 난해함(?)에 대한 모독인지도 모르겠다. 그럼에도 불구하고 나는 손쉬운 방법을 택하기로 했다. 나에게는 영화의 전반부와 마지막 장면에 울려 퍼지는 바흐의 음악이 일종의 제의적인 의미로 다가왔기 때문이다.

그리스도의 구원으로 이제 죽음마저도 영원한 안식으로 여기겠다는 내용의 독창곡인데, 여기에는 오보에가 연주하는 오블리가토가 나온다. 영화에서 상현이 리코더로 부는 것이 바로 이 오보에 부분이다. 비록 짧지만 죽음을 각오한 상현의 숭고한 마음과 결연한 의지가 돋보이는 인상적인 장면이다.

8. 울지마 톤즈(구수환, 2010)

2010년 2월, 아프리카 수단 남쪽의 작은 마을 톤즈. 남수단의 자랑인 톤즈 브라스 밴드가 마을을 행진했다. 선두에 선 소년들은 한 남자의 사진을 들고 있었다. 환하게 웃고 있는 사진 속 한 남자. 마을 사람들은 톤즈의 아버지였던 그의 죽음이 믿기지 않는다며 눈물을 흘렸다. 그들은 세계에서 가장 키가 큰 딩카족이다. 남과 북으로 나뉜 수단의 오랜 내전 속에서 그들의 삶은 분노와 증오 그리고 가난과 질병으로 얼룩졌다. 목숨을 걸고 가족과 소를 지키기 위해 싸우는 딩카족. 강인함과 용맹함의 상징인 딩카족에게 눈물은 가장 큰 수치다. 무슨 일이 있어도 눈물을 보이지 않던 그들이 울고 말았다.

모든 것이 메마른 땅 톤즈에서 눈물의 배웅을 받으며 이 세상 마지막 길을 떠난 사람, 마흔여덟의 나이로 짧은 생을 마감한 故 이태석 신부다. 톤즈의 아버지이자, 의사였고, 선생님, 지휘자, 건축가였던 쫄리 신부님, 이태석. 자신의 모든 것을 바쳐 온몸 다해 그들을 사랑했던 헌신적인 그의 삶을 그린 다큐멘터리영화이다.

9. 피에타(김기덕, 2012)

빚을 갚지 못하는 채무자를 잔인한 방법으로 장애인으로 만들어 보험금을 타 내는 수법으로 살아가는 강도에게 어느 날 어머니라고 주장하는 여자가 찾아온다. 강도는 그녀를 믿지 않고 어머니로 인정하지도 않는다.

그러나 그녀는 그의 학대와 구박에도 그의 곁을 배회한다. 마음이 조금씩 흔들리던 그는 그의 살점을 잘라 그녀에게 먹게 하는 시험 끝에 그녀를 어머니로 인정하게 된다. 어머니가 생긴 후 강도는 아기를 위해 자신은 불구가 되어도 좋다는 채무자를 보며 온정을 베풀고, 어머니의 선물을 사 오며, 자살하는 채무자를 보며 씁쓸해하는 등 인간성을 찾아간다.

어머니가 자기 때문에 보복의 대상이 될까 봐 두려워진 강도는 일을 그만두지만, 어느 날 어머니는 납치를 당한 채 사라진다. 강도는 어머니를 찾기 위해서 자신에게 원한이 있을 만한 사람들을 찾아 나선다. 그는 그 과정에서 불구가 되어 비참하게 살고 있는 사람, 자신 때문에 죽은 사람의 가족, 자신만을 저주하며 사는 사람들을 만나지만 어머니를 찾지는 못한다. 그녀는 강도의 어머니가 아니라, 그로 인해 자살한 한 남자의 어머니였고, 자신의 눈앞에서 가장 사랑하는 사람이 죽는 고통을 주려는 복수를 계획했던 것이다. 가장된 납치극 끝에 폐건물 위에서 자살하려던 어머니는 강도에게 죽은 또 다른 남자의 어머니에게 밀려 떨어져서 죽는다. 강도는 어머니의 시신을 묻고 자살한다.

제7장 한국 개신교영화

개신교영화는 약 64편 정도로 파악된다. 한국의 개신교영화는 대체로, 전기영화의 성격을 지니는 것, 신앙의 힘으로 고난을 극복하거나 삶의 의미를 되찾는 내용을 담은 것, 기독교적 가르침을 확인·입증하는 내용을 담은 것, 기독교와 무속 등 전통신앙의 갈등을 다룬 것, 한국 사회 비판 내지는 기독교문화 비판 성향의 작품 등으로 구분된다. 이를 토대로 한국의 개신교영화를 정리, 소개하면 아래 <표 6>과 같다.

<표 6> 한국 개신교영화의 시기별 제작 편 수

시기	한국종교 영화소계	개신교 영화	영화 제목
해방 이전까지	1		
해방 이후~1950년대	13	3	죄 없는 죄인(최인규, 1948), 유관순(윤봉춘, 1948), 유관순(윤봉춘, 1959)
1960~1970년대	48	11	상록수(신상옥, 1961), 순교자(유현목, 1965), 유관순(윤봉춘, 1966), 무녀도(최하원, 1972), 유관순(김기덕, 1974), 사랑의 원자탄(강대진, 1977), 저 높은 곳을 향하여(임원식, 1977), 상록수(임권택, 1978), 사랑의 뿌리(강대진, 1978), 을화(변장호, 1979), 석양의 10번가(빛을 마셔라)(강대진, 1979)
1980~1990년대	67	21	사람의 아들(유현목, 1980), 나는 할렐루야 아줌마였다(김수형, 1981), 어둠의 자식들(이장호, 1981), 하늘 가는 밝은 길(김성호, 1982), 낮은 데로 임하소서(이장호, 1982), 죽으면 살리라(강대진, 1982), 불의 딸(임권택, 1983), 과부춤(이장호, 1983), 상한 갈대(유현목, 1984), 순교보(임원식, 1986), 새벽을 깨우리로다(이기원, 1989), 천국의 비밀(홍의봉, 1989), 엄마의 기도 나의 기도(임원식, 1989), 휴거(홍의봉, 1990), 예수천당(홍의봉, 1991), 외길 가게 하소서(오영석, 1991), 하나님이 어디 있

1980~1990년대	67	21	어요(최창규, 1991), 불행한 아이의 행복(임원식, 1992), 무거운 새(곽정환, 1994), 빛은 내 가슴에(이기원, 1995), 할렐루야(신승수, 1997)
2000년대 이후	61	29	미션 바라바(사이토 고이치, 2000), 계시받은 사람(김영배, 2003), 총을 들지 않는 사람들(김환태, 2003), 708호, 이등병의 편지(김환태, 2004), 슬로브핫의 딸들(문정현, 2005), 밀양(이창동, 2007), 당신의 바벨탑(임하니, 2008), 하드보일드 지저스(정영헌, 2009), 회복(김종철, 2009), 소명(신현원, 2009), 이층집 남자(JFM, 2009), 바이블 스토리(김동수, 2010), 용서(김종철, 2010), 한걸음(권순도, 2010), 간증(박수민, 2010), 한경직(천정훈, 2011), 고백(유지영, 2011), 뷰티풀 차일드(이성수, 2013), 시선(이장호, 2013), 빛을 향하여 다시(홍의봉, 2013), 신유의 키(장태령, 2013), 아 유 레디?(허원, 2013), 소명 하늘의 별(신현원, 2013), 신이 보낸 사람(김진무, 2014), 쿼바디스(김재환, 2014), 제자, 옥한흠(김상철, 2014), 바세코의 아이들(김경식, 2014), 순교(김상철, 2015), 미션스쿨(강의석, 2015)
총계	190	64	

위의 <표 6>에 의하면, 한국의 개신교영화는 전기영화의 성격을 지니는 작품이 주된 흐름을 형성해 왔음을 알 수 있다. 전기영화의 성격을 지니는 작품들에서는 유관순, 최용신, 주기철, 안이숙, 손양원, 이기풍, 최봉석, 황재경, 안요한, 김진홍, 최자실, 김계화, 강영우/석은옥의 삶이 다루어졌다. 이들 인물을 해방 전의 인물과 해방 후의 인물로 나누어 정리해 보면, 해방 전의 경우는 애국운동에 공헌한 그리스도인(유관순, 최용신), 순교자(주기철, 안이숙), 선교 및 전도 활동에 공헌한 그리스도인(이기풍, 최봉석) 등이 주로 다루어졌다. 한국 개신교영화에서 다루어지고 있는 해방 전의 인물 선정은 대체로 한국 교회의 역사의 중요한 테마들과 관련되었음을 알 수 있다. 이에 비하여 해방 후의 인물 선정은 상대적으로 일관성을 발견

하기 어렵다. 이들이 현대 한국 개신교를 대변할 만하다고 보기 어려운 것도 사실이다.

개신교영화의 경우 가톨릭영화에서의 <이재수의 난>과 같은 본격적인 역사영화가 아직 출현하지 못하고 있는 실정을 고려할 때, 현재 전기영화가 역사영화의 소명까지를 담당할 수밖에 없다. 전기영화에서 다루어지는 인물의 폭에 보다 다양성을 기하면 좋으리라고 본다. 이뿐만 아니라, 특정한 인물이 아닌 신앙 대중의 차원에 대해서도 관심을 기울였으면 한다. 예컨대 초기 한국교회의 전도부인들의 삶과 신앙에 대한 이야기를 영화화해 본다면, 초기 한국 교회의 성격을 파악하는 데 도움이 될 것이다. 그리고 초기 역사에서 중요한 역할을 담당했던 선교사들을 영화의 소재로 삼을 수 있다면, 선교의 함의를 파악하는 효과를 얻을 수 있는 동시에 근대에 있어 서양 문명의 위상과 그것이 늘 우리 사회에 끼친 영향에 대한 생각의 실마리를 얻을 수 있을 것이다. 아울러 전기영화가 특정 인물을 지나치게 영웅시하게 될 위험에 대해서도 경계를 늦추어서는 안 될 것이다. 한편, 전기류 영화에 등장하는 다양한 인물에 대한 설득력 있는 설명 장치를 갖추는 것도 필요할 것이다. 그리고 그러한 설명이 역사적 설득력을 담지할 수 있어야 함 또한 물론이다. 이러한 설득력은 탄탄한 내러티브 구조를 통해 보충할 수 있을 것이다. 이를 위해서는 심도 깊은 역사 연구가 선행되어야 한다. 시나리오 및 영화 제작 과정에서 교회사가들의 도움을 얻는 것도 진지하게 고려해야 할 것이다.

신앙의 힘으로 고난을 극복하거나 삶의 의미를 되찾는 내용을 담은 작들의 경우, 준비 및 제작 과정의 충실함이 뒷받침되지 못하여 대체로 신앙 대중으로부터 호응을 얻지 못하고 있는 것으로 보인다. 이러한 경향의 영화일수록 신앙 대중의 영성의 현실을 꿰뚫어 보는 안목이 뒷받침되어야 할 것이다. 이러한 경향의 영화가 단순하게 어떠한 신앙적 교훈을 강조하는 맥락에서 제작된다면, 대중적 공감을 얻을 수 없을 것이다.

기독교적 가르침에 대해 근원적인 물음을 던지는 작품은 <순교자>의 경우에서 보듯이 영화적 맥락에서도 매력적인 주제라 할 수 있다. 이러한 유의 작품은 단지 신앙인들을 위한 영화가 아니라 비신앙인들에게도 기독교의 의미를 자연스럽게 접할 수 있는 계기를 제공한다는 점에서, 신앙의 힘으로 고난을 극복하거나 삶의 의미를 되찾는 내용들은 작품들보다 오히려 중요성을 가진다.

기독교와 무속 등 전통신앙과의 관계를 모색하는 영화는 더욱 장려되어야 할 것이다. 1970~1980년대의 개신교영화가 기독교와 무속의 갈등에 골몰하였던 것처럼, 오늘의 개신교영화는 불교와의 관계에 대한 영화적 성찰을 시도해야 할 것이다. 아울러, 오늘의 개신교영화는 제사 문제를 둘러싼 기독교적 세계관과 유교적 세계관의 갈등 양상을 영화적으로 성찰하려는 노력을 시도해야 할 것이다.

1. 유관순(윤봉춘, 1948)

1919년, 나이 16세의 유관순은 고등과 1년생이었다. 당시 일제의 수탈과 탄압에 반대하는 독립만세운동이 전국적으로 일어나기 시작했고, 이에 당황한 일제는 모든 학교에 휴교령을 내린다. 일제의 휴교조치로 이화학당이 문을 닫자, 유관순은 거리로 뛰쳐나와 3·1 만세운동에 가담하고, 고향인 천안으로 내려가 공주, 청주, 진천, 연기 등 40여 부락을 돌며 학생 및 주민들과 함께 만세운동을 일으킬 계획을 세운다. 그리고 음력 3월 1일, 천안 아우내장터에 모인 3,000여 군중에게 태극기를 나누어 주고 대열에 앞장서 가두시위를 주도한다. 이때 수많은 사람들이 일본 경찰에 의해 죽고, 유관순의 부모도 학살당한다.

부모를 잃은 유관순은 걸식 고아가 된 어린 동생들을 남겨 둔 채 '아우내장터 사건'의 주모자로 체포되어 투옥된 뒤 법정에서 재판을 거부하며 검사에게 걸상을 내던지는 바람에 법정모독죄가 가산되어 7년형을 선고받는다. 그녀는 서대문 형무소에 복역 중 모진 고문을 받으면서, 1920년 17세의 나이로 형장의 이슬로 사라졌다.

토막 난 유관순의 시체는 형무소 지하실에 방치되어 있다가 이화학당 교장인 월터에게 인계되고 시신을 거둔 월터는 정동교회에서 학생들과 함께 유관순을 위한 진혼예배를 드린다.

2. 상록수(신상옥, 1961)

전문학교 출신의 동혁과 채영신은 농촌계몽에 뜻을 두고 각기 고향으로 내려간다. 동혁은 마을회관을 세워 농촌 청년들을 선도하고 영신은 학당을 세워 문맹퇴치를 위해서 노력한다. 일제의 간악한 탄압의 손길이 그들에게 뻗치면서 동혁은 일본 경찰에게 잡히고, 영신은 과로로 병이 난다. 동혁이 풀려 나오던 날, 영신은 농촌에 대한 정열을 꽃피우지 못하고 숨을 거둔다.

이 영화는 심훈의 소설을 영화화한 것으로, 농촌 계몽운동을 통해서 일제하의 민족의식과 일제 억압에 대한 저항, 배우지 못한 사람들의 배우고자 하는 열망, 나라 잃은 청년들의 애국심, 농촌 계몽운동에 헌신하는 대학생들과 그들 사이의 순애를 그리고 있다. 경기도 화성군 샘골의 실재 인물인 최용신의 일대기를 다룬다. 청석예배당에서의 수업은 실재를 소재로 하였다.

3. 사랑의 뿌리(강대진, 1978)

조총련계 오사카 지국 조직 부장 박용호는 재일교포 성묘단의 일원으로 모국을 방문한다. 혈육을 찾기 위해서 고향인 통영으로 갔으나, 그의 가족에 대해서 아는 이는 없었다. 어렵게 아버지의 행방을 찾아내 용호는 국립나병원인 소록도로 간다. 거기서 그는 아버지가 남긴 일기장을 보고 아버지 박학구가 나병환자였음을 알게 된다.

나병에 걸린 학구는 아들 하나씩을 데리고 아내와 헤어진다. 아내는 큰아들 용호, 학구는 둘째 용준을 데리고 걸식 행각으로 전전하다가 한 목사의 도움으로 소록도에 오게 된 것이다. 그곳의 생활은 일본인의 박해와 강제 노동으로 인한 참혹함의 연속이었다. 그러나 학구의 나병은 완치되었고, 너무나 기쁜 나머지 기쁨에 넘쳐 외치다가 실족사하였다. 이러한 사실을 알게 된 용호는 일선 부대의 군목으로 있는 동생 용준을 찾아내고, 어머니에게 데려가서 혈육의 진실을 확인한다.

4. 사람의 아들(유현목, 1980)

대구 근교의 경찰서 형사계, 요란한 전화벨 소리와 함께 누군가가 전날 일어난 살인 사건에 대해서 제보한다. 사건 현장인 영지면 기도원 부근에서 민요섭의 시체가 발견되고 이 사건을 담당한 남경호 경사는 요섭의 친구 황 전도사를 만나 사건의 실마리를 풀어 나간다.

신학교를 중퇴한 요섭은 실천신학과 해방신학에 심취한 종교인으로 평소 고통스럽게 살아가는 민중들에게 구원을 베풀지 못하고 침묵하는 신에게 회의를 갖고 있었다. 그는 노동판에서 알게 된 조동팔을 자신의 제자로 삼아 현세의 문제를 해결하기 위해서 불구자, 고아, 걸인, 창녀들을 모아 천막 학교를 세우고 교리를 가르치는 등 본격적인 종교운동을 벌인다.

여기서 요섭의 죽음과 관련한 남 경사는 요섭을 추종했던 조동팔이라는 사내는 찾아 나선다. 또 동팔의 아버지를 만나 동팔이가 요섭을 신봉하게 된 과정과 요섭이 전통적인 기독교 신을 부정하고 그들만의 합리적인 새로운 신을 찾으려 했다는 사실도 알아낸다.

이 긴 방황 끝에 요섭은 그가 부정하고 떠났던 유일신 여호와에게로 돌아오면서 동팔에게도 그들이 창조한 신은 허상이며 진정한 영적 충족감을 주는 기독교로 귀의하라고 권유하자, 배신과 분노를 느낀 동팔이 요섭을 유인하여 그를 찔러 죽인 것이다. 엄청난 범죄의 윤곽을 파악한 형사 일행이 동팔의 천막으로 달려갔을 때, 동팔은 이미 농약을 마신 후였다. 동팔은 자신의 죽음은 결코 패배가 아니며, 민요섭이 세운 이 천막보다 더 거대하고 새로운 신전을 세우겠다고 절규하면서 죽는다.

이 영화는 이문열의 『사람의 아들』을 영화화한 것으로, 전통적인 기독교 신을 부정하고 구도자의 길을 찾아 나선 해방신학 추종자의 고행과 파국을 그리고 있다. 고통을 안고 살아가는 민중들에게 어떤 구원도 베풀지 않는 신에 대한 회의와 원망, 타락한 세상에서 방황하다 신앙의 길로 귀의하는 순간 주인공이 살해되는 것으로 영화는 끝난다.

5. 어둠의 자식들(이장호, 1981)

윤락녀들이 모여 사는 뒷골목, 영애는 가수가 되기 위해서 무작정 상경했지만, 학원장에 의해서 무명의 작곡가에게 떠넘겨진 후 그와 함께 살면서 딸까지 낳게 된다. 그러나 두 사람의 행복은 오래가지 못했다. 남자는 동네 불량배들과 시비 끝에 파출소에 끌려가고, 아이마저 앓다가 죽게 되자, 영애는 윤락촌을 전전하게 된다. 가난 때문에 아이를 죽게 한 것이 뼛속까지 사무친 그녀는 늙은 창녀 화숙이 남겨 놓고 간 어린 아영을 돌보며, 죽은 딸에 대한 한과 그리움을 달랜다.

그러나 윤락촌에서 아이를 키우는 일은 허용되지 않았다. 아동 위원이 나타나 창녀는 아이를 양육할 수 없음을 통보한다. 아동 위원의 말에서 엄청난 편견과 오만을 느낀 영애는 아영을 훌륭하게 키우기 위해서 창녀촌을 떠난다.

그때부터 생존과 사랑하는 아이의 교육을 위한 그녀의 치열한 투쟁이 시작된다. 그녀는 구멍가게를 하면서 열심히 아영을 돌보지만, 또다시 아동 위원이 나타나 "나라가 보호해야 할 아이를 밑바닥 인생인 창녀에게 맡길 수 없다"면서 아이를 빼앗고, 이웃도 "몸 파는 여자를 받아들일 수 없다"며 동네를 떠날 것을 요구한다. 아영은 시립아동보호소를 거쳐 기독교 가정에 입양된다. 아이를 포기하고 돌아서는 영애가 가야 할 곳은 옛날의 그곳, 불행도 행복도 아닌, 삶의 현장이자 터전인 윤락촌 외에는 다른 길이 없었다.

6. 낮은 데로 임하소서(이장호, 1982)

아버지가 목사인 요한은 신학대학에 입학했다가 적성에 맞지 않아서 휴학을 하고 군대에 입대한다. 카투사로 군복무를 마친 그는 미국 본토 군사학교 교원으로 선발되자, 미국에 가기 위해서 서둘러 결혼하지만, 불의의 사고로 갑자기 실명한다. 그는 너무나 절망한 나머지 자살을 결심하지만, 그때 찬란한 광채와 함께 하늘의 목소리를 듣는 경이로운 체험을 하게 된다. 새로운 각성과 용기를 얻은 그는 서울역에서 구두닦이를 하는 진용과 친하게 되고, 비로소 자신의 소명을 깨닫고 신학 공부의 길을 다시 걷는다. 그는 뉴욕 헬렌 켈러 재단의 도움으로 고통받는 이들의 빛이 되고자 맹인교회를 설립한다.

7. 할렐루야(신승수, 1997)

전과 3범의 별을 달고 막 출소한 양덕건은 교통사고 피해자인 목사의 지갑에서 흥미로운 편지를 발견한다. 편지를 갖고 오면 개척교회 지원금 1억 원을 주겠다는 내용이다. 덕건은 지갑의 주인인 목사가 병원에서 의식불명 상태라는 정보를 입수하고, 그를 대신해 교회를 찾아가 목사 행세를 한다. 그러나 공돈 1억 원은 좀처럼 쉽게 굴러 들어오지 않는다.

교회에서는 오히려 당회장 목사가 미국으로 출장 간 2주 동안 목회 일을 도와줄 것을 요구하고, 덕건은 돈을 받기 위해서 자충우돌 가짜 목사 행세를 하며 진면목을 발휘한다.

8. 밀양(이창동, 2007)

신애는 아들 준과 밀양으로 가다가 차가 고장 나는 바람에 카센터 주인 종찬의 차를 얻어 타게 된다. 밀양은 죽은 남편의 고향이다. 종찬은 그녀가 낯선 밀양에서 정착할 수 있도록 살 집과 피아노 학원 자리도 알아봐 주는 등 호의를 베푼다. 지금 신애에겐 피아니스트의 꿈이나 남편에 대한 그리움 이전에 피아노 학원을 운영하면서 아들 준과 살아가는 일만이 희망이자 낙이다.

그런데 그 아들 준이 유괴되어 시체로 발견된다. 신애의 긴 통곡은 한없이 이어졌다. 종찬은 그런 신애의 곁을 맴돌지만, 신애는 야멸차게 그를 밀어낸다. 그럼에도 종찬은 한 번쯤 신애가 그의 진심을 알아봐 주길 기다린다. 그러던 중 신애는 교회에 나가면서 차츰 안정을 되찾는다. 그리고 아들을 유괴하여 살인한 범인을 만나러 교도소로 찾아간다.

신애는 교도소에서 만난 범인이 하나님께 회개하고 용서를 받았다는 말에 충격을 받는다. 이후 신애는 교회 부흥회를 찾아가 "거짓말이야" 노래를 틀어 훼방을 놓고, 이웃집 약사의 장로 남편을 유혹하고, 손목을 그어 자해를 하는 등, 하나님의 위선을 조롱한다. 얼마 후 병원에서 퇴원한 신애는 머리를 다듬기 위해서 미용실에 들르지만, 그곳에서 미용사로 일하고 있는 납치범의 딸을 만나고, 머리를 자르다 말고 그곳을 나와 버린다.

이 영화는 1985년 이청준의 「벌레 이야기」를 영화화한 것으로, 죽은 남편의 고향에 내려와서 피아노 교습으로 새 삶을 시작한 여주 인공이 하나뿐인 아들을 잃고 방황하는 이야기이다. 평범했던 한 영혼의 존엄성이 짓밟히는 과정, 절대자와 대면하는 과정, 아이의 죽음을 신의 뜻으로 받아들이는 과정, 범인을 용서하고자 했지만 용서할 권리마저 신에게 박탈당한 배신감 등이 이 영화 속에서 개신교 교리에 대한 문제 제기로 나타나고 있다.

9. 소명 하늘의 별(신현원, 2013)

2010년 8월 서울의 한 교회에 분향소가 차려졌다. 44세의 나이, 필리핀에서 사역하던 조태환 선교사가 괴한이 쏜 총에 맞아 생을 마감했다.
필리핀 아렌다 쓰레기 마을, 마닐라에서 배출되는 각종 쓰레기가 모여드는 곳. 대학 때 등록금을 벌기 위해 했었던 공사판 막노동 일로 어렵게 모은 5,000만 원을 들고 1999년 아렌다 쓰레기 마을을 찾은 조태환 선교사.
그가 찾은 아렌다 쓰레기 마을 사람들은 판자와 천막으로 만든 열악한 집에서 삶을 이어 가고 있었다. 그러나 판자 천막집은 태풍으로 홍수가 날 때마다 아렌다 지역에 버려진 쓰레기들이 집 안으로 밀려 들어와 온통 쓰레기로 뒤범벅이 되곤 했다. 이런 절박한 사정을 해결해 주기 위해 손수 목수가 되어 집을 지어 주며 그들과 동고동락한 조태환 선교사의 일대기를 다룬 영화이다.

제8장 한국 신종교영화

한국 신종교를 소재로 한 영화들은 매우 제한적으로 발표되었다. 근대 한국 종교사의 흐름에서 중요하게 평가되고 있는 인물들이 신종교와 관계되어 있음을 고려할 때, 인물을 다루고 있는 다른 종교영화와 비교할 때 매우 적게 나타나고 있다. 신종교를 소재로 한 영화는 약 7편 정도로 파악되며, 이것을 <표 7>로 정리하면 아래와 같다.

<표 7> 한국 신종교영화의 시기별 제작 편 수

시기	한국종교영화소계	신종교영화	영화 제목
해방 이전까지	1		
해방 이후~1950년대	13		
1960~1970년대	48	2	백백교(하한수, 1961), 동학난(최훈, 1962)
1980~1990년대	67	3	화평의 길(강대진, 1984), 개벽(임권택, 1991), 백백교(최영철, 1991)
2000년대 이후	61	2	동학, 수운 최제우(박영철, 2011), 미쓰 홍당무(이경미, 2008)
총계	190	7	

위의 <표 7>에 소개된 영화들을 전통별로 살펴보면, 동학과 관련되는 영화가 2편(<동학난>, <개벽>), 증산교와 관련되는 것이 1편(<화평의 길>), 백백교에 대한 것이 2편임을 알 수 있다.

<동학난>(최훈 감독)은 동학농민전쟁을 배경으로 하는 한편, 전쟁 중에 일어난 양반댁 규수와 상민 총각의 목숨을 건 애절한 사랑 이야기를 서사의 중심축으로 삼고 있다. 이 점 때문에 영화 <동학난>에

대해 "제목과는 너무 동떨어진 작품"이라는 비판적인 논평이 제기되기도 하였다. 임권택 감독의 영화 <개벽>은 동학의 2대 교주 최시형의 삶과 사상에 초점을 맞추고 있는 작품이다. 영화 <개벽>은 1980년대 이후의 임권택 영화의 경향과 관련하여 읽어야 한다. 1980년대 이후 임권택 감독의 작업 중 두드러지는 경향 가운데 하나는 '이념과 연관된 역사'에 대한 영화적 성찰을 시도하였다는 것이다. 영화 <개벽>에도 이러한 흐름이 반영되어 있다. <개벽>은 이념, 종교, 문화 등의 주제를 세계관의 입장에서 다룬 영화로 평가되고 있다.

<화평(和平)의 길>(강대진 감독)은 강증산의 생애를 영화화한 것이다. <화평의 길>은 증산 사후의 신앙화 과정과 함께 일제 치하에서 탄압을 받았던 과정, 해방 후 증산사상의 계승 과정 등을 영화화하고 있다. 백백교와 관련된 두 편의 영화는 흥미 위주로 제작된 것으로서, 영화예술적 가치는 그다지 높은 편이 못 되는 것들이다.

이상, 다섯 편의 신종교 소재 영화 가운데에서 영화예술 측면에서나 영화의 주제의식 측면에서 학문적 탐구의 대상이 될 만한 것을 꼽자면, <화평의 길>과 <개벽>을 들 수 있을 것이다. 이 두 작품은 각각 한국 신종교의 대표적 전통인 증산교와 동학을 소재로 삼고 있다는 점에서도 주목되는 작품이다.

1. 화평의 길(강대진, 1984)

동학의 2대 교주 해월은 한국 근대사의 인본주의자이자 민중들의 정신적 근거를 제공해 준 종교지도자이다. 동학을 널리 알려야 했던 그의 삶은 쫓고 쫓김의 연속이면서 떠남과 만남의 연속이었다. 민중의 지지를 받던 동학이 계속 탄압을 당하자, 해월은 혼자 태백산으로 숨어들고 부인 손씨와 네 딸들은 전국에 조리돌림을 당하는 수모를 겪는다. 이 소식을 들은 해월은 부인이 죽었으리라고 생각하고 그를 돌봐 주던 노인의 과부 며느리인 안동 김씨와 결혼한다. 그리고 다시 도주하여 동학의 경전을 출판한다.

시간이 지난 후 그는 죽은 줄 알았던 부인 손씨와 재회하지만, 그에겐 안동 김씨가 있었고 두 여인 사이에서 고민에 빠진다. 극심한 가난과 괴질로 인한 민심 불안, 그리고 삼정의 문란은 날이 갈수록 심화되어, 민중의 분노는 1894년 동학혁명으로 이어지고, 1898년, 해월은 수많은 군중이 지켜보는 가운데 참수당한다.

3부

한국 종교영화
전망

이제까지 종교전통별로 살펴보았던 한국 종교영화는 무속영화, 불교영화, 유교영화, 천주교영화, 개신교영화, 신종교영화였다. 하지만, 하나의 종교전통으로 묶이지 않는 종교영화가 존재하는가 하면, 종교전통에 속해 있지 않으면서도 종교적 주제를 내포하고 있는 영화도 있었다. 이러한 영화들은 본 연구에서 충분히 다루지 못했는데, 이 점은 본 연구의 한계로 두기로 하며 추후에 다시 다루겠다.

제3부에서는 한국의 종교영화와 서구의 종교영화를 비교해 본다. 비교를 위해서 제9장에서는 서구 종교영화의 역사와 원형을 다룬다. 서구의 종교영화라는 범위가 너무 넓기 때문에, 본 연구에서는 '예수영화(Jesus Film)'로 한정하여 비교한다. 그리고 제10장에서는 서구와 비교했을 때 한국 종교영화의 특징이 무엇이며, 과제에는 어떤 것이 있는지 살펴본다.

제9장 서구 종교영화의 역사와 원형

서구 종교영화는 한국 종교영화처럼 종교전통별 종교영화로 분류될 수 있지만, 양적인 측면에서 개신교와 천주교 전통을 주로 다루고 있으며, 그 내용 또한 '예수'와 관련된 영화가 압도적으로 많기에 '예수영화'를 중심으로 다룬다.

1. 예수영화(Jesus Film)의 역사[56]

예수영화는 대중영화의 역사와 그 궤를 같이한다. 왜냐하면, 초창기 대중영화는 관객이 가장 좋아하거나 널리 알려진 이야기를 스크린에 옮겼는데, 이때 대중들이 가장 좋아했던 이야기는 예수 이야기였기 때문이다. 그렇기 때문에 영화 제작사들은 예수에 관한 이야기를 수익을 창출하는 하나의 방식으로 이해하고 제작하였다. 그리고 영화 초창기 때는 예수의 마지막 주간(고난주간)에 관한 수난극을 영화화한 것이 거의 대부분이었다.[57]

예수영화로서 첫 번째 작품은 1897년에 프랑스의 레아르(Lehar)가 제작한 <수난(La Passion)>인데, 이 영화는 5분 정도의 단편영화였다. 이 영화는 예수의 생애를 연대기로서 최초로 만든 영화로 평가되고 있는데, 현재 필름은 존재하지 않으며 12 장면으로 구성되었다는 기록만 남아 있다.

<수난>을 시작으로 보다 정교하면서 다양한 기술이 추가되면서 예수영화들이 제작되었다. 무성영화시대 때 의미 있는 예수영화는 올콧 감독의 <구유에서 십자가까지(From the Manger to the Cross)>(1912)이다. 왜냐하면, 이 영화는 예수의 부활 장면을 제외하고, 예수의 탄생과 죽음에 이르기까지 현지 촬영을 시도하였기 때문에 의미가 있다.[58]

---

56) 예수영화에 관한 선행연구로서 김윤지의 「예수영화 THE JESUS FILM의 원형과 그 흐름」(『현대영화연구』 3, 한양대 현대영화연구소, 2007, pp.49~76)과 안신의 「영화의 상상력과 다문화 종교교육-영화에 나타난 예수의 이미지를 중심으로」(『종교교육학연구』 32, 한국종교교육학회, 2010, pp.65~83), W. 반즈 테이텀, 『예수영화 100년: 영화의 역사 1백년과 예수영화들』(김형규 외 4인 옮김, 백림출판사, 2004)의 내용을 바탕으로 작성함.

57) 김윤지, 「예수영화 THE JESUS FILM의 원형과 그 흐름」, 『현대영화연구』 3, 한양대 현대영화연구소, 2007, pp.50~51.

58) 안신, 「영화의 상상력과 다문화 종교교육-영화에 나타난 예수의 이미지를 중심으로」, 『종교교육학연구』 32, 한국종교교육학회, 2010, p.72.

데밀 감독의 <왕중왕(The King of Kings)>(1927)은 무성영화들 가운데 가장 극찬을 받은 예수영화로서 제작과정에서 종교계의 조언을 받고 촬영장에서 예배를 장려하는 등 영화를 통한 선교를 의도하였던 작품이다. 데밀은 예수의 탄생보다도 치유자로서 예수의 활동에 더 집중하였다. 예수의 죽음에 대한 책임을 유대인과 그 자손이 아닌 대제사장 가야바 개인에게만 국한시킨 점도 주목할 만하다. 32년 뒤에 비슷한 제목으로 제작된 브론스턴의 <왕중왕(King of Kings)>(1959)은 백부장 루시우스, 어머니 마리아, 제자 유다와 죄수 바라바의 역할을 더 확대하였다. 예수는 혁명가 바라바와 대조를 이루며 평화주의자로 등장하므로 예수와 관련된 무력충돌의 장면은 영화에서 모두 배제되었다.

예수의 삶을 직접적인 주제로 삼지는 않았지만 동시대의 유대인과 로마인의 갈등을 그린 영화가 바로 와일러 감독의 <벤허>(1959)이다. 부제가 "그리스도의 이야기(A Tale of the Christ)"로 붙여질 만큼 예수의 치유능력이 부각된 작품이다. 갈리선의 노예로 끌려가는 벤허에게 물을 건네는 예수, 십자가의 길을 걸으며 쓰러진 예수에게 물을 건네는 벤허, 십자가의 죽음으로 나병에 걸린 벤허의 모친과 누이가 치유함을 얻는 장면 등이 인상적으로 구성되어 있고, 폭력적 인간으로서의 벤허가 평화의 인간으로 변화되는 과정을 그리고 있다. <벤허>는 상업적으로 가장 성공한 예수영화들 가운데 하나이다. 11개의 아카데미상을 휩쓸 정도로 상업적으로도 크게 성공하였다. 기존의 예수영화들과는 달리 예수 자체의 이야기보다는 그 의미를 살리는 대안적 영화의 흐름을 대표하는 영화로 기억되고 있다.

스티븐스 감독의 <위대한 이야기(The Greatest Story Ever Told>
(1965)는 미국에서 촬영되었고 요한복음을 기초로 성서에 예언된 메
시아로서 예수의 정체성이 강조되었다. 스웨덴 출신의 북유럽 예수는
고통을 감내하는 완고한 인물로 등장한다. 이듬해 파솔리니 감독의
<마태복음>(1966)은 남부 이탈리아에서 촬영되었고 교황 요한 23세
에게 헌정되었다. 이전의 예수영화들이 공관복음 혹은 사복음서에 기
초하여 제작된 것과는 달리 한 개의 복음서를 원작으로 선택하여 제
작함으로써 복음서 저자의 신학적 관점을 강조하는 '편집비평'의 영
향을 보여 준다. 다큐멘터리영화의 효과를 높이기 위하여 흑백필름으
로 촬영되었고 종말론의 요소를 제거하고 현명한 스승과 예언자로서
의 예수의 이미지를 강조하였다. 예수의 죽음에 대한 책임이 유대 종
교지도자들뿐만 아니라 모든 인류에게 있다는 암시를 주고 있다. 파
솔리니는 1세기 유대지도자들과 20세기 이탈리아 가톨릭교회의 유사
성을 강조하며 제도교회의 잘못을 영화를 통하여 비판하였다. <마태
복음>의 이탈리아판은 1964년 가을에 제2차 바티칸 공의회와 연계
하여 상영되었다.

1973년에는 이전에 볼 수 없었던 노래하고 춤을 추는 예수들이
영상 속에 등장하였다. 주이슨 감독의 <예수 그리스도 슈퍼스타>와
그린 감독의 <가스펠(Godspell)>은 각각 록오페라와 뮤지컬을 원작
으로 하여 제작되었다. 1960년대의 록음악과 청년문화를 반영하며
베트남전쟁과 인종분리 정책에 반대하는 반문화적 성격을 보여 준
다. 사복음서를 원작으로 하고 있지만 감독의 상상력이 더 큰 몫을
차지하고 있다. <슈퍼스타>는 이스라엘 사막을 배경으로 버스를 타
고 배우들이 등장하면서 시작되고 예수의 마지막 수난주간을 다룬

다. 무덤과 부활은 언급되고 있지 않지만 십자가 사건을 정점으로 배우들이 버스에 다시 올라타며 막을 내린다. 예수(테드 닐리 분)는 백인, 유다(칼 앤더슨 분)는 흑인, 막달라 마리아(요네 엘리만 분)는 동양인이 배역을 담당하고 있어 인종적 대비가 눈에 두드러진다. 기존의 예수영화들과는 달리 고뇌하는 유다와 막달라 마리아의 역할이 확대되었고 예수의 인성이 더 강조된다. 이 영화는 대중매체에서 가장 뛰어난 스타로서 예수를 "슈퍼스타(Superstar)"로 선언한다.

반면에 <가스펠>은 뉴욕 맨해튼을 배경으로 예수가 슈퍼맨 복장을 한 어릿광대로 등장하여 공생애를 보낸다. 십자가형 대신에 경찰에 체포되어 전기의자에서 예수는 처형된다. 아홉 명으로 등장하는 제자들도 예수의 죽음 이후에 사회로 돌아감으로써 부활사건에 대한 명시적 언급이 없다. 예수는 폐품처리장에서 활동하며 사회의 제도권에서 소외당한 이탈자 히피(Hippie)의 모습으로 활동한다. 성서의 내용보다는 영화가 제작된 시대의 가치관을 효과적으로 반영한 예수영화이다.

제피렐리 감독의 <나사렛 예수(Jesus of Nazareth)>(1977)는 예수(로버트 파웰 분)가 유대인이었다는 사실을 매우 사실적으로 묘사하고 있다. 제2차 바티칸 공의회의 영향을 받았지만, 이전의 예수영화들과 같이 공관복음서의 전통을 이어 갔다. 영화는 모로코와 튀니지에서 촬영되었으며 정경뿐만 아니라 외경의 내용도 사용되었다. 특히 유대교 회당의 모임, 유대교 결혼식, 예수의 할례, 유대교 성년식(바르 미츠바), 유대교 신앙고백(쉐마) 등이 자세히 나온다. 메시아로서 자의식을 갖게 된 예수는 회당에서 이사야서의 두루마리를 읽는 동안 계시가 실현되었다고 선포한다. 이사야서 53장의 '고난받는

종'으로 행동한 예수는 베드로에게 교권을 인정하고 반유대주의를 거부하는 것으로 표현됨으로써 개봉 전부터 천주교인과 유대교인의 지지와 찬사를 받았지만 신학적 반성이 없다는 점에서 자유주의 개신교 신학자의 비판을 받았다.

복음주의 신학노선을 지향하는 대학생선교회(Campus Crusade for Christ)와 창세기프로젝트의 재정적인 지원을 받은 헤이먼 감독은 누가복음을 토대로 <예수(Jesus)>(1979)라는 다큐멘터리영화를 만들었다.[59] 흥미로운 부분은 예수가 유대인의 십자가 처형에 책임이 있다는 암시를 피하려고 했다는 점이다. 빌라도 총독이 사형선고를 내리고 유대교 제사장들이 음모를 한 것이지 유대인 전체의 책임은 아니라는 해석을 내리고 있다.

스콜세지 감독의 <그리스도 최후의 유혹(The Last Temptation of Christ)>(1988)이 개봉되었을 때 사탄의 유혹에 빠진 예수(윌렘 데포 분)의 연약한 모습과 가상적 결혼과 출산은 기독교인들의 호된 비판을 받았고, 한국에서도 기독교의 반대에 부딪혀 2002년이 되어서야 개봉되었다. 그러나 필리핀과 남아공 및 싱가포르에서는 아직도 상영이 금지된 상태이다.

성서에 알려져 있지 않은 예수의 삶에 대한 영화도 제작되었다. 달라트리 감독의 <에덴의 정원(Garden of Eden)>(1999)은 생애를 시작하기 직전의 12세부터 30세까지 예수의 알려지지 않은 생애를 구체적으로 그렸다. 랍비였던 아버지 요셉이 사망하자 예수는 인도

---

59) 대학생선교회는 영화 <예수>를 http://www.jesusfilm.org/film-and-media/watch-the-film에 무료로 제공하고 있다. 한국대학생선교회도 예수영화를 이용한 선교활동을 하고 있다. 한국어, 영어, 중국어, 일어로 번역하여 판매하고 있다. http://kccc.org/?Code=D00600&type=html (접근: 2009.12.12.).

를 포함한 다양한 지역으로 여행을 떠나며 구도의 생활을 하였다. 이후 그는 임박한 종말을 기다리며 율법과 정결한 삶을 강조하던 에세네파의 쿰란공동체에 머물지만 하나님과의 직접적인 경험과 사회적 실천의 중요성을 주장하며 새로운 가르침을 전하는 것으로 그려진다.

21세기에 접어들면서 예수의 고통이 유난히 강조된 영화가 등장하였다. 보수적인 가톨릭 신자 깁슨이 감독하고 제작한 <예수의 고난(The Passion of the Christ)>이 2004년 영국에서 개봉되었을 때 반유대주의를 조장하고 지나친 폭력장면이 묘사되어 있다는 비판을 받았다.60) 그러나 배우들이 아람어와 라틴어 및 히브리어를 사용함으로써 역사적 사실성을 높이고 예수의 고난을 상세히 전달하는 데 성공하였다고 극찬한 기독교인들은 유럽에서 급격하게 후퇴하고 있는 기독교의 영향력을 회복하는 좋은 계기로 간주하며 영화를 기독교적 시각에서 감상하고 묵상하는 일련의 프로그램을 시민들에게 제공하였다. 종교를 주제로 한 영화는 영화관의 스크린에서 그 수명을 다하는 것이 아니라 그 영화의 의미를 재해석하고 공동체적으로 공유하며 신앙의 깊이를 돈독히 하는 문화매체로서 활용되고 있다. 그러나 깁슨의 <예수의 고난>은 사우디아라비아, 쿠웨이트, 바레인에서 상영이 금지되었는데 도대체 무엇이 무슬림들을 그토록 자극하였던 것일까?

2008년 이란의 탈레브자데 감독이 제작한 <메시아(The Messiah)>는 지금까지의 기독교 입장의 예수 이해와 차별화를 선언하며 이슬

---

60) Paula Fredriksen, "Responsibility for Gibson's Passion of Christ", *The Responsive Community*, Winter 2004, pp.59~63; Amitai Etzioni, "Gibson's Odious Film", *The National Law Journal*, Feb. 2004, p.23.

람의 독특한 예수관을 소개하고 있다. 코란과 이슬람 전통에 의지하여 예수가 십자가에 달리기 전에 알라의 은혜로 기적적으로 승천하였고 대신에 예수를 제사장에게 판 유다가 예수의 모습과 목소리로 변하여 십자가에 처형되었다고 묘사하였다. 우리가 주목해야 할 점은 비교종교학의 관점에서 기독교의 예수 이해를 먼저 화면으로 보여준 후에 다시 그 내용을 이슬람의 관점에서 정정하는 형식으로 이슬람의 예수 이해를 전달하고 있다는 점이다.

예수의 탄생과 깊은 연관이 있는 마리아에 대한 영화들도 다종교 종교교육을 위하여 주목할 만하다. 2006년에 개봉된 하드윅 감독의 <위대한 탄생(The Nativity Story)>은 최초의 여성 감독이 만든 예수 관련 영화로서 여성으로서 마라아의 고뇌와 갈등을 섬세하게 분석하고 있다. 반면에 2007년 이란에서 개봉된 바흐라니 감독의 <성녀 마리아(Saint Mary)>는 코란과 이슬람 전통에 기초하여 예언자 예수의 모친에 대한 이슬람의 이해를 형상화하였다. 성서에 등장하는 배우자 요셉은 등장하지 않으며 마리아 홀로 사막에서 대추나무 아래에서 예수를 출산하고 그녀를 비방하는 종교 지도자들 앞에 등장한다. 아기 예수가 신의 예언자라고 말하는 기적을 행하자 마리아를 비방하던 모든 이들은 놀라고 동방박사는 예물을 바치며 경배하는 것으로 묘사되었다. 이와 같이 예수영화에서 예수의 이미지는 작가별로, 장르별로, 주제별로, 문화별로, 종교전통별로 다양한 형태로 표출되어 왔다.

2. 예수영화의 원형

① 〈왕중왕(The King of Kings)〉(데밀, 1927)

<왕중왕>은 예수영화 중 가장 많은 사람이 관람한 영화이다.[61] 이 영화는 예수의 일생을 완벽하게 재현한 작품으로, 다른 예수영화와 비교할 때 가장 성서와 유사하게 연출되었다는 평가를 받고 있다. 즉, <왕중왕>이 가장 경건한 예수영화의 전형으로서 그 권위를 인정받고 있다는 의미이다.

데밀의 <왕중왕>은 제작 기간만 2년이 넘게 소요되었으며, 약 7만 여 명의 엑스트라와 360개의 세트에서 예수의 생애와 부활의 이야기를 촬영하였다. 이 영화는 사복음서의 내용을 총망라하여 연출되었다는 점에서 예수영화의 전형이 되었다. 이런 점에서 <구유에서 십자가까지>와 비교된다. 왜냐하면 <구유에서 십자가까지>는 성서를 바탕으로 하기보다는 2차 자료인 <티솟 성경>을 바탕으로 하였다는 점에서 성서를 벗어난 자료이므로 전형성을 획득하지 못하였다.

<왕중왕>은 제작되는 동안 독실한 성공회 신자였던 데밀이 직접 연출하고 조지 앤드류(George Andrew) 목사와 다니엘 A. 로이드(Daniel A. Lloyd) 예수회 신부, 브루스 바튼(Bruce Barton) 등의 자문을 통해서 제작되었다. 데밀이 완성해 낸 사복음서의 '공관적 예수 이야기'는 예수영화를 분류할 때, 공관적 예수영화와 비공관적 예수영화를 나누는 기준으로 역할하고 있다.

한편, 성서의 내용은 대중들에게 익히 알려져 있기 때문에 픽션의

---

61) W. 반즈 테이팀, 『예수영화 100년: 영화의 역사 1백년과 예수영화들』 (김형규 외 4인 옮김, 백림출판사, 2004), p.85.

내용을 첨가하기가 조심스럽다. 그런데 데밀의 <왕중왕>은 영화의 도입부에 픽션의 이야기를 삽입함으로써 관객의 흥미를 끌었다. 그 내용은 성서 마태복음의 내용 중 반셈주의(Anti-Semitism)의 부분을 삭제함으로써 20세기 초 미국 사회의 전반적 분위기를 충족시킬 수 있었다. 다시 말해, <왕중왕>은 인종차별적인 사회문제를 영화를 통해서 견제한 사회적 기여도 있다.

<왕중왕>은 서사로서의 예수 이야기의 전형만 만든 게 아니라 새로운 예수를 묘사하였다는 점에서도 전형성을 인정받는다. 즉, 이 영화에서 묘사되는 예수는 기적을 보이는 치유자의 모습으로 연출되고 있다. 기적은 예수의 초자연적인 모습을 보여 주는 것으로 인간적 예수가 아니라, 신으로서의 예수, 하나님의 아들로서의 예수를 영화에 그려 냈다.

그리고 예수의 고통을 묘사하고 있는 부분은 수난극의 전통을 따르고 있지만, 이전의 영화들과는 차별화되고 있다. 거대한 세트장으로 만든 골고다 언덕, 골고다 언덕에 군집한 인파가 보여 주는 눈물과 경건한 태도, 십자가에 매달려 있는 예수의 모습 등은 이전의 영화와는 다르게 세련되게 처리되었다. 부활의 장면도 이전의 영화보다 예수의 모습이 더 성스럽게 묘사되고 있다.

요컨대, <왕중왕>에서의 예수 원형은 예수의 인간적인 모습보다는 사복음서의 내용을 충분히 반영한 하나님의 아들로서의 예수(신으로서의 예수)의 이미지이다. 이러한 이미지는 예수를 신앙의 대상으로 보는 종교영화(예수영화)의 전형이 되었으며, 경건한 스펙터클 영화로서 흐름을 오랫동안 유지하였다.

3. 예수영화의 새로운 양상

데밀의 <왕중왕>을 니콜라스 레이(Raymond Nicholas Ray)가 1961년에 리메이크하였다. 그는 예수를 골고다 언덕으로 끌어올리는 장면에서 십자가 윗부분을 집중적으로 확대하는 데밀의 오마주 전통을 따르고 있다. 그러나 레이는 요세푸스(Flavius Josephus)의 글을 반영하여 새로운 장면을 만들면서 데밀의 <왕중왕>과 차별성을 만들기도 하였다.

레이의 <왕중왕>은 1934년 미국에 가톨릭 품성위원회가 설치된 이후에 만들어진 예수영화의 첫 작품이라는 점에서 관심을 끌었다. 그는 사복음서 중 요한복음에 묘사된 평화의 메시아로서의 예수를 보여 주고자 하였지만, 냉전시대에 개봉한 탓에 관객들로부터 초호화 종교영화에 대한 혐오와 시대에 걸맞지 않은 주제라는 평가를 받았다.

① 〈마태복음(Vangelo Second Matteo)〉(피에르 파올로 파졸리니, 1964)

이 영화는 사복음서 중 마태복음의 내용을 충실히 따른 영화로, 전통적인 예수에 대한 접근방식이 다르다. 소위 대안적 접근방식을 취하고 있는 파졸리니는 1960년대 성서비평의 방식이었던 '편집비평(Redaction Criticism)'을 영화에 도입하였다. 그리고 당시 컬러영화와 대형 스크린이 유행하던 때에 다큐멘터리와 비슷한 방식인 '네오리얼리즘' 방식으로 영화를 제작하였다.

그리고 이전의 예수영화가 주목했던 하나님의 아들로서의 예수가 아닌, 혁명가로서의 예수 또는 인간적 예수의 이미지를 그려 내고 있다. 영화에서의 예수의 이미지는 목수의 아들이자 방랑자의 모습으로 그려지며, 종교인보다는 비종교인에게 더 설득력 있는 모습으로 연출되었다. 물론 영화의 후반부에서는 인간적 예수가 신성을 회복함으로써 종교계의 반발을 무마시켰고, 1964년 베니스 영화제에서 심사위원 특별상을 수상하기도 하였다.

② 〈위대한 생애(The Great Story Ever Told)〉(조지 스티븐슨, 1965)

이 영화는 예수가 살았던 당시의 시대적 상황과 현실보다는 예수의 생애에 집중하고 있으며, '육화된 하나님의 말씀'으로 묘사된다. 다시 말해, 감독은 예수의 메시지를 살아 있는 하나님의 말씀으로 전달하기 위해서 영화를 제작하였다. 영화 속 예수는 극도로 절제된 모습으로 나타나고 있으며, 메시지에 초점이 맞춰져 있다. 당시 흥행에는 실패했지만, 사복음서를 철저하게 반영하면서 예수의 생애를 경건하게 연출한 최고의 작품이라는 평가를 받았다.[62]

③ 〈지저스 크라이스트 슈퍼스타(Jesus Christ Superstar)〉(노만 주이슨, 1973)

이 영화는 사복음서의 내용을 기초로 제작되었지만, 상상력을 발휘한 이야기가 상당 부분 포함되어 있다. 예수의 고난주간을 다루면서 수난극의 전통을 따르고 있지만, 막달라 마리아와 가롯 유다의 역할과 의미를 확대하여 보여 주고 있다. 영화 속 예수의 이미지는

---

62) 마이켈 우드, 『영화 속의 미국』, 현대미학사, 1994, p.177.

죽을 수밖에 없는 인간적 모습으로 묘사된다. 이 모습은 예수가 십자가에서 죽을 때 "내가 왜 죽어야 합니까?"라는 대사를 남기는데, 이 모습은 이전의 예수영화와 현저히 다른 부분이다. 이것은 이 영화가 전통적 성서의 관점과 신학에서 벗어나 있음을 보여 준다.

그럼에도 불구하고 이 영화가 뮤지컬로도 만들어지면서 지속적 사랑을 받는 이유는 예수영화의 대안적 경향을 창출했다는 점이다. 다시 말해, 이 영화가 사복음서의 내용을 기본으로 하고 있지만, 공관복음서의 내용과 상충하는 이야기를 묘사하면서 표현의 자유를 쟁점화시켰다는 의미에서 주목되었다.

④ 〈예수(Jesus)〉(존 헤이먼, 1979)

이 영화는 사복음서 중 누가복음의 내용(보수주의 기독교 신자들이 좋아하는 복음서)을 철저히 그려 냈다. 데밀이 연출했던 공관적 접근의 <왕중왕>과는 다르며, 파졸리니의 <마태복음>과 맥락을 같이한다. 영화는 누가복음의 순서대로 예수의 잉태와 탄생, 십자가 고난, 부활과 승천으로 진행된다. 이 영화는 예수영화의 대안적 전통에 따라서 복음서 내용을 묘사하였지만, '유한한 인간'으로서의 예수가 당시에 어떻게 생활하였는지에 대해서 묘사하였다. 결국, 이 영화 속 예수의 이미지는 다른 예수영화보다 균형 잡힌 예수의 모습으로 그려졌다.

⑤ 〈그리스도 최후의 유혹(The Last Temptation of Christ)〉(마틴 스콜세지, 1988)

1980년대 이후 예수영화는 여러 가지 변형이 생겨났다. 이 영화는 기존의 예수영화의 전형성이었던 사복음서를 탈피하여, 기독교인들의 반감을 불러일으켰다. 이 영화 속 예수의 이미지는 '주저하는 메시아'로서, 이전과는 전혀 다른 예수의 이미지였다. 이 영화는 카잔차키스(Nikos Kazantzakis)의 소설을 원작으로 삼았다.

영화의 구성은 세 부분으로, 처음과 마지막은 상상력에 의한 허구이며, 중간은 복음서의 내용을 따르고 있다. 가장 논란이 되었던 부분은 예수가 자신을 향한 최후의 유혹을 거부하고 십자가에서 죽음을 맞이하는 장면이다. 영화에서 예수는 바울과 상상 속 대화를 하는데, 예수의 십자가 고난과 부활에 대해서 설교하던 바울이 십자가에서 내려온 예수와 설전을 벌이는 장면이 나온다. 바울은 "나는 사람들이 원하고 또 믿는 진실을 만들어 냈소"라고 예수와 대화를 나누는데, 이 대화는 '역사적 인물로서의 예수'와 '그리스도로서의 예수' 사이의 바울의 대답으로 해석될 수 있다는 점에서 신성모독 논란에 휩싸였다. 이 영화에 대해 관객들의 반응은 냉담했다.

⑥ 〈패션 오브 크라이스트(The Passion of Christ)〉(멜 깁슨, 2004)

이 영화는 형식상 수난극 전통을 잇고 있으며, 21세기 첫 예수영화라는 점에서 주목되었다. 그러나 십자가에 달리기 전 12시간 동안의 예수 수난을 재현하는 것에 너무 집중하였기 때문에, 예수의 신성과는 무관한 표현의 잔혹성 논란을 불러일으켰다. 즉, 이 영화는 예수의 구원의 의미와 메시지의 함의를 간과하여, 스스로가 종교적 색체를 포기하고 폭력의 도착적 쾌락만을 추구하였다는 비판을 받았다.

그러나 이 영화가 지닌 사회적 의미도 있었다. 이 영화는 기존의 예수영화가 보여 주지 못했던 '우리 죄의 희생자' 모습의 예수를 부각시킴으로써, 당대 대중들이 요청했던 메시아의 모습을 전달하였다. 2001년 9·11 사태 이후 미국 사회에서 '위대한 희생자'라는 관념이 영화 속 예수의 이미지와 맞닿아 있었기 때문이다. 종교적 의미가 점점 쇠퇴하고 있었던 21세기에 새로운 예수 이미지를 선보임으로써 상업적으로 성공할 수 있었다는 점에서 의의가 있다.

요컨대, 예수영화는 시대의 산물로 존재해 왔다는 점이다. 경건한 시대의 산물로 공관적 예수영화가 존재했으며, 권위를 파괴하고 자유를 표방한 시대의 예수영화는 대안적인 방법으로 제작되었다. 종교적 의도와 시대상과 산업과 예술로 기능하는 영화의 여러 가지 속성이 얽혀서 예수영화라는 장으로 만들어진 것이다. 이러한 점에서 예수영화는 계속해서 만들어질 것이다.

제10장 나오며: 한국 종교영화의 특징과 과제

서구 종교영화는 그 내용에서 '예수'와 관련된 영화가 압도적으로 많으며, 하나의 장르로서 예수영화가 만들어져 있다. 그런데 한국 종교영화는 아직 '종교영화'라는 개념조차도 일반화되지 않았으며, 종교영화라는 포괄적 개념보다는 개신교영화, 불교영화, 천주교영화 정도의 몇 개의 종교전통별 영화로 불리고 있다. 그리고 그 내용의 대부분은 선교(포교)를 목적으로 만든 영화라는 점에서 선교(포교)영화의 의미가 강하다. 물론 예수영화의 의미도 선교영화의 의미가 강하기는 마찬가지이지만, 예수영화의 전형성을 탈피한 영화들이 전개되고 흥행했다는 점에서 한국 종교영화와 차이가 있다.

본 장에서는 한국 종교영화가 서구 종교영화와 비교할 때 그 특징이 무엇으로 대별될 수 있는지를 세 가지 차원에서 제시한다.

1. 한국 종교영화의 특징

① 한국 종교영화는 기독교 전통의 종교영화에 치우쳐 있다.

본 연구에서 다루었던 190여 편의 한국 종교영화 중 개신교와 천주교 영화는 절반 정도로서 80여 편이 넘는다. 물론, 이러한 경향은 서구 종교영화에서도 비슷한 현상이다. 그러나 서구의 종교전통이 기독교 중심이라면, 한국의 종교전통이 비기독교전통(무교와 불교 등)이 주류화되어야 하지 않았을까? 이러한 현상이 나타나지 못한 것은 영화라는 미디어와 종교전통별 친연성과의 관련성도 영향을 주었기 때문이다.

근대 이후 한국 종교지형의 변화는 사회의 근대화 및 서구화에 따라서 서구의 종교였던 개신교와 천주교가 지배적인 종교로 나타났다. 서구 종교들이 한국 사회를 빠르게 변화시켰기 때문에 한국 종교영화의 장르적 특징, 종교전통별 편향에도 영향을 주었다.

② 종교혐오 또는 종교비판과 관련된 종교영화의 대두이다.

최근 들어와서 한국 종교영화는 특정 종교전통별 종교영화보다는 특정 종교전통을 대별하거나 아예 여러 개의 종교전통을 아우르고 있는 종교영화가 대두되고 있다. 이것은 최근 한국 사회가 종교에 대해서 부정적인 인식을 갖고 있음을 알게 하고, 영화적 장치로써 종교에 대한 비판을 시도하고 있다는 점에서 특징적이다. 이러한 현상은 서구의 예수영화가 전형성에서 벗어나 대안적 접근방식을 취했던 현상과 유사하다.

2. 한국 종교영화의 과제

한국 종교영화는 아직 장르로서 분류되고 있지 못하고 있으며, 어떤 영화를 종교영화로 볼지에 대해서도 기준이 명확하지 않다. 그리고 이에 대한 공론화 및 합의도 일치하지 않고 있다. 이러한 상황에서 신광철은 각 종교전통의 영화를 한국 종교영화로 분류하였다. 물론 본 연구도 이러한 현실을 반영하여 본문의 내용을 구성하였다.

요컨대, 본 연구는 한국 종교영화의 유형을 각 종교전통별 여섯 가지 유형으로 분류하여 1) 한국 무속영화, 2) 한국 불교영화, 3) 한국 유교영화, 4) 한국 천주교영화, 5) 한국 개신교영화, 6) 한국 신종교영화로 유형화하였다. 그리고 종교전통별로 유형화된 한국 종교영화를 내부자와 외부자의 시선으로 채워진 교리·신화·의례, 사회·윤리적 측면의 내용으로 각각 분석을 시도하였다.

본 연구는 한국 종교영화를 통사적 관점 속에서 각 종교전통별 종교영화를 서술하였고, 이에 대한 서술의 내용을 내부자와 외부자의 시선으로 분석하였다는 점에서 의의가 있다. 물론 처음 시도되는 연구이기 때문에, 한국 종교영화의 범주 설정 문제, 방대한 자료의 해석에 따른 분석의 입체성이 요구되나 그렇지 못했던 점, 종교영화에 대한 다양한 관점의 피드백 등에서 본 연구의 한계가 있었다. 이러한 문제는 본 연구의 과제이면서 동시에 한국 종교영화의 과제이기도 하다. 따라서 향후 한국 종교영화를 서술할 때 이 점을 고려한 연구가 요청된다.

부록: 한국 종교영화 DB 목록63)

1. 한국 무속영화

밝아가는 인생	
감독	이규환
제작연도	1933
상영시간	
개봉극장	우미관
출연	노강, 서월영
관람객 수	
흑백/컬러	
평가	
내용	어느 농촌의 가난한 집 아들 제호와 부잣집 아들 경수는 친형제처럼 다정한 사이다. 소학교를 졸업한 뒤 경수는 서울로 진학의 길을 떠나고 제호는 홀어머니를 모시고 중학 강의록으로 공부한다. 어느덧 5년의 세월이 흘러 제호는 마을에 야학을 차리고 가난한 집 아이들을 가르치게 되었는데, 어느 날 경수네 집에서 무당을 불러 놓고 굿을 하자 제호는 그 자리로 달려가서 미신타파의 일장연설을 늘어놓아 굿판을 난장판으로 만든다. 이에 앙심을 품은 무당들이 제호를 습격하여 심한 상처를 입히나, 때마침 서울에서 돌아온 경수가 제호를 격려하며 자신도 농촌을 위해 노력할 것을 다짐한다. 이 영화는 일제시기 제작된 무성영화로, 한국 무속을 미신으로 규정한 일제의 종교정책과 근대 교육의 관점에서 한국 무속이 계몽되어야 할 대상으로 이미지화되고 있는 사회 현실을 반영하고 있다.
포스터	

---

63) 한국 종교영화 DB 목록에 수록된 영화 정보는 한국영상자료원 영상도서관(www.koreafilm.or.kr/library) 정보와 네이버 영화정보(movie.naver.com), 다음 영화정보(movie.daum.net) 등을 기초로 작성되었는데, 목록에 제시된 대부분의 내용은 오류가 없는 한 원자료를 그대로 소개하였음.

배뱅이굿	
감독	양주남
제작연도	1957
상영시간	117분
개봉극장	수도
출연	조미령, 이은관, 염석주, 복혜숙, 이기홍, 정애란, 박응수, 송해천, 이은주
관람객 수	
흑백/컬러	
평가	
내용	앞집에는 세월네, 뒷집에는 네월네, 가운데 집에는 배뱅이가 살고 있다. 배뱅이는 시주승에 반해 상사병에 걸려 죽는다. 지나가던 건달이 주막에 들렀다가 이 사실을 알게 되어 배뱅이네 집에 찾아가서 원혼을 풀어 주어야 한다고 굿을 하게 하고 눈치로 때려잡아 명박수 노릇을 하여 넉넉한 노자를 마련해 가지고 떠난다.
포스터	

갯마을	
감독	김수용
제작연도	1965
상영시간	91분
개봉극장	명보
출연	신영균, 고은아, 이민자, 황정순, 이낙훈, 조용수, 김정옥, 김 옥, 정득순, 문미봉, 추 봉, 박 철, 노 강, 윤양일, 석운아, 윤식옥, 신상근, 이영식, 김귀화, 이군자, 조순미, 정지양, 김수연, 유혜경, 김성환, 김동민, 이형환, 이귀동, 전계현
관람객 수	100,000명
흑백/컬러	흑백
평가	1966년 제5회 대종상영화제 촬영상, 여우조연상, 최우수작품상, 편집상/2002년 제6회 부천국제판타스틱영화제 초청/2016년 제22회 브졸국제아시아영화제 초청/2019년 제14회 런던한국영화제 초청/2019년 제9회 서울국제프라이드영화제 초청
내용	바닷가 갯마을, 해순(고은아)의 남편 성구(조용수)와 동생 성칠(이낙훈), 순임(전계현)의 남편 등 마을 남자들을 태운 고깃배가 출항한다. 배가 돌아올 무렵, 거센 폭풍우가 불자 마을 아낙들은 성황당에 모여 기도를 올린다. 하지만 살아 돌아온 성칠은 형 성구가 죽었다고 전하고, 어머니(황정순)와 해순은 무당(전옥)을 통해 혼백을 건진다. 한편 상수(신영균)는 과부가 된 해순을 끈질기게 쫓아다니다 결국 관계를 맺는다. 상수가 주막에서 해순이 자기 여자라고 마을 남자들에게 떠벌리는 것을 본 성칠은 어머니에게 해순을 개가시키자고 한다. 해순은 상수와 함께 마을을 떠나 채석장에서 일하다, 힘든 채석장 일 대신 주막에서 일하게 된다. 해순을 빌미로 주막에서 살인사건이 일어나자 상수는 해순을 데리고 다시 산속으로 들어가 나무일을 하게 된다. 사냥꾼이 해순을 겁탈하려 하자 상수가 그를 죽이고 해순의 목을 조른다. 그녀가 기절하자 상수는 약을 구하러 내려간다. 그사이 깨어난 해순이 상수를 찾는 소리에 상수가 뛰어오다가 절벽 밑으로 떨어져 죽는다. 혼자 장례를 지낸 해순은 다시 갯마을로 돌아오고, 아낙들과 시어머니는 그녀를 반갑게 맞는다.
포스터	

석화촌	
감독	정진우
제작연도	1972
상영시간	96분
개봉극장	국도
출연	윤정희, 김희라, 윤일봉, 김신재, 이예춘, 윤인자
관람객 수	59,094명
흑백/컬러	컬러
평가	1972년 제11회 대종상영화제 녹음상, 음악상/1972년 제9회 청룡영화상 최우수작품상, 남우조연상, 여우조연상/2008년 제8회 광주국제영화제 초청/2014년 제19회 부산국제영화제 초청
내용	서해의 외딴섬에서 생업을 석화(굴)에만 의존하는 이곳 주민들은 바다에 빠져 죽으면 다음 사람이 죽을 때까지 저승에 오르지 못한다는 미신 속에 살고 있다. 별례의 아버지가 바다에서 죽고 뒤따라 어머니가 투신한다. 어머니의 혼백을 승천시켜 준다는 조건으로 별례는 강 주사의 병든 외아들 이식에게 시집간다. 고기잡이에서 돌아온 거무는 이를 알고 무너진 사랑에 분노한다. 하지만 강 주사가 수장시킨 것은 산 사람이 아니라 죽은 사람이라는 것이 밝혀지고 거무는 별례를 빼앗아 전마선에 태우고 뭍으로 향한다. 별례는 거무 몰래 배 밑창에 구멍을 뚫는다. 그 사실을 안 거무와 별례는 바다 한가운데서 옥신각신하지만, 멀리서 큰 배 기적소리가 울리고, 거무의 애원에 별례는 죽음을 단념한다. 한편, 강 주사의 병든 외아들은 물에 빠져 시체로 해안가에 돌아온다. 거무와 별례에 대해서는 소문만 무성할 뿐 아무도 소식을 알지 못한다.
포스터	

무녀도	
감독	최하원
제작연도	1972
상영시간	110분
개봉극장	국도
출연	윤정희, 신영일, 김창숙, 허장강, 사미자, 조용수, 임생출, 임성포, 최 삼, 손 전, 황 민, 곽태용, 김소조, 이정애, 김경한, 김지영, 정미경, 정경화
관람객 수	84,349명
흑백/컬러	컬러
평가	1972년 제19회 아시아태평양영화제 기획상
내용	모화는 이름난 무녀이나 어민촌에 예수교가 들어와서 모화의 신격은 타락하기 시작한다. 아들 욱이가 예수교를 공부하고 온 것을 안 모화는 노여움에 욱이에게 든 잡귀를 쫓기 위해 굿을 하고 성경책을 찢는다. 두 모자의 보이지 않는 싸움은 끝내 모화의 가정에 파경을 가져온다. 마침 물에 빠져 죽은 어느 부인의 시체를 찾기 위해 굿을 나가는 모화는 정말 영험한 신령이 누구인가를 보여 주겠다고 결심한다. 그러나 신령 난 굿을 하여도 시체는 떠오르지 않는다. 굿을 계속하여 차츰 물속으로 들어가는 모화는 끝내 다시 나타나지 않는다.
포스터	

배뱅이	
감독	김기 / 곽정환
제작연도	1973
상영시간	74분
개봉극장	
출연	신영일, 여수진, 장욱제, 박주아, 신수강, 전 숙, 배수천, 이연숙, 손복희, 이희숙, 조영준, 최원실, 정상수, 황진미, 이한민, 박남희, 박종범, 박귀연, 한광수, 서진원, 박희준, 이권열, 박소연, 정영애, 이은관, 김민선, 권다향, 송일근
관람객 수	
흑백/컬러	컬러
평가	
내용	권문세가 오판서는 정적인 정 감사를 유배시키고 그의 아들 정 도령을 인질로 자기 집에 잡아 둔다. 과부가 되어 친정에 있던 오 판서의 딸은 정 도령을 사모하게 되나, 정 도령은 정승골의 양반집 처녀 배뱅이와 정혼한 사이라고 오 낭자를 물리친다. 질투에 눈이 어두운 오 낭자는 도사 무당으로 가장, 배뱅이를 산속으로 유인해 죽여 버린다. 장례식 날, 배뱅이의 관이 움직이지 않아 배뱅이굿을 벌이며 정 도령으로 하여금 배뱅이의 혼과 정절을 위로하게 하여 장례를 무사히 마친다. 한편 배뱅이의 원혼에 시달리던 오 낭자는 반미치광이가 되어 벼랑에서 떨어져 죽고 사련과 미신을 악용하던 무리는 망한다.
포스터	

반혼녀	
감독	신상옥
제작연도	1973
상영시간	90분
개봉극장	중앙
출연	리 칭, 이승용, 김무영, 주 영, 고선애, 김기주, 이병희, 신찬일, 진봉진, 이승일, 홍성중
관람객 수	26,632명
흑백/컬러	컬러
평가	
내용	한 도령은 돈 천 냥을 가지고 연화의 집으로 가야 했으나 그만 산적에게 빼앗겨 옛 하인인 장쇠네 집에서 지내게 된다. 자신의 배필인 한 도령을 못 보고 죽은 연화의 혼령이 한 도령에게 매일 밤 나타나 이승에서 못다 한 정을 나눈다. 장쇠는 상전이 귀신과 놀아나는 것을 보고 무당을 불러 굿을 하고 부적을 붙이지만 효험이 없다. 결국 한 도령 스스로가 정신을 차려 연화의 혼령을 멀리하지만, 연화의 청에 따라 마지막 부부의 정을 나눈 뒤 연화가 떠돌이 원귀의 굴레에서 벗어나 저승에 가도록 한다.
포스터	

박수무당	
감독	임원식
제작연도	1974
상영시간	95분
개봉극장	스카라
출연	하명중, 박지영, 김희라, 허장강, 윤인자
관람객 수	1,697명
흑백/컬러	컬러
평가	
내용	윤씨 집안의 외동딸 소진은 궁녀가 되어 궁궐로 들어간다. 소진을 사랑하는 무당의 아들 명원은 여자 무당으로 변장하고 궁궐로 잠입한다. 거기에서 그는 궁녀들에게 사랑의 기교를 가르친다. 소진에게 나쁜 귀신에 씌었다는 소문이 퍼져 그것을 물리쳐야 할 필요가 생기자 명원과 소진은 3일 동안 단둘이 있게 된다. 그렇지만 3일간의 사랑이 끝난 후 소진은 강물에 몸을 던진다.
포스터	

한네의 승천	
감독	하길종
제작연도	1977
상영시간	110분
개봉극장	
출연	하명중, 황 해, 전영선, 국정환, 도금봉, 박정자, 김신재, 최남현, 이 향, 장 혁
관람객 수	
흑백/컬러	컬러
평가	극단적인 클로즈업과 롱숏을 병치하는 기법을 사용해 극의 충격효과를 배가하고 있고, 파편화됐던 내러티브는 하나로 뭉치면서 명료한 형태로 떠오르는 등 놀라운 순수성과 창의성, 그리고 고도의 지성이 빚어낸 작품이다. 문화공보부 지정 1977년 상반기 우수영화
내용	한국 고유의 토속적인 무속마을에 제사굿이 행해질 무렵 한네라는 여인이 선녀당에서 죽음을 기도하다가 머슴 만영의 구원을 받는다. 만영이는 한네에게 애정을 쏟지만 마을에서는 제사굿에 부정이 탄다고 쫓아내자고 한다. 마을에서 제사가 한창 진행 중일 때 탈을 쓴 재수 마님 윤필주가 한네를 범하고 마는데, 과거에 만영의 어머니도 윤필주의 욕정의 재물이 되었던 것이다. 한네는 필주사건으로 선녀당에서 떨어져 죽으며, 자신이 필주의 아들임을 알게 된 만영도 한네의 뒤를 따라 선녀당에서 죽음을 택한다.
포스터	

초분	
감독	이두용
제작연도	1977
상영시간	95분
개봉극장	명보
출연	김희라, 정혜경, 윤일봉, 나시찬, 엄유신, 김정하, 강효실, 김경란, 정미경, 최정미, 현길수, 노사강, 이병만, 박종우, 김백수, 서평석, 윤일주, 임해림, 최 일, 정영국, 박 돌, 권일수, 이 백
관람객 수	83,164명
흑백/컬러	컬러
평가	1977년 제16회 대종상영화제 남우조연상
내용	남해 초도의 어부 소돌은 5년 전 친구 살해사건으로 복역하던 중에 모친상을 당해 간수와 동반하여 7일간의 휴가를 얻어 고향으로 돌아오는데, 난데없이 5년 전의 시체가 떠올라 미역밭에 미역이 썩자 인심이 흉흉해져서 모든 것을 소돌이의 탓으로 여긴다. 소돌의 난처함을 보고 간수는 5년 전의 사건을 조사한다. 뭍으로 나가려는 젊은이와 관광개발지로 팔려는 섬의 정신적인 지배자인 당무당과, 섬과 초분을 지키려는 노인들 간의 대립이 한창일 때 간수가 당무당의 부정을 당국에 알리자, 당무당은 혼령의 환영에 쫓겨 벼랑에서 떨어져 죽고 소돌의 조카 임자만이 소돌을 대신하여 섬을 지킨다.
포스터	

이어도	
감독	김기영
제작연도	1977
상영시간	110분
개봉극장	
출연	이화시, 김정철, 박정자, 박 암, 권미혜, 최윤석, 여 포, 고상미, 이정애, 손영순, 유순철, 김소조, 한세훈, 송 억, 홍성중, 이영호, 홍성호, 강지웅, 차명화, 곽 건
관람객 수	
흑백/컬러	컬러
평가	
내용	제주도 부근의 작은 섬 파랑도를 찾은 선우현(김정철)은 4년 전 일을 떠올린다. 당시 관광회사 기획부장이었던 선우현은 제주에 '이어도'라는 관광호텔을 건설하기 위해 홍보사업의 일환으로 이어도를 찾는 배타기 행사를 벌인다. 취재차 배에 오른 제주신문사 기자 천남석(최윤석)은 행사를 당장 중단하고 뱃머리를 돌리라고 요구하지만, 선우현은 이를 묵살한다. 그날 밤, 천남석이 배 위에서 실종되고 선우현은 경찰로부터 살인혐의를 받는다. 무죄를 선고받고 풀려난 선우현은 여전히 그를 살인자라고 비난하는 제주신문사 편집장(박암)과 함께 천남석의 죽음의 원인을 밝히기 위해 그의 고향인 파랑도를 찾아간다. 선우현은 그곳에서 무당(박정자), 천남석의 동거녀였던 박 여인(권미혜), 천남석이 끌어들여 그곳에서 살게 된 서울 친구 등을 만나 그의 과거를 추적한다. 그리고 그의 첫 번째 애인이자 술집 작부인 민자(이화시)를 만나 천남석의 진실을 들은 후, 그녀와 성관계를 맺는다. 한편 무당은 천남석을 죽인 것은 이어도의 물귀신이라며 그 물귀신으로부터 그의 육체를 빼앗아 오기 위해 굿거리를 한다. 무당의 예언대로 천남석의 시체가 바닷가로 떠밀려 온다. 무당은 죽은 천남석의 몸에 정충이 살아 있다며, 민자에게 천남석의 아이를 가질 기회를 준다. 그리고 다시 현재, 선우현은 바닷가 언덕에서 남자아이를 데리고 온 민자와 마주친다.
포스터	

물도리동	
감독	이두용
제작연도	1979
상영시간	105분
개봉극장	서울
출연	한소룡, 김영란, 현길수, 신우철, 최성관, 김애라, 태 일, 한국남, 김정아, 석인수, 윤일주, 임해림, 최 일, 한명환, 정규영, 최재호, 김월성, 서평석, 황춘수, 이 백, 이경우, 백 달, 문철재, 이정애, 나정옥, 정미경, 양 춘, 임예심, 안동 별신굿 극회
관람객 수	28,631명
흑백/컬러	컬러
평가	1979년 제26회 아시아태평양영화제 시대극 배우상
내용	물도리동 마을은 열다섯 살의 과부신인 무신생 서낭님을 주신으로 모시고 있다. 이 고을 영주의 아들이 물에 빠져 죽자 영혼을 안식하기 위해 죽은 자와 산 자의 결혼을 합리화시키기 위해 산주에게 별신굿을 강요한다. 산주는 별신굿은 10년에 한 번 신탁에 따라 지내는 제사이므로 신탁이 없으면 불가하다고 거절한다. 그러나 별신굿은 행해지고 영주의 사생아 허 도령은 시집오는 부용에게 숙명적인 사랑을 느낀다. 신방에서 신세를 한탄하던 부용은 백정 탈을 쓴 사공에 의해 겁탈당하고, 신성한 가면이 불탄 마을은 엉망이 된다. 이때 신성가면을 만들라는 신의 계시가 허도령에게 내린다.
포스터	

신궁	
감독	임권택
제작연도	1979
상영시간	93분
개봉극장	대지
출연	윤정희, 김희라, 김 만, 방 희, 홍성민, 이예민, 김정란, 최나영, 주상호, 장인환, 김지영, 조학자, 박예숙, 손 전, 추 봉, 박 일, 김예성, 신찬일, 김승남, 최연수, 김신명, 최용원, 고애니
관람객 수	
흑백/컬러	컬러
평가	임권택 감독과 정일성 촬영감독의 첫 작품
내용	장선포 무당 어린년이가 죽자 아들 옥수와 결혼한 왕년이가 무당의 대를 잇는다. 어부가 소원이었지만 모친의 유언에 따라 옥수는 아내의 양궁이 노릇을 한다. 이 마을의 선주이며 악덕 고리대금업자 판수는 왕년이에게 흑심을 품고 옥수를 괴롭힌다. 왕년이는 배를 사서 옥수를 선주로 삼지만 판수의 계교에 말려 폭풍에 빠진 배를 구하다 죽는다. 모든 것이 판수의 탓이라 여긴 왕년이는 풍어로 축제굿이 한창 신명 날 때 신궁으로 판수를 향해 쏜다. 판수는 피를 흘리며 쓰러지고 왕년이의 얼굴에는 한 가닥 미소가 떠오른다.
포스터	

을화	
감독	변장호
제작연도	1979
상영시간	100분
개봉극장	명보
출연	김지미, 정애란, 백일섭, 이순재, 이대엽, 주혜경, 유장현, 김석옥, 장정욱, 장 훈, 지방열, 박종설, 김신명, 김경란, 권일정, 유송이, 김지영, 박부양, 주일몽, 김대연, 김나나, 정윤영, 박승하
관람객 수	111,572명
흑백/컬러	컬러
평가	1979년 제18회 대종상영화제 여우조연상 김동리의 동명 원작을 영화화
내용	아들 영술과 살아가던 을화는 어느 날 신내림을 받고 강신무가 된다. 그녀는 늙은 무당 빡지 대신 굿을 하며 박수무당 성방돌과 결혼해 딸 월희를 낳는다. 그러나 빡지무당의 굿보다 신통하다는 소문이 나자, 빡지무당은 을화와 갈등하고 난동을 피우다 경찰에 끌려가 마을을 떠난다. 유명한 무당이 된 을화에게 스님이 찾아와 교육을 시켜 주겠다고 영술을 데려가고 성방돌 역시 굿이 싫다며 그녀를 떠난다. 마을에 기독교 신자가 점점 늘어 가던 중 영술이 기독교 신자가 되어 나타난다. 모자의 갈등은 점차 깊어 가고 영술이 성경책을 태우는 어머니를 만류하자 을화는 환영 가운데 아들을 창으로 찌른다. 을화는 상처 입은 영술을 극진히 간호하며 계속 서양 귀신을 몰아내 달라며 빌고, 영술도 어머니를 구원해 달라고 기도드린다. 그러던 중 복수하기 위해 돌아온 빡지가 신당에 불을 지르고, 어머니를 구하기 위해 불길 속에 뛰어든 영술도 어머니와 함께 죽고 만다.
포스터	

장마	
감독	유현목
제작연도	1979
상영시간	114분
개봉극장	명동 코리아극장
출연	황정순, 이대근, 김신재, 김석훈, 선우용녀, 박정자, 주혜경, 강석우, 최용원, 김도희, 길달호, 김광일, 박기수, 강 희, 김영숙, 김승남, 김기범, 사원배, 박병기, 최연수, 이정애, 나정옥, 손 전, 최 삼, 김민규, 오세장, 추 봉, 강 철
관람객 수	
흑백/컬러	컬러
평가	"남과 북의 이데올로기에 의해 파생된 한 가족의 내적 갈등과 충돌이, 토속적 샤머니즘을 통해 해소된다는 민족 고유의 정서와 한을 투영한 영화"(신강호). 1979년 제18회 대종상영화제 우수작품상, 촬영상/1980년 제4회 황금촬영상영화제 은상
내용	외갓집 식구들이 피난을 오면서 동만의 집에는 친가 집 식구와 외갓집 식구가 함께 살고 있다. 장맛비가 쏟아지던 날 밤, 공비 소탕에 나섰다 전사한 아들(강석우) 생각에 잠겨 있던 외할머니(황정순)는 내리치는 천둥을 향해 빨갱이들을 쓸어 가라고 고함친다. 외할머니의 볼멘 고함 소리는 친할머니(김신재)의 신경을 건드린다. 친할머니의 둘째 아들이자 동만의 친삼촌(이대근)은 좌익 빨치산이었던 것이다. 이 일로 친할머니와 외할머니 사이에는 냉전의 기류가 흐른다. 그러던 어느 날, 동만은 낯선 남자에게 친삼촌이 집에 다녀갔다는 사실을 발설하고, 아버지(김석훈)가 형사에게 잡혀가는 사건이 벌어진다. 이 무렵 빨치산들이 읍내를 습격했다가 전원 사살당하는 사건이 발생하자, 동만의 아버지는 삼촌이 죽었을 것이라 단정한다. 하지만 친할머니는 이를 믿으려 하지 않고, 점쟁이를 찾아가 아들이 생존해 있다는 것과 집으로 돌아올 날짜를 듣는다. 점쟁이가 일러 준 날, 할머니는 음식을 장만하고 삼촌을 기다리지만 삼촌 대신 구렁이 한 마리가 집으로 들어온다. 외할머니는 구렁이를 삼촌의 넋이라 생각하고 넋을 달랜다. 그러자 구렁이는 집 안을 맴돌다 대문 밖으로 사라진다. 이 일을 겪은 후 친할머니와 외할머니는 화해한다.
포스터	

피막	
감독	이두용
제작연도	1980
상영시간	93분
개봉극장	단성사(서울)
출연	유지인, 남궁원, 황정순, 최성호, 김윤경, 현길수, 태 일, 전 숙, 방희정, 서정아, 최종순, 김범기, 최성관, 나정옥, 석인수, 임해림, 윤일주, 박종설, 정유영, 주일몽, 박 달, 나소운, 양 춘, 이정애, 국정숙, 김기범, 박광진, 신동욱, 이 백, 김경란, 정미경, 김애라, 권일정, 김월성, 김예성, 박부양, 이예성, 박예숙, 오세장, 김대현, 김애자
관람객 수	35,940명(서울)
흑백/컬러	컬러
평가	샤머니즘과 토속적 분위기는 이 영화에 괴이하고도 성적인 느낌을 강하게 부여해 주고 있으며, 사람이 죽기 직전 안치해 두었던 외딴집으로서 '피막'은 이승과 저승의 갈림길에 서 있는 장소를 의미하고 있다.
내용	장남 성민이 가망 없는 중병에 걸리자, 강 진사(최성호)와 노마님(황정순)은 전국에서 용하다는 무당을 불러 모은다. 그중 옥화(유지인)라는 무당이 영험한 모습을 보이자 이들은 옥화에게 굿을 해 달라고 부탁한다. 치성을 드리던 옥화는 마을 외딴 곳에 묻힌 호리병을 찾아내고, 그 호리병에 있던 원혼이 성민에게 씌어 병이 났다고 말한다. 이에 강 진사 집 사람들은 옥화에게 20여 년 전의 일을 들려준다. 남자들이 단명하여 청상과부가 넘쳐나던 강 진사 집안의 둘째 며느리(김윤경)가 정욕을 이기지 못해 은장도로 허벅지를 찔러 화농으로 죽어 가게 된다. 죽어 가는 사람을 버려두는 피막으로 며느리를 옮기게 한 노마님은 마지막 한을 남기지 않도록 피막지기 삼돌(남궁원)에게 그녀를 품도록 한다. 그러나 그녀는 삼돌의 극진한 치료로 살아나고 둘은 사랑하게 되어 임신까지 하게 된다. 그 사실을 알게 된 강 진사와 노마님은 남녀를 죽이고, 삼돌의 혼령을 호리병에 넣어 둔 것이다. 옥화가 굿을 하는 과정에 전날 옥화를 강간했던 강 진사의 숙부와 친척, 그리고 노마님이 갖가지 사고로 죽음을 당하고 성민은 살아난다. 그녀는 삼돌이 피막지기가 되기 전에 숨겨 둔 딸이었고, 자신의 아버지의 복수를 위해 이런 일을 벌인 것이다. 그녀는 피막으로 가 그간 그곳에서 억울하게 죽어 간 원혼을 달래고, 강 진사마저 죽이려다 마음을 바꿔 살려 준 후 피막과 자신을 함께 불태운다.
포스터	

무녀의 밤	
감독	변장호
제작연도	1982
상영시간	94분
개봉극장	국제(서울)
출연	장미희, 이영하, 정혜선, 윤일봉, 송재호, 김희라, 문정숙, 이해룡, 최성규, 임해림, 김종철, 김지영, 박예숙, 김경란
관람객 수	18,529명(서울)
흑백/컬러	컬러
평가	
내용	수희는 어머니가 무당이기 때문에 결혼이 파경에 이른다. 의과대학생인 정호는 가톨릭 신자로 자기 어머니에게 무당의 딸이면 어떠냐고 항의하지만 어머니의 완강한 반대로 방황하게 된다. 수희는 정호를 단념하고 평소에 친하게 지내는 기섭과 자주 만나게 된다. 또한 수희는 정호의 고모부인 이영후 화가와 알게 되어 그의 모델이 되기도 한다. 어느 날 이영후와 수희가 화실에서 정사하는 장면을 정호가 목격하게 되고 분노로 정신을 잃은 정호는 이영후를 칼로 찌른다. 이 충격으로 수희는 정신이상이 되어 병원에 수감된다. 어머니가 수희의 행복을 빌면서 자결하려는 순간 수희의 정신이상은 회복되어 집에 돌아오게 된다. 그 후 수희는 어머니의 업을 계승하여 어느 바닷가 용왕제를 지내러 떠난다. 정호는 감옥에서 출감하여 수희를 찾아 바닷가를 가지만 초연히 돌아온다.
포스터	

불새의 늪	
감독	고응호
제작연도	**1983**
상영시간	**88분**
개봉극장	
출연	원미경, 마흥식, 김추련, 홍성민, 김을동, 한성경, 유명순, 태 일, 이 백, 박 달, 박부양, 김애라, 서평석, 조학자, 장인환
관람객 수	
흑백/컬러	컬러
평가	
내용	현대의 기계문명에서 멀리 떨어진 외딴 섬마을. 무당의 딸인 봉은은 산신이 몸에 내렸다는 이유로 섬의 누구와도 혼례를 올릴 수 없는 몸. 통통배 주인 동천은 봉은과 혼례를 하려 하지만 무당인 신씨가 허락하지 않는다. 어느 날 서울에서 화가 서종훈이 이 섬에 있는 별장을 둘러보고 온다. 종훈은 우연히 봉은을 보게 되고, 이곳의 한의사인 김문의 도움으로 봉은은 종훈의 모델이 된다. 마을에는 봉은이 누드모델이 되었다는 소문이 퍼지고 화가 난 동천이 종훈을 구타하자, 위험을 느낀 봉은이 밖으로 뛰어나가고 이를 따르던 동천은 벼랑가로 떨어져 죽고 만다. 며칠 후 산신제 날, 무당 신씨는 종훈에게 액을 돌리고 봉은은 반미치광이가 되어 자기 집과 사당에 불을 지른다. 불길 속에 태연히 앉아 꽃처럼 죽어 가는 봉은….
포스터	

불의 딸	
감독	임권택
제작연도	1983
상영시간	108분
개봉극장	국제(서울)
출연	박근형, 방 희, 김희라, 윤양하, 최동준, 윤영애, 이경빈, 김운하, 김화영, 주상호, 이석구, 유명순, 남수정, 오영화, 성명순, 이금희, 홍동은, 전무송, 양택조
관람객 수	6,252명
흑백/컬러	
평가	1983년 제22회 대종상영화제 남우조연상, 특별상각색부문(극)
내용	잡지사 편집부장인 해준은 불의 여인의 환각, 시나위 가락의 환청으로 원인 모를 병에 시달린다. 병의 원인이 어머니와 관련된 것이라 확신한 해준은 어머니 용녀의 행방을 추적한다. 용녀는 남편을 비명에 잃고, 미신타파로 굿판을 잃어 실성한 무녀였다. 그 후 여러 남자와 인연을 맺고 방랑하는 생활을 하다가 결국 불속에 뛰어들어 자신의 한을 육신과 더불어 불사른다. 해준은 자신의 병이 무병임을 알게 되어 갈등하나, 결국 내림굿을 받음으로써 자신의 병을 치유받는다.
포스터	

화랭이	
감독	고응호
제작연도	1985
상영시간	85분
개봉극장	
출연	정은숙, 마홍식, 임영규, 박 암, 한은진, 전원주, 김현숙, 이순규, 남수정, 홍윤정, 방윤순, 나갑성, 김찬규, 안진수, 김영인, 장 철, 신찬일, 김우윤, 한동일, 강용규, 김형진, 정영길, 송일근
관람객 수	
흑백/컬러	컬러
평가	
내용	아이를 낳지 못하여 무당이 모여 사는 산골 무당인 초선의 집에 머물며 정성을 드리던 홍 참판 댁의 마님 윤소사는 세두무당과 관계를 맺는다. 한편 홍 참판 댁은 후처를 들이지만 그녀도 태기가 없자 남편 태호는 무당촌으로 윤소사를 찾아와 하룻밤을 보낸다. 그 후 태기가 생긴 윤소사는 다시 참판 댁으로 들어가나 태호는 자신의 자식이 아님을 알고 세두무당을 불러 부정굿을 하지만 굿이 절정에 달하자 세두는 태호를 죽이고 모든 사실은 밝혀진다. 그러나 노마님은 아기를 낳은 윤소사를 자결하게 하지만 하녀 분이의 설득으로 윤소사는 아기와 함께 자취를 감춘다.
포스터	

태	
감독	하명중
제작연도	1986
상영시간	105분
개봉극장	
출연	이혜숙, 마흥식, 채희아
관람객 수	
흑백/컬러	컬러
평가	
내용	외부와의 교류가 단절된 섬인 낙월도에는 최부자 등 몇몇 지주가 섬의 경제권을 독점하여 바다에서 잡은 고기를 빼돌리고는 명바위 수신 때문에 흉어가 들기 시작했다고 소문을 낸다. 그러고는 섬 주민들에게 이잣돈을 꾸어 주며 이를 미끼로 섬을 장악하자 종천과 귀덕은 섬을 되살리려고 노력하지만 최 부자들에게 빚진 주민들은 섬을 떠나거나 죽음을 당한다. 분노가 폭발한 종천은 최 부자 일당을 처치하나, 무당 청백이의 손에 죽으면서도 섬의 자유를 갈구하고 이제 자신을 깨달은 청백이는 무아지경에서 춤을 추다 벼랑에서 떨어져 죽게 된다. 마침내 귀덕은 종천과의 사이에서 태어나는 사내아이를 낳게 됨으로써 낙월도에는 평화가 다시 찾아온다.
포스터	

나그네는 길에서도 쉬지 않는다	
감독	이장호
제작연도	1987
상영시간	104분
개봉극장	허리우드
출연	이보희, 김명곤, 고설봉, 추석양, 유 순, 권순철, 김대환, 이은영, 김선애, 임귀련, 권용운, 임용규, 조선묵, 노인령, 최경아, 원미선, 박용수, 김세창, 오승환, 우옥주
관람객 수	
흑백/컬러	컬러
평가	이장호 감독 특유의 전위적이고 실험적인 영상미학과 화려한 테크닉이 돋보이는 몽환적인 영화 1987년 제2회 도쿄국제영화제 국제비평가협회상/1988년 제24회 백상예술대상 영화부문 특별상/1988년 제8회 한국영화평론가협회상 촬영상
내용	계해년이 저물어 가는 어느 날 순석(김명곤)은 3년 전에 죽은 아내의 유골을 바다에 뿌리기 위해 동해의 '물치'를 찾는다. 그는 아내의 뼈를 아내의 고향인 북녘 땅에 묻어 주고 싶지만 갈 수가 없다. 해안가에 유골을 뿌리려던 그는 해안경비원에게도 쫓겨난다. 그는 우연히 여관에서 병으로 누운 노인과 그를 시중드는 간호사(이보희)를 만난다. 이북이 고향인 노인은 가능한 한 북쪽 가까이에서 죽고 싶지만, 그의 아들은 그것을 이해하려 하지 않는다. 순석은 여관 주인에게 이들을 도와줄 수 없겠냐는 부탁을 받지만 거절한다. 그날 밤, 우연히 여관에 묵은 등산객과 어울리게 되어 작부를 소개받지만, 그녀는 갑자기 발작을 일으켜 죽는다. 또 다른 여관에서 묵으며 알게 된 작부 역시 죽고 만다. 노인의 아들은 부하 직원을 보내 노인을 데려가고, 남겨진 간호사와 순석은 서로의 삶을 이야기하며 맺어진다. 간호사는 자신이 관을 세 개 짊어진 남자를 만나 결혼하게 될 것이라는 무당의 점을 이야기하고, 순석은 그것이 자기일지도 모른다는 생각을 한다. 둘은 서울에 올라가 결혼하기로 하고 순석이 먼저 올라가 준비를 하고 있기로 한다. 둘이 부둣가에서 헤어지는 순간 굿판이 벌어지고, 간호사는 신의 부름을 받는 듯 가슴을 움켜쥐고, 순석에게 거대한 손이 환영처럼 떠오른다.
포스터	

사방지	
감독	송경식
제작연도	1988
상영시간	94분
개봉극장	아세아(서울)
출연	이혜영, 방 희, 곽정희, 박 암, 이경희, 이동신, 조성근, 조주미, 한영수, 이영길, 박용팔, 양일민, 남수정, 김지영, 최성관, 박예숙, 정미경, 강 희, 김경란, 유경애, 최연수, 김신명, 유일문, 정영국, 염태성, 이인숙, 오도규
관람객 수	40,221명(서울)
흑백/컬러	컬러
평가	
내용	흉악범과 미친 여자의 몸에서 양성을 지니고 태어난 사방지는 시주승의 구원을 받아 미륵사에서 성장하게 된다. 남편의 탈상제를 지내러 왔던 청상과부 이소사와 사방지는 운명적인 만남에 의해 속가로 내려와 육욕의 차원을 넘어선 정신적 사랑을 나누기에 이른다. 그러나 그들의 사랑은 집안 어른들에게 발각되고, 소사는 사방지를 배신한다. 분노로 구사일생 탈출하여 떠돌던 사방지는 무녀 묘화를 만나 사대부가 마님들을 상대로 복수를 시작한다. 그러나 묘화는 가문의 남자들에 의해 죽고 쫓기던 사방지는 소사와 재상봉하나 문중 어른들의 추궁으로 소사는 자결을 택하고 사방지도 그녀를 따른다.
포스터	

한줌의 시간 속에서	
감독	백일성
제작연도	1993
상영시간	116분
개봉극장	코아아트홀(서울)
출연	전무송, 이미경, 양금석, 상일환, 탁정은, 김규민, 이가영, 최성관, 손 전, 백 송, 박민호, 최성웅, 최 선, 추석양, 김애라, 한국남, 김세동, 김성호, 전국향, 하호이, 권오철, 이지은, 이안나, 김명곤, 손병호, 이상훈, 황우연, 장혜정, 이미용, 이윤숙, 서현선
관람객 수	5,226명(서울)
흑백/컬러	컬러
평가	1993년 제4회 춘사영화제 심사위원 특별작품상
내용	1930년대, 충남의 한적한 해안가를 독일의 유명 대학 고고학과 교수인 노교수가 늙고 병든 몸을 이끌고 고향인 이곳을 찾는다. 예전에는 융성했던 집이 이제는 폐허가 다 되었다. 노교수에게는 언제나 그리움으로 다가서는 어머니와 아버지, 여자 친구인 영애, 그리고 어릴 적 자신의 모습이 지금의 누추함을 덜어 주는 유일한 희망이다. 이 마을의 아리따운 무녀는 절망을 안겨 주고 걸레쪽처럼 마을에 떠도는 문둥이들은 죽어 가는 자신의 투영으로 나타난다. 과거와 현재, 삶과 죽음, 아름다움과 추함의 대비로 삶의 애잔함과 막연한 그리움이 세밀하게 그려진다.
포스터	

그 섬에 가고 싶다	
감독	박광수
제작연도	1993
상영시간	101분
개봉극장	호암아트홀, 코아아트홀, 신촌아트홀, 뤼미에르
출연	안성기, 문성근, 심혜진, 안소영, 이용이, 김용만, 허준호, 김일우, 민경진, 박부양, 유순철, 강선숙, 이용녀, 박용팔, 임예심, 조학자, 이윤미, 김영란, 이해식, 임일찬, 임진택, 조혜은, 박현주, 이두일, 조현태, 권태원, 허석도, 김선재, 최형인, 이경영, 명계남, 최우혁, 정성목, 주선웅, 윤동원, 김보경, 김경재, 허장근, 정미마, 박혜미, 유선정
관람객 수	147,310명(서울)
흑백/컬러	컬러
평가	한국전쟁의 비극과 트라우마를 영화화한 코리안 뉴웨이브 세대의 대표작(이승훈) 1994년 제32회 대종상영화제 의상상/2015년 제2회 사람사는세상영화제 초청작
내용	문재구는 자신을 고향인 섬에 묻어 달라는 아버지 문덕배의 유언에 따라 꽃상여를 싣고 섬으로 향한다. 섬에 가까워지자 섬사람들의 맹렬한 반대가 시작되고, 혼자 섬에 도착한 재구의 친구 김철은 네 여인에 대한 추억과 그해 여름날의 한 사건을 떠올린다. 한국전쟁이 일어나던 해, 딸을 잃고 정신 나간 넙도댁, 타고난 색기를 지닌 벌떡녀, 죽은 엄마의 영혼을 만나게 해 준 업순네, 그리고 마을 아낙들이 억지로 시집보낸 날 늙은 신랑을 내쫓고 아이들과 놀아 주고, 혼수상태의 철에게 젖을 물려 주던 옥님이. 무장한 인민군이 반동분자 색출을 시작하자, 모든 사태가 섬에서 쫓겨난 덕배의 농간이라 생각한….
포스터	

태백산맥	
감독	임권택
제작연도	1994
상영시간	168분
개봉극장	국도, 단성사, 씨네하우스(서울)
출연	안성기, 김명곤, 김갑수, 오정해, 신현준, 최동준, 정경순, 방은진, 이호재, 정진권, 국정환, 신동호, 박용진, 안석환, 윤주상, 권태원, 김길호, 최종원, 최일순, 이해룡, 나갑성, 박정규, 오지혜, 박승태, 김경애, 박현아, 이미경, 이인희, 송희연, 박홍근, 김필국, 임기빈, 박길수, 조태봉, 이석구, 주영선, 양택조, 김기종, 하덕성, 이도련, 최성관, 손 전, 유연수, 조용태, 안병경, 홍원표, 김기천, 김재엽, 임진택, 이정훈, 윤혜영, 홍원선, 문지현, 주상호, 정진완, 오희찬, 추 봉, 유일문, 신동욱, 조학자, 김경란, 남정희, 정미경, 전 숙, 안진수, 이예민, 김우석, 서평석, 유경애, 정미자, 최민금, 김경호, 이종상, 오도영, 윤일주, 박부양, 한명환, 박용팔, 김기범, 박종설, 길달호, 홍충길, 석인수, 임예심, 유명순, 강 희, 김애라, 최연수, 김한준, 양재경, 윤동원, G-DRAGON, 주선웅, 김미림, 임다빈, 윤성구, 이창세, 김병재, 배장수, 송용덕
관람객 수	227,813명(서울)
흑백/컬러	컬러
평가	1994년 제30회 백상예술대상 영화부문 대상/1994년 제15회 청룡영화상 작품상, 남우조연상, 여우조연상/1994년 제5회 춘사영화제 새얼굴 남자 연기상, 작품상, 우수연기상(여), 촬영상, 조명상/1995년 제33회 대종상 영화제 심사위원특별상, 남우주연상, 음악상, 여우조연상
내용	해방 후 좌우익의 대결이 심화되는 파란의 역사 속에서 1948년 10월 여순반란사건이 터진다. 염상진을 중심으로 한 좌익들은 벌교를 장악, 반동을 숙청해 나가다가 반란군의 패퇴와 함께 조계산으로 후퇴한다. 돌아온 경찰 등 우익세력은 좌익 연루자와 가족들을 조사하고, 대동청년단 감찰부장 염상구는 형 염상진에 대한 증오심으로 이 일에 앞장서 빨치산 강동식의 아내를 겁탈하는 등 못된 짓을 일삼는다. 한편 도당 직속 정하섭은 무당 소화의 집에 잠입하고 소화는 심부름을 해 주면서 둘 사이에는 신분을 초월한 사랑이 싹튼다. 순천중학 교사이며 민족주의자인 김범우는 좌우익 양쪽 모두 비판하지만 오히려 빨갱이로 몰려 고초를 겪는다. 율어를 해방구로 장악한 염상진 일행에 대해 토벌대 대장 심재모와 김범우는 민족의 문제를 자각, 합리적이고 온건한 정책을 펴 나가나 지주들의 반발에 부딪힌다. 결국 심재모는 율어탈환에 성공하지만 전출당하고 만다. 김범우는 이데올로기의 광기에 희생되는 사람들의 모습을 아파하면서 전쟁을 예감하는데, 염상진의 빨치산은 1949년 겨울부터 군경의 동계대토벌작전으로 혹독한 굶주림과 절망 속에서 전쟁이 터졌다는 소식을 듣게 된다. 인민공화국 초기 각종 정책에 그 나름대로 기대를 가졌던 사람들은 현물세 징수와 인민재판 등에 점차 실망하게 되고, 숨어 있던 염상구와 염상진이 숙명적으로 만나게 된다.

| 포스터 |  |

비디오 리츄얼	
감독	김윤태
제작연도	1998
상영시간	12분
개봉극장	
출연	
관람객 수	
흑백/컬러	컬러
평가	1997년 제2회 광주 비엔날레 초청/1998년 제3회 부산국제영화제 와이드앵글 부문 상영/1999년 제12회 싱가포르 국제영화제 공식 상영/1999년 제36회 터키 안탈랴 국제영화제 실험영화 경재 부문
내용	수면 위로 여인의 시체가 떠오르듯 죽음은 현실의 표면을 깨고 나온다. 산 자에게 남겨진 것은 돌연한 생명의 끝을 사회적으로 인준하는 과정, 죽음을 보내는 의식이다. 카메라는 시체를 닦아 내고 처리하는 손과 함께 죽은 이를 염하고, 가족들과 함께 장례를 치르고, 마침내 그녀를 화장시키는데…. 인터-텍스트 형식의 콜라주 작품. 제의와 무속의 의식에 비친 삶과 죽음의 경계를 주제로 구성되었던 이 전시의 주제 영상으로 만들어진 이 작품은 많은 부분이 16mm film으로 촬영되었고 제의와 사멸한 신체, 그리고 관능에 관한 감독의 다른 작품인 'Wet dream'과 '다우징'의 장면들도 변형되어 사용되었다. 아울러 무속에 관한 다큐멘터리와 장례를 다루고 있는 몇몇 극영화의 장면들도 일부 발췌되어 자유롭게 편집되었다.
포스터	

영매(산 자와 죽은 자의 화해)	
감독	박기복
제작연도	2003
상영시간	100분
개봉극장	하이퍼텍 나다(서울)
출연	설경구, 채둔굴, 채정례, 한용심, 김영희, 박영자, 김금화, 이해경, 박미정, 김금순, 김두남, 조중애, 함인천, 박병원, 박진섭, 김석출, 포항 방석 2리 주민들, 단골들 강신무 박미정)
관람객 수	15명
흑백/컬러	컬러
평가	2002년 제7회 부산국제영화제 운파상 2007년 제1회 시네마디지털서울영화제 초청
내용	죽은 자와 이야기하는 사람들이 있다. 경외와 천대를 동시에 받으며, 살아 있으면서도 귀신에 더 가까운 취급을 받는 그들… 영매! 죽은 사람들의 메신저로 살아가야만 하는 운명을 지닌 영매들의 고단한 삶과 그들이 펼치는 굿판에 우리가 살아가며 서로에게 지운 상처와 한, 그리고 화해와 치유의 감동적인 드라마가 펼쳐진다.
포스터	

사이에서	
감독	이창재
제작연도	2006
상영시간	98분
개봉극장	
출연	이해경, 황인희, 손명희, 김동빈, 이창재
관람객 수	21,712명
흑백/컬러	컬러
평가	2006년 제7회 전주국제영화제
내용	28세의 인희는 집안이 파산하고, 오빠가 큰 교통사고를 당하는 등 가족에게 끊임없는 사고가 잇따르고 급기야 자신에게도 원인 모를 상체 마비 증세까지 찾아오자 이를 불길한 징조로 받아들여 무당 이해경을 찾는다. 무당으로부터 그의 어머니가 신내림을 받지 않아 대를 걸러 자신이 신내림을 받아야 할 운명이라는 점괘를 듣는다. 그녀는 가족의 불운을 막기 위해 무당으로 한평생을 살아야 할지 혹은 지독한 운명에 맞서 싸워야 할지를 놓고 방황한다. 아홉 살의 동빈은 갑자기 왼쪽 눈을 특별한 이유 없이 실명하고 갖은 병고를 다 치르는 가운데 일상생활에서 신을 보게 된다. 동빈의 모친은 이러한 조짐을 신병으로 이해하여 아이에게 내림굿을 받아 무당을 시켜야 한다는 받아들이기 힘든 이야기를 듣는다. 그녀는 무당 이해경을 찾아 신내림을 성년이 될 때까지만이라도 늦춰질 수 있도록 누름굿을 받게 해 달라고 부탁한다. 무당 이해경은 다섯 살 된 아들이 원인 모를 병으로 죽고 자신마저 병고로 죽음의 위기에 놓이자 무당으로서의 운명을 받아들인다. 그리고 온갖 천대와 사회적 멸시 속에서도, 신과 인간 사이의 중재자로서의 자신의 소임에 충실하고자 자신을 찾는 여러 제자들을 하나둘씩 거둬들인다. 그중 자기 품에서 사라진 아들과 동격인 9살 애기무당 동빈이나, 젊은 시절의 자신을 그대로 빼닮은 인희는 해경에게 있어 저주스러우면서도 안타까운 자신의 또 다른 페르소나다. 무당은 신과 인간, 이승과 저승, 현실과 비현실 사이에서 떠돌며, 때로는 영혼의 조언자로, 때로는 저주받은 신의 사제로, 신이 내린 그들의 무거운 숙명을 짊어지고 5,000년을 이어 가고 있다.
포스터	

신도안	
감독	박찬경
제작연도	2008
상영시간	45분
개봉극장	
출연	
관람객 수	
흑백/컬러	컬러
평가	2009년 제6회 서울국제실험영화페스티벌
내용	종교와 무속, 역사와 현재, 다큐멘터리와 허구의 경계를 넘나드는 총 6 장의 이야기로 짜여 있다. 이 안에서는 조선시대 새로운 도읍지로 예견되었으며, 식민지시대를 거치면서 1960년대에 이르기까지 각종 신흥종교와 무속신앙의 집산지로 발전했던, 그리고 1960년대 이후 대대적인 정화 사업을 거쳐 대규모 군사 시설이 안착하기까지 다양한 변화를 겪은 '신도안'의 다층적 면모가 펼쳐진다. 특히 보도 사진, 기록 영상물, 객관적인 텍스트에 인터뷰 육성, 주문을 비롯한 각종 소리, 구성진 노래 등이 어우러지면서 이는 새로운 유토피아를 기원하는 한 편의 정교한 텍스트 영상물이 된다.
포스터	

비단꽃길	
감독	김정욱
제작연도	2010
상영시간	91분
개봉극장	
출연	김금화, 서갑숙, 김경화, 김금전, 오태운, 김혜경, 조성연, 이순애, 오순근, 박봉덕, 박이섭, 이진하, 이은미, 김일경, 조장복, 권오준, 김동호, 김건우, 최정원, 안주영, 손보명, 장익노, 고선화, 임삼연, 조황훈, 신현재, **Andrea Kalff, Benjamin Cordero, John Elder**
관람객 수	910명
흑백/컬러	컬러
평가	
내용	신과 인간의 소통을 위한 매개자, 과거와 현대를 아우르는 예술가! 귀하고 고운 비단꽃… 나라만신 김금화! 신과 인간을 매개함으로써 삶과 죽음을 넘나드는 무당을 일컫는 말 '만신.' 국태민안을 돌보는 나라만신이자, 전 세계가 인정한 한국의 전통 무용가였고, 교황청이 존경하는 동양의 종교인이자, 세상 그 누구보다 순수한 여인 '만신 김금화.' 언제나 타인의 말을 전하는 그녀의 삶 속에는 어떤 이야기들이 담겨 있는지 우리는 알지 못한다. 신내림이라는 기구한 운명에서 무형문화재로 거듭나며 한국의 무속 문화의 새로운 역사를 창조한 그녀의 파란만장한 일생! 무당이라는 베일에 가려진 한 여성의 슬프도록 아름다운 길이 바로 지금부터 펼쳐진다.
포스터	

만신	
감독	박찬경
제작연도	2013
상영시간	104분
개봉극장	
출연	김금화, 문소리, 류현경, 김새론, 김상현, 백수련, 김영선, 김혜경, 이순애, 이상우, 김정헌, 권남희, 홍요섭, 백지원, 살레 아이샤, 정지수, 최서영, 최정안, 이다해, 방인혜, 故 김경화, 김금전, 김정헌, 윤하민, 윤사비, 이태석, 김대환, 김성구, 박성용, 강민석, 송예섭, 박소영, 김건아, 김익현, 김상돈, 김필동, 김민지, 문영민, 이숙자, 안데스, 오영민, 김중기, 이명행, 신연숙, 김새벽, 류혜영, 이화룡, 정우식, 이정호, 김태진, 장현아, 김지현, 조슬예, 홍석연, 이상희, 이용녀, 송유담, 박찬국, 박영복, 전소현, 김은주, 여승재, 김상일, 곽영숙, 오영민, 배영한, 오태운, 오순근, 박이섭, 조성연, 장현아, 김경미, 이은미, 강선숙, 김안수, 조은희, 이승준, 김경태, 최교식, 방윤철, 정경임, 박주철, 김지곤, 한송화, 임태진, 이재순, 고태현, 이선주, 정민주, 안명주, 한선희, 오영민, 김익현, 권용득, 김혜경, 이순애, 김경미, 안드레아 칼프, 허윤희, 최정원, 김경미, 고선화, 감혜경, 이순애, 이진하, 황석영, 김혜경, 이순애, 최정원, 김경미, 임삼련, 고선화, 하효길, 김혜경, 김경미, 김건우, 헨드리케 랑에, 송영길, 박호상, 김일경, 서경숙, 오태운, 오순근, 박이섭, 김혜경, 조성연, 김건우, 김경미, 안주영, 황루시, 조영수, 조황훈, 김인회, 황루시, 오태운, 오순근, 박이섭, 김혜경, 이순애, 김건우, 이진하, 김현석, 이은미, 김일경, 조황훈, 서경숙
관람객 수	36,602명
흑백/컬러	컬러
평가	2014년 제2회 무주산골영화제 뉴비전상/2015년 제2회 들꽃영화상 감독상
내용	넘세, 신을 만나다. 일제강점기, 14살의 금화 '넘세'(김새론)는 위안부 소집을 피해 시집을 가지만 시댁의 모진 구박과 배고픔을 견디지 못하고 친정으로 도망친다. 남들이 보지 못하는 걸 보고, 듣지 못하는 걸 듣는 남다른 아이였던 넘세는 고통스러운 신병을 앓으며 유년 시절을 보낸다. 새만신, 신을 받다. 1948년, 열일곱 비단꽃 같은 소녀 '금화'(류현경)는 운명을 피하지 않고 신내림을 받아 무당이 된다. 한국전쟁이 발발하자 남과 북의 스파이로 오인받아 수차례 죽을 고비를 넘기면서 도자와 죽은 자의 아픔을 위로한다. 만신, 신과 살아가다 1970년대, 중년이 된 '금화'(문소리)는 만신으로서 이름을 알리지만 새마을운동의 '미신타파' 움직임으로 탄압과 멸시를 받는다. 여인으로서, 무속인으로서 힘겨운 삶을 살아가면서도 위엄과 자존감을 잃지 않던 그녀는 자신의 삶을 적극적으로 바꿔 나가며 대한민국 최고의 나라만신으로 거듭나게 된다.

| 포스터 |  |

허창열씨 오구굿	
감독	강지원
제작연도	2013
제작의도	
상영시간	32분
개봉극장	
출연	허창열, 선영욱
관람객 수	267명
흑백/컬러	컬러
평가	2013년 제12회 미장센단편영화제
내용	망자의 혼을 달래 극락왕생을 비는 오구굿은 굿에 참여한 이승의 산 자와 저승의 망자에게는 한바탕 잔치이자 그것 자체가 한국 연희 역사의 중요한 예술적 전통이다. 카메라는 오구굿을 준비하는 허창열 씨 친구들의 모습과 망자의 혼이 굿판에 불리어 나오는 과정을 담담히 담아낸다.
포스터	

2. 한국 불교영화

마음의 고향	
감독	윤용규
제작연도	1949
상영시간	76분
개봉극장	수도
출연	변기종, 유 민, 오헌용, 최은희, 김선영, 남승민, 석금성, 최운봉, 차근수
관람객 수	100,000명
흑백/컬러	흑백
평가	문화재청 제345호 문화재 등재 필름(2007.9.17.) 신파성을 배제하고 산사의 고요한 생활을 담담하게 포착해 내어 촬영과 연출력을 인정받은 작품으로 해방 후의 촬영기술과 연출력을 확인할 수 있는 영화 2016년 제22회 브졸국제아시아영화제 초청/2019년 제14회 런던한국영화제 초청
내용	도성(유민)은 어린 시절 어머니에게 버려져 먼 친척인 주지 스님(변기종) 손에 자라난 어린 스님이다. 그는 항상 한 번도 뵙지 못한 어머니를 그리워한다. 어느 날 도성은 자기 또래의 자식을 잃고 공양을 드리기 위해 찾아온 미망인(최은희)을 보고 어머니와 같은 정을 느낀다. 미망인 역시 도성을 자식처럼 귀여워하며 수양아들로 삼을 생각을 하고 주지 스님에게 청을 드리나, 도성의 업이 많아 세상에 내보낼 수 없다는 거절의 답을 듣는다. 어느 날 어린 도성을 버리고 다른 남자와 도망갔던 도성의 어머니(김선영)가 찾아와 주지 스님에게 도성을 내어 달라고 한다. 그러나 주지 스님은 이 청을 거절하고, 도성이 미망인의 수양아들로 들어가는 것을 허락한다. 어머니는 자신을 밝히지 않은 채 도성을 만난 후 슬퍼하며 떠난다. 그러나 도성이 미망인과 함께 서울로 떠나려는 즈음, 어머니에게 드릴 비둘기 깃털 부채를 만들고자 비둘기를 잡았다는 사실이 밝혀지고, 주지 스님은 크게 분노하여 도성을 세상으로 내보내지 않기로 한다. 얼마 후 도성은 어머니가 절에 찾아왔고 자신이 그녀를 몰라봤다는 것을 알고 어머니를 찾아 절을 나선다.
포스터	

성불사	
감독	윤봉춘
제작연도	1952
상영시간	
개봉극장	부민관(부산)
출연	윤상희, 이빈화, 이창섭, 이춘아, 이선경, 이향춘, 이숙원, 송 영, 이은영, 윤태영, 이금룡
관람객 수	
흑백/컬러	
평가	이빈화(여우) 데뷔작 / 국방부장관 우수영화상 표창
내용	윤상희는 징병을 기피하기 위해 중병을 앓는 것처럼 가장하고 성불사에 들어간다. 그 사실을 안 주지승은 윤상희에게 생사에 관한 섭리를 설법하여 그로 하여금 회개하고 자진 입대하게 한다.
포스터	

꿈	
감독	신상옥
제작연도	1955
제작의도	
상영시간	74분
개봉극장	시공관
출연	황 남, 최은희, 장 일, 양 운, 고설봉, 최 룡
관람객 수	
흑백/컬러	흑백
평가	제28회 베니스국제영화제 출품 / 1954년 11월 14일, 서울신문 등의 신문 기사에는 1954년 12월 개봉예정으로 보도되었으나, 한국영화진흥조합 발간 한국영화총서에는 1955년 1월 16일 개봉한 것으로 기록되어 있음.
내용	젊은 승려 조신은 태수의 딸 달례의 아름다운 미모에 매혹되어 그와의 백년가약을 축원했다. 그러나 달례는 모례 화랑의 소유가 되고 만다. 어느 날 밤 법당 문을 살그머니 열고 들어선 달례는 조신의 품에 안겨 먼 길을 떠난다. 이것을 안 화랑은 비수를 들고 조신에게 복수 한다. '앗' 하고 깨어난 순간 그것은 조신의 꿈이었다.
포스터	

무영탑	
감독	신상옥
제작연도	1957
제작의도	
상영시간	119분
개봉극장	국립
출연	최은희, 한은진, 곽 건, 김승호, 송 억, 강계식, 장일호, 장 훈, 노능걸, 임 손, 김 학, 이기홍, 박승문, 백 송, 김진림, 고설봉, 김칠성, 정 철, 한장봉, 김용덕, 장봉자, 양미희, 정남홍, 노재신, 김옥경, 안장명, 김혜란
관람객 수	
흑백/컬러	흑백
평가	<꿈>(1955년)에 이은 신상옥 감독의 사극 멜로드라마로 고증을 통한 미니멀리즘적인 배경과 의상 등이 돋보이는 작품이다.
내용	신라 경덕왕 10년 사월 초파일, 유종의 딸 구슬아기(최은희)는 경덕왕의 불국사 행차에 동행했다 부여 석공 아사달(곽건)을 보게 된다. 그에게 마음이 끌린 구슬아기는 다음 날 석가탑 공사장을 찾게 되고 그곳에서 과로로 쓰러진 아사달을 발견한다. 아사달을 돌보는 사이 그에 대한 구슬아기의 마음은 점점 깊어 가지만 아사달은 부여에 두고 온 아내 아사녀(한은진)를 못내 그리워한다. 한편 구슬아기를 흠모해 온 금성은 아버지 금지를 통해 청혼하나 간신인 금지를 못마땅하게 여긴 유종은 혼사를 거절하고 대신 충신 경신과의 혼인을 서두른다. 부여에서 아사달이 돌아오기만을 기다리던 아사녀는 병든 아버지가 세상을 떠나자 아사달을 찾아 불국사로 오게 된다. 하지만 문지기는 작업에 방해가 된다는 이유로 아사달을 만나지 못하게 하고 대신 '청청한 날이면 탑 그림자가 비추는 그림자 못'에서 탑이 완성될 때까지 기다리라 한다. 하지만 아사달의 마음이 변했을 것이라는 생각에 절망한 아사녀는 그림자 못에 몸을 던져 목숨을 끊는다. 후에 소식을 전해 들은 아사달은 실성하여 연못을 헤매다 연못에 몸을 던지고 구슬아기 역시 청혼을 거절당한 금지의 모략에 의해 평민을 사랑한 죄로 화형에 처해진다.
포스터	

종각(또 하나의 새벽을 그리며)	
감독	양주남
제작연도	1958
상영시간	96분
개봉극장	수도
출연	문정숙, 허장강, 맹만식, 장민호, 이기홍, 하지만, 박영태, 정 철, 임동훈
관람객 수	
흑백/컬러	흑백
평가	석승과 영실의 플래시백을 통해 현재와 과거를 오가는 구조로, 회상하는 사람의 보이스오버 내레이션으로 그들의 사연이 관객에게 제시된다. 이런 방식은 화자가 관객에게 옛날얘기를 해 주는 것과 같은 느낌을 준다. 한편 당시 영화평에서도 드러나듯, 영화의 내용과 이미지에서 '한국적인' 것을 담아내기 위해 고심한 흔적이 엿보인다. 잡지 <백민>에 실렸던 강로향 원작의 <종장>을 영화화함. 애초 샌프란시스코 영화제의 출품용으로 제작되었음.
내용	고령사의 전설적인 종을 만든 종장이 석승(허장강)은 영실(문정숙)이라는 처녀와 이웃하여 노년을 절에서 보낸다. 어느 날 영실은 석승의 과거를 듣게 된다. 이름난 종장이의 손자로 태어나 하인 노릇을 하던 석승은 연인 옥분(문정숙)에게 세상에서 가장 아름다운 소리를 내는 종을 만들 것을 약속하고, 옥분이 급사하자 약속을 지키기 위해 종을 만들기 시작한다. 종 만드는 것을 배운 지 10여 년, 스승이 죽고 난 후 떠돌던 그는 한 과부(문정숙)를 만나 함께 살게 된다. 그의 할아버지는 종을 만들다가 경쟁자에게 패배하자 자살했는데, 석승은 경쟁자인 명장의 종과 할아버지가 만들었던 종을 훔쳐 달아난다. 그가 명종을 만들기 위해 고심하던 중에 아내는 아기를 낳다 죽는다. 명종을 만들기 위해 길을 떠난 그는 마침내 할아버지와 그의 경쟁자인 명장이 만든 종의 쇳물을 녹여 세상에서 가장 아름다운 소리를 내는 종을 만들지만, 딸을 잃는다. 한편 영실은 석승의 이야기를 들으면서 혹시 그가 자신의 아버지가 아닐까 생각한다. 고아였던 그녀의 아버지 역시 종장이라는 이야기를 들었던 것이다. 때는 제2차 세계대전 중, 일제가 조선에 있는 모든 쇠를 강탈하던 시기여서 고령사의 종 역시 공출될 운명에 처한다. 고민 끝에 석승은 종을 떼어 숨기려 하다 낭떠러지에 떨어지고 영실의 품 안에서 죽음을 거둔다.
포스터	

에밀레종	
감독	홍성기
제작연도	1961
상영시간	150분
개봉극장	국도
출연	최무룡, 김지미, 조미령, 김진규, 김승호, 최남현, 최승이, 전택이, 김칠성, 장동휘, 주선태, 윤일봉, 변기종, 맹만식, 하지만, 최 성, 이해룡, 독고성, 조석근, 전계현
관람객 수	100,000명
흑백/컬러	
평가	컬러
내용	신라 성덕왕 때 주조된 봉덕사의 신종에 얽힌 애절한 전설을 영화화한 작품. 여범(女犯) 파계의 백제승 김진규는 신라 26대 혜공왕 시절의 서라벌 종장 최남현을 찾아가서 제자가 된다. 종 만들기에 실패한 스승이 자결하자 그 뒤를 이어 봉덕사 성종 주조의 중책을 맡는다. 만족할 만한 종을 만들기 위해 국고를 탕진해 가면서 여섯 차례씩이나 종을 만들지만 제대로 된 종은 나오지 않는다. 한편 공주 김지미는 종장 김진규에게 애정을 보내나 김진규는 이미 사랑하는 아내 조미령과 딸이 있다. 조미령과 딸은 김진규를 찾아 멀리 백제에서 신라로 찾아온다.
포스터	

지옥문	
감독	이용민
제작연도	1962
상영시간	127분
개봉극장	국도
출연	이민자, 이예춘, 이 향, 김지미, 김석훈, 박노식, 김운하, 이빈화
관람객 수	100,000명
흑백/컬러	컬러
평가	인도고전무용의 재현을 위해 발레연구소의 임성남 특별출연 / 세트비만 2천만 원을 투입한 당시로서는 엄청난 물량이 투입된 매머드 대작 1963년 제2회 대종상영화제 특별장려상, 녹음상, 음악상
내용	인도 카리비아의 왕사성에서 일어난 이야기로 석가의 10대 제자 중 한 사람인 목련존자(김운하)의 일대기를 그린 작품. 목련존자의 효성에 크게 감동한 세존이 지아비를 배반한 죄로 지옥에 떨어진 청체 부인(이민자)을 극락으로 구원한다는 내용과 바라문교의 도색과 사기행각을 벌인 바라문 교주(이예춘)가 갖가지 괴로움을 받는 내용을 그린 불교 영화다. 그로테스크하고 화려한 지옥을 재현하기 위해 대규모의 미니어처 촬영과 특수미술 촬영이 시도되었다.
포스터	

원효대사	
감독	장일호
제작연도	1962
상영시간	125분
개봉극장	국제
출연	최무룡, 문정숙, 최남현, 이예춘, 이민자, 박 암, 김지미, 조미령, 윤일봉, 황정순, 권도성, 양 훈, 조용수, 박성대, 박경주, 김희성, 조석근, 라정옥, 전예출, 하 룡, 김수천, 한유정, 윤신옥, 김용학, 최 삼, 변기종, 정연자, 용승운, 송득호, 김신주
관람객 수	
흑백/컬러	흑백
평가	춘원 이광수의 원작 소설 영화화
내용	으뜸가는 화랑 원효(최무룡)는 관포지교를 맺은 절친한 친구 거진랑(권도성)을 싸움터에서 잃고 인생무상을 느끼며 출가한다. 8년 후, 그는 세상이 아는 도력 높은 스님이 된다. 그는 뛰어난 인격과 풍모로 세인의 숭상을 받으며 여인들의 흠모의 대상이 된다. 진덕여왕(이민자)으로부터 요석공주(김지미), 기녀(문정숙), 산골 처녀 아사가(조미령)에 이르기까지 모두 원효를 사랑하게 된다. 어느 날 그는 요석공주와 사랑을 맺어 아이를 낳게 되고, 파계의 번뇌에 사로잡힌 나머지 소성거사(小性居士)로 이름을 바꾸고 탁발거사가 되어 유랑한다. 그는 속세의 복장을 하고 마을을 다니며 세인들을 교화하는 데 힘쓰는 한편 '법화경종요' 등의 많은 저서를 남기고 70세로 열반한다.
포스터	

이차돈	
감독	김승옥
제작연도	1962
상영시간	
개봉극장	국도
출연	김지미, 방수일, 최남현
관람객 수	
흑백/컬러	컬러
평가	춘원 이광수가 1935년부터 이듬해 봄까지 조선일보에 연재한 장편소설 <이차돈의 사>를 원작으로 한 영화
내용	신라 법흥왕 제위 시, 백성들이 이차돈의 불교 전파에 호응하자 간신들은 그가 반정을 꾀하려 한다고 모함한다. 왕 앞에 잡혀온 이차돈은 자기 목을 쳐서 붉은 피가 나오면 반정을 꾀한 것이고 흰 피가 나오면 그것은 진정 나라를 위하여 불교를 전파한 것이라고 예언한다. 이차돈의 목을 치자 과연 흰 피가 나오고 이에 감동한 왕은 불교를 국교로 삼고 그의 명복을 빌기 위해 백률사에 석탑을 세운다.
포스터	

사명당	
감독	안현철
제작연도	1963
상영시간	105분
개봉극장	국도
출연	김진규, 조미령, 이경희, 최남현, 허장강, 김진철, 주증녀, 황정순, 김동원, 서월영, 변기종, 이 용, 장민호, 변일영, 서 춘, 장 훈, 강주식, 이예민, 라정옥, 주선태, 최 삼, 김칠성, 최성호, 백 송, 이업동, 이성일, 황해남, 최 성, 임생출, 송창수, 이명구, 하 룡, 김수천, 박 호, 김세라, 조 항, 성소민, 박종화, 지방렬
관람객 수	
흑백/컬러	흑백
평가	
내용	이조 중엽 명종 때 밀양지방에 유정이라 불리는 신동이 있었는데 그는 후세에 사명당으로 불린 대사이다. 그는 18세에 승과에 장원급제 하여 서산대사 문하에서 무예를 익히고, 임진왜란에서는 몸소 승병을 이끌고 왜병을 무찔러 국난 극복에 힘쓴다.
포스터	

석가모니	
감독	장일호
제작연도	1964
상영시간	96분
개봉극장	국도
출연	신영균, 박노식, 김지미, 조미령, 박 암, 이대엽, 최지희, 이민자, 황정순, 이예춘, 최남현, 김칠성, 김운하, 김신재, 추석양, 임해림, 남미리, 김동원, 최 삼, 정 철, 박금희, 이업동, 지방열, 송미남, 김용학, 성광현, 윤일주, 성소민, 박광진, 용승운, 박문수, 양택조, 정미해, 황현미, 박혜성, 최시자, 안성원, 김은주, 전계현
관람객 수	50,000명
흑백/컬러	컬러
평가	
내용	인도 카비라성에서 태자가 태어나자 대왕(박암)은 그의 이름을 싯달타라고 짓는다. 같은 날 아우도 아들을 낳는데 그의 이름은 사비라성의 타이바이다. 싯달타(신영균)는 학문이 높고 선하고 지혜로운 청년으로 성장한 반면 타이바(박노식)는 잔인하고 욕심 많은 폭군이 된다. 그들은 야수타라 공주(김지미)에게 동시에 청혼하여 결투를 하고, 싯달타가 이겨 둘은 결혼해 행복하게 지낸다. 그러나 싯달타는 진리를 찾기 위해 고행하는 사람들과 신 앞에 제물로 바쳐져 고통받는 사람들을 보면서, 중생을 구원할 길을 찾기 위해 떠나기로 결심한다. 야수타라가 아기를 낳은 지 얼마 안 돼서 그는 고행의 길을 떠난다. 대왕은 싯달타가 태어나던 날 아수다 선인(최남현)이 했던 예언을 생각하면서, 야수타라에게 이 모든 일이 그의 예언대로 된 것이라고 말해 준다. 싯달타의 수도가 계속되는 한편, 타이바는 점점 포악해져 파라문을 세우고 파라문 신에게 노예와 천민을 제물로 바치는 악행을 일삼는다. 부처님이 된 싯달타의 설법을 듣기 위해 사람들이 모여들자, 타이바는 부처의 타도를 외치지만 파라문 신전이 무너져 죽을 뻔한다. 부처의 도움으로 살아난 타이바는 구원받는다. 부처는 중생들을 위한 설법을 하고 수많은 사람들이 그를 따른다.
포스터	

대석굴암	
감독	홍성기
제작연도	1965
상영시간	87분
개봉극장	국도
출연	신성일, 엄앵란, 박노식, 남궁원, 이상사, 도금봉, 방성자, 조선자, 김승호, 김동원, 허장강, 주선태, 독고성, 서월영, 김신재, 조희자, 임운학, 김칠성, 박순봉, 정 철, 맹만식, 이일선, 구종석, 최승이, 이민
관람객 수	50,000명
흑백/컬러	컬러
평가	
내용	석굴암 공사가 진행되고 있을 무렵, 왜구의 침입이 계속된다. 대공(김승호)은 왜적의 침공을 막기 위해서는 수륙양군의 양성이 시급하다고 주장하고, 상대등(김동원)은 불심을 통해 국난을 극복해야 한다며 석굴암 완공을 서둘러야 한다고 주장한다. 왕은 상대등의 의견을 따르고, 대공 화랑(박노식)과 아랑 화랑(남궁원)은 왜군과의 전투에서 공을 세우고 돌아온다. 상대등의 딸 목련 아기(엄앵란)는 불국사에 불공을 드리러 갔다가 석굴암을 짓는 석장 아비루(신성일)에게 반한다. 아비루 또한 목련 아기를 좋아해서 그들은 남몰래 사랑을 키운다. 아랑 화랑과 아비루의 스승의 딸 별 아기(방성자) 또한 신분의 차이를 넘어 서로 사랑하고, 별 아기는 아랑의 아기를 임신한다. 왕비(도금봉)는 숙부 대공의 아들 대공 화랑과 상대등의 딸 목련 아기를 정혼시키려고 하다가, 젊은이들의 사랑을 알게 된다. 국법을 어긴 벌로 아랑 화랑은 발해와의 싸움터로 끌려가고 목련 아기는 유배된다. 아비루도 죽을 뻔했다가 살아나서 석굴암 완공에 매진한다. 거듭되는 왜군의 침입으로 신라는 위기에 처하나, 석굴암이 완공되어 석굴암의 백호가 빛을 발하자 전세가 바뀌어 왜군의 침입을 물리치게 된다. 아비루는 그 공로를 인정받아 상을 받는데, 그 공을 스승에게 돌림으로써 스승의 딸인 별 아기와 화랑의 혼인을 허락받게 된다. 아비루도 목련 아기가 있는 곳으로 가서 그녀를 만난다.
포스터	

다정불심	
감독	신상옥
제작연도	1967
상영시간	117분
개봉극장	국도
출연	최은희, 김진규, 박노식, 최성호, 한은진, 최 삼, 성소민, 고선애, 이기홍, 서월영, 지방열, 임운학, 황수연, 조덕성, 임성국, 윤일주, 주일몽
관람객 수	109,719명
흑백/컬러	컬러
평가	1967년 제6회 대종상영화제 미술상 월탄 박종화 소설 원작
내용	고려 말, 선정에 힘쓰던 공민왕은 사랑하던 왕비 노국공주가 사망하자 정사를 아예 고승 신돈에게 맡기고 오직 공주를 추모하는 불사에만 전념한다. 호색가인 신돈은 엽색행각을 일삼고 조정의 기강은 극도로 문란해지자 홍윤이 왕의 익비와 간통하여 임신까지 하게 되니, 왕은 이 사실이 발설되는 것을 두려워하여 그 사실을 알고 있는 최만생을 살해하려다가 오히려 그에게 살해된다.
포스터	

성불사의 밤	
감독	김화랑
제작연도	1970
상영시간	
개봉극장	피카디리
출연	문 희, 신성일, 박병호
관람객 수	15,140명
흑백/컬러	컬러
평가	
내용	상현이 학도병으로 출정하기 전날 밤에 윤희는 성불사에서 그와의 밤을 보낸다. 그 후 상현의 아이를 갖게 된 그녀는 상현의 집을 찾아가나 그의 부모는 윤희를 집에 들어오지 못하게 한다. 그때 상현의 전사통지서가 날아오자 윤희는 하는 수 없이 아이를 상현의 집에 맡기고 동준과 결혼한다. 그러나 그녀의 과거를 알게 된 동준은 이혼을 선언하고 허무감에 빠진 윤희는 성불사를 찾아가 음독자살을 한다.
포스터	

대지옥	
감독	권영순
제작연도	1972
상영시간	113분
개봉극장	국도
출연	허장강, 박지영, 신영일, 주증녀, 황 해, 박 암, 사미자, 최성호, 김동원, 이예성, 박상익, 추석양, 장 훈, 김 웅, 김기범, 최 삼, 추 봉, 임성포, 백 송, 박병기, 태일
관람객 수	28,550명
흑백/컬러	컬러
평가	
내용	임원빈은 극악무도한 악인이다. 딸 연아의 지극한 효성으로 몇 번의 죽음을 모면하나 결국 천벌을 받아 쓰러진다. 효녀 연아는 목련존자에게 애원하여 지옥을 방문, 아버지를 찾아 헤맨다. 임원빈은 대무간아비지옥에 빠져있고 연아는 그곳을 찾아가 문을 부순다. 그러자 염라대왕이 나타나 대지옥의 문을 부순 죄를 다스리려 한다. 그들의 목숨이 촌각에 이르렀을 때 목련존자가 나타나 그들을 구한다. 결국 연아의 효성은 악독한 아버지를 구한 것이다.
포스터	

서산대사	
감독	전조명
제작연도	1972
상영시간	90분
개봉극장	
출연	김진규, 박 암, 윤양하, 최성호, 김순복, 조덕성, 최 삼, 손 전, 이예성, 방수일, 이 룡, 문태선, 추석양, 독고성, 박경주, 문오장, 장혁
관람객 수	
흑백/컬러	컬러
평가	
내용	1581년 서산대사는 가까운 장래에 일본의 침입이 있으리라 예측하고 조정에 알려 방어를 강화할 것을 역설하나 간신들의 모략에 걸려 함정에 빠진다. 서산대사는 세 명의 제자들과 함께 사병조직을 훈련시키나 간신들은 왕권을 침범하기 위해 군사를 키운다고 중상한다. 그 후 예언의 10년이 지나고 일본은 조선에 쳐들어와 전국은 혼란에 빠진다. 왕은 감옥에 있는 서산대사를 다시 불러들였다. 대사는 의지와 신앙의 힘을 다하여 국난의 위기에서 나라와 백성을 구한다.
포스터	

다정다한	
감독	최하원
제작연도	1973
제작의도	
상영시간	115분
개봉극장	
출연	남궁원, 윤연경, 나오미, 신영일, 강민호, 박귀자, 홍종현, 한영만, 정혜선, 방수일, 이동섭, 임운학, 조용수, 석인수, 김소조
관람객 수	
흑백/컬러	컬러
평가	1973년 제12회 대종상영화제 남우주연상
내용	고려시대 도공인 양명은 아내 공녀와 딸 달을 남겨 두고 중국으로 떠나라는 명령을 받는다. 공녀와 달은 그 시대에 고려를 지배하던 중국인에게 유린당하고 스님이 된다. 양명은 집에 돌아와 자신의 가족의 비극을 알게 되나 오직 자기를 굽는 일에만 몰두한다. 양명에게 딸을 돌려보낸 공녀는 자기를 굽는 가마에 몸을 던지고, 그녀의 희생은 탁월한 예술품의 하나인 고려청자의 비색으로 남게 된다.
포스터	

파계	
감독	김기영
제작연도	1974
상영시간	112분
개봉극장	국도
출연	최불암, 박병호, 조재성, 임예진, 이화시, 신 구, 김병학, 정한헌
관람객 수	17,323명
흑백/컬러	컬러
평가	
내용	전화 속에 헤매던 고아 침애는 서산사의 고승 무불당에게 구출되어 입산수도의 길을 걷게 된다. 탁월한 젊은 승으로 성장한 침애에게 법통을 이어받기 위한 마지막 시련이 가해진다. 고승은 그에게 절세미인 묘향을 접근시켜 인연을 맺게 함으로써 시련을 주나 침애는 재빨리 여자에 대한 자신의 번뇌를 청산하고 단식수도 하여 이 난관을 이겨 낸다. 그러나 두 젊은이 사이에 사랑의 싹이 튼 것을 알아차린 고승은 자신이 정신적으로 범했던 파계의 정체를 거리낌 없이 침애에게 보여 주어 침애와 묘향을 속세로 돌아가게 한다.
포스터	

관세음보살	
감독	최인현
제작연도	1978
상영시간	120분
개봉극장	대한, 세기
출연	김정하, 황 해, 박 암, 노 강, 방수일, 장 훈, 임석봉, 김 백, 이현정, 김 만, 홍윤정, 서정아, 김일란, 유영국, 손영순, 윤승국, 천은아, 원수남, 박송암, 김운공, 장벽응, 이만봉, 이인호
관람객 수	15,822명
흑백/컬러	컬러
평가	1978년 제25회 아시아태평양영화제 음악상
내용	종합병원 간호사 정아는 내과과장 장 박사의 죽음에 인생무상을 느껴 속세를 떠나 불문에 입적할 결심으로 전국의 사찰을 떠돌다가 청봉 스님을 만난다. 청봉은 정아의 마음을 돌리려 하나 정아의 결심은 더욱 굳어진다. 감동한 청봉은 관세음보살의 전신친견이 얼마나 어려운 것인가를 설법하면서 신라시대의 명승 희정대사의 고행을 소개한다. 정아는 더욱더 감동하여 비구니의 길을 결심, 득도식에 참석한다. 불교의식 중에서 가장 규모가 큰 득도식과 제를 올리며 마침내 청순한 비구니가 탄생한다. 비구니는 관세음보살의 전신친견을 위하여 기도할 곳을 찾아 홀연히 떠나간다.
포스터	

달마신공	
감독	이혁수
제작연도	1978
상영시간	100분
개봉극장	시민(광주)
출연	장일도, 임은주, 금 강, 이강조, 최 봉, 김왕국, 조 춘, 최재호, 최정규, 태 일, 김영인, 김동호, 임자호, 권일수, 조성구, 남성국, 조대건, 안진수, 김용호, 정주현, 서평석, 박양근
관람객 수	2,860명
흑백/컬러	컬러
평가	
내용	불교의 원조인 달마조사가 지은 무술책 '달마비급'이 중원 땅 어느 사찰에 비장되어 있다는 소문이 나자 정의를 사랑하는 고수들과 비룡방이라는 무서원의 무사들이 그 책을 찾기에 혈안이 된다. 부모의 원수를 갚기 위해 고려에서 온 서천위는 무림계의 최고수 태백기사의 제자가 되어 '달마비급'을 얻고 수련을 시작한다. 그러나 '달마 비급'을 노리고 있던 마천표 일당은 천위의 차에 마약을 넣어 그의 신공을 무너뜨리고 '달마비급'을 탈취, 천위의 애인 아민까지 살해한다. 그러나 혼신의 힘으로 신력을 회복한 천위는 마천표 일당을 소탕하고 부모의 원수인 괴사나이 숙인을 처벌, 고국으로 떠난다.
포스터	

사문의 승객	
감독	이영우, 호금전
제작연도	1979
상영시간	92분
개봉극장	아세아
출연	한국: 이장미, 강 청, 황 건, 김창근, 진봉진 홍콩: 손 월, 동 림, 서 풍, 진혜루, 진 패, 　　　전 풍, 석 준, 오명재, 이문태, 왕광유
관람객 수	23,012명
흑백/컬러	컬러
평가	
내용	대사찰 '삼보사' 주지인 지암선사는 임종이 다가왔음을 알고 수제자인 혜동, 혜문, 혜사 스님 중에서 계승자를 찾기 위해 각계 시주들에게 통보하여 종정회의를 열고자 한다. 삼보사 장경각에는 현장법사가 쓴 '대승기신론'이라는 귀한 책자가 있다. 이 책을 손에 넣고자 계략과 사건이 속출한다. 이 무렵 누명을 쓰고 유배된 구명이란 청년을 구해 불도에 귀의시키고 그의 참됨을 보고 혜명이라는 법명을 주어 주지로 계승시킨다. 주지가 된 혜명은 '대승기신론'을 불에 태우며 법전의 가치는 그 문맥의 가르침을 읽어 배우는 데 의의가 있다는 말을 남긴다.
포스터	

만다라	
감독	임권택
제작연도	1981
상영시간	105분
개봉극장	단성사(서울)
출연	전무송, 안성기, 방 희, 기정수, 윤양하, 임옥경, 박정자, 박 암, 최성관, 김우빈, 이정애, 나정옥, 성명순, 정지희, 국정숙, 이장미, 나갑성, 오중근, 강유일
관람객 수	128,932명(서울)
흑백/컬러	컬러
평가	한국 종교영화의 걸작이자, 임권택 감독의 가장 아름다운 영화 중의 하나다. 1981년 제20회 대종상영화제 우수작품상, 감독상, 각색상, 남우조연상, 편집상, 조명상, 신인상(남)/1981년 제2회 한국영화평론가협회상 남자연기상, 촬영상/1982년 제18회 백상예술대상 영화부문 기술상, 연기상/1982년 제29회 아시아태평양영화제 심사위원특별상
내용	3개월의 동안거(冬安居) 기간, 버스 한 대가 검문소 앞에 멈춰 서고 군인의 검문이 시작된다. 승려증이 없는 스님이 끌려 내려가자, 젊은 스님도 따라 내린다. 그들은 각각 지산(전무송)과 법운(안성기)이다. 지산은 군인들이 시킨 염불을 하고 풀려난다. 법운은 한 절에서 술을 마시고 있는 지산을 다시 만난다. 지산은 부처는 불당에만 있는 것이 아니라고 말하고, 법운은 6년간의 수행에도 아무것도 얻지 못했음을 깨닫게 된다. 법운은 다시 길을 떠나는 지산을 따라나선다. 헤어짐과 만남을 반복하던 그들은 산속 작은 암자에서 동거에 들어간다. 한 무당의 점안식을 도와준 지산은 내 눈의 점안은 누가 해 주냐며 술을 마시고, 가부좌를 틀고 얼어 죽는다. 법운은 지산을 다비하고, 그가 가지고 다니던 번민에 찬 얼굴의 불상을 그가 끝내 못 잊어 한 옥순(방희)에게 전한다. 법운은 마지막으로 어머니(박정자)를 만난 후 긴 만행의 길을 떠난다.
포스터	

땜장이 아내	
감독	박철수
제작연도	1983
상영시간	95분
개봉극장	코리아(서울)
출연	정윤희, 김동현, 황 해, 진봉진, 최성호, 강계식, 김기범, 안진수, 오중근, 김지영, 이정애, 문미봉, 양 춘, 성명순, 김경란, 김애라, 박부양, 윤일주, 김대현, 유경애, 박광진, 오세장, 장혜숙, 김문기, 양일민
관람객 수	3,468명(서울)
흑백/컬러	컬러
평가	
내용	태평양전쟁 말기 1천3백 년의 역사를 가진 범종을 쇠붙이로 일본에게 빼앗긴다. 바로 그날 종두의 아버지는 임종에 처해 있는 노모를 극락에 보내기 위해 종을 치러 왔다가 일본군에게 살해된다. 종두는 할머니와 아버지의 한을 풀어 주기 위한 범종주조의 지나친 행동 때문에 절에서 쫓겨난다. 이때 개암사에 휴양 왔던 미술학도 숙희가 종두의 열성에 반하여 돈 많은 약혼자를 버리고 종두와 동거하게 된다. 숙희는 땜장이 아내로 살기 위해 범종을 만들기 위한 구리를 미친 듯이 구하러 다닌다. 그때, 범종 때문에 한이 맺혀 있던 돈 많은 사장이 나타나 종두의 진실함과 열성에 탄복하여 재정 지원을 해 준다. 범종이 완성되자 종두는 스스로 불 속에 몸을 던져 극락으로 향했고 숙희는 삭발하고 여승이 된다.
포스터	

소림대사	
감독	남기남
제작연도	1983
상영시간	83분
개봉극장	대한(서울)
출연	장 산, 장일도, 김기범, 라 예, 손영길, 백황기, 박양근, 강득기, 안대욱, 정영길, 진재호, 박세범, 이재영, 지승룡, 임동문
관람객 수	15,978명(서울)
흑백/컬러	컬러
평가	
내용	고려의 태권명인 송학수는 뜻한 바 있어 소림사에 들어가 불계대사의 제자로 5년간 소림권을 수련하고 돌아온다. 송학수는 태권과 소림권을 기본으로 새로운 무예를 창안하는데, 이 무예가 책으로 완성 될 때 지광에게 책을 탈취당하고 피살된다. 송학수의 아들 옥정은 소승 허석의 도움으로 갖은 지략과 인내로 끝내 불계대사의 제자가 된다. 지광은 천마교란 단체를 만들어 소림사를 멸망시키고자 도전한다. 옥정은 부처님의 자비에 귀의해서 살생을 금하게 되나 지광이 불계대사를 살해하자 격분하여 지광을 타도, 스승과 부친의 원한을 갚고, 태권을 보다 높은 무예로 다듬기 위해 고국으로 돌아온다.
포스터	

중광의 허튼소리	
감독	김수용
제작연도	1986
상영시간	105분
개봉극장	아세아(서울)
출연	정동환, 이혜숙, 허 진, 전혜성, 정미경, 국정환, 최 준, 강 희, 최 삼, 이석환, 박혜숙, 조학자, 주상호, 홍충일, 변달수, 박용팔, 최신영, 이만성, 문성재, 박인순, 이설산, 장 철, 채승훈, 최성일, 최불암, 정 진, 공옥진
관람객 수	17,524명(서울)
흑백/컬러	컬러
평가	1987년 제7회 한국영화평론가협회상 각본상
내용	홀어머니의 품에서 자란 고창률은 그림 그리기를 좋아하고 청년기에는 의로운 일도 많이 하지만 억울한 누명을 쓰고 실형을 치른다. 그 후 통도사 구하 스님에게 삭발수계하고 중광이란 법명을 받는데, 여전히 그림 그리기에 열중하고 참선을 통한 자아완성을 향해 그곳을 떠난다. 중광의 선화집은 이후 미국에서 큰 센세이션을 불러일으키게 되고, 그를 흠모하던 손정희는 미국으로 떠난다. 인간의 근원적 고독의 위치로 올라온 중광은 허튼소리를 하며 지평선 멀리 사라진다.
포스터	

호국팔만대장경	
감독	장일호
제작연도	1978
상영시간	130분
개봉극장	대한
출연	김희라, 정 희, 진봉진, 김진규, 박 암, 주선태, 최남현, 최 삼, 독고성, 김기주, 정 철, 최성관, 백 송, 박광진, 장 훈, 윤 일, 지방열, 강계식, 신찬일, 김정중, 정미경, 이정애, 유명순, 문미봉, 한명환, 이승철, 손 전, 나정옥, 박점순, 안세은, 허말희, 박예숙, 조학자, 김소조, 박병기, 백인순, 황은주, 이수영
관람객 수	72,465명
흑백/컬러	컬러
평가	1978년 제17회 대종상영화제 미술상, 편집상
내용	몽고의 살례탑은 30만 대군으로 고려를 침공한다. 이때 부인사 사찰 경비를 담당한 이준은 자신의 실수로 소실된 대장경, 순교한 스님, 싸우다 죽은 동지들을 생각하며 자책하다가 자살을 기도한다. 부인은 백성들이 새로운 빛을 볼 수 있도록 팔만대장경을 재각하는 대불사를 일으키라고 호소하며 그의 자살을 막는다. 살례탑은 공녀와 종을 나포하여 몽고 태종에게 상봉하러 가는 길에 고려의 청공 스님에게 살해된다. 본토에서는 불사에 시주하는 백성이 나날이 늘어 가고 여기에 참여하다가 몽고군에게 잡혀 화형을 당한다. 그러나 결국 16년 만에 대장경이 완성되고 강화로 안전하게 이송된다.
포스터	

아제 아제 바라아제	
감독	임권택
제작연도	1989
상영시간	134분
개봉극장	단성사(서울)
출연	강수연, 진영미, 유인촌, 한지일, 전무송, 윤인자, 윤양하, 김세준, 안병경, 최종원, 신충식, 김애경, 김복희, 이정애, 정미경, 조학자, 권일정, 송희연, 홍원선, 이석구, 조주미, 오영화, 박예숙, 임예심, 홍성연, 이숙희, 백순정, 강지영, 김해주, 김성순, 김지현, 이은경, 이명숙, 김유경, 장광남
관람객 수	145,241명(서울)
흑백/컬러	컬러
평가	1989년 제27회 대종상영화제 최우수작품상, 여우주연상, 조연남우상, 심사위원 특별상/1989년 제25회 백상예술대상 영화부문 신인연기상/1989년 제9회 한국영화평론가협회상 여자연기상, 음악상, 녹음상, 신인연기상
내용	고등학생 순녀는 손길이 닿지 않는 부성의 아픔만 남기고 떠난 아버지 윤봉 스님, 고리대금업을 하는 어머니 제주댁을 뒤로하고 덕암에 찾아와 은선 스님을 모시고 비구니가 된다. 순녀는 박현우라는 사람을 구출한 일로 파계 아닌 파계를 하여 끝없는 시련을 맞는다. 남해안에서 구도의 길을 찾아 만행 중인 진성을 만나 비금도 병원 생활을 시작하나 다른 인간의 아픔을 체득하는 기간이었다. 송기사를 건지려던 그녀는 송기사의 죽음으로 덕암사를 다시 찾아 진리, 자유, 구원 그 어떠한 지순지고의 가치도 사람이 아플 때 뿌리내리지 않고는 의미가 없다는 가르침을 스승인 은선으로부터 배운다.
포스터	

달마가 동쪽으로 간 까닭은?	
감독	배용균
제작연도	1989
상영시간	175분
개봉극장	명보, 씨네하우스3관(서울)
출연	이판용, 신원섭, 황해진, 고수명, 김희룡, 윤병희, 최명덕, 이은영, 이선혜
관람객 수	143,881명(서울)
흑백/컬러	컬러
평가	1989년 제42회 로카르노국제영화제 황금표범상/1990년 제10회 한국영화평론가협회상 심사위원 특별상
내용	깊은 산속, 노승 혜곡 스님(이판용)과 동자승 해진(황해진)이 살고 있는 산사에 젊은 기봉 스님(신원섭)이 찾아온다. 기봉 스님은 세간의 정을 채 끊어 버리지 못했으나 견성성불로 대자유의 길을 얻고자 주지 스님의 소개로 혜곡 스님을 찾아온 것이다. 혜곡 스님과 끊임없이 정신적인 교감을 갖는 기봉은 법을 얻기 위한 고행과 수행을 하지만 여전히 인륜과 혈육의 정, 세간의 욕락에서 벗어나지 못하고 고통과 번뇌에 갈등한다. 혜곡 스님은 죽을 때가 된 것을 알고 기봉 스님에게 아무에게도 알리지 말고 자신을 화장시켜 달라고 부탁하고, 기봉 스님은 혜곡 스님을 다비한다. 모든 일을 마친 후 기봉 스님은 해진에게 큰스님이 남긴 유품을 건네고 산사를 떠난다. 해진은 떠나가는 기봉 스님에게 어디로 가냐고 묻지만 그는 하늘을 올려다볼 뿐이다. 날이 저물어 산사에 혼자 남은 해진은 불 지펴진 아궁이에 큰스님의 유품을 넣어 태운다.
포스터	

우담바라	
감독	김양득
제작연도	1989
상영시간	106분
개봉극장	서울3관(서울)
출연	윤지효, 이영하, 유영국, 손영춘, 박현숙, 신성일, 방 희, 김형자, 곽은경, 정순애, 양택조, 김지영, 정미경, 조학자, 조일봉, 이설산
관람객 수	13,024명(서울)
흑백/컬러	컬러
평가	
내용	오채린 교수의 주선으로 누드모델을 하며 학비를 버는 동화를 만나 사랑의 의미를 깨닫게 된 현지. 동미는 안마와 지압을 하며 동생 동화의 학비를 벌면서 생활한다. 어느 날 동미가 현지 아버지에게 정조를 빼앗기는 현장을 목격한 동화와 현지. 동화는 자기 삶의 고통과 누나에 대한 수치심으로 현지를 기피하나 현지는 동화를 찾아 헤매다 폐렴과 정신분열 증세에 이르러 오 교수는 현지를 휴양차 절로 보낸다. 현지는 지효 스님인 비구니가 되고 동화는 외국 유학 후에 유전공학의 권위자가 되어 돌아와 두 사람은 부처님 앞에서 해후를 하지만 슬프고 짧은 만남의 후유증으로 지효는 몸져눕는다. 봉두는 산삼을 캐려다 뱀한테 물려 사경을 헤매게 되고 지효는 봉두의 소원인 자신의 몸을 만지도록 하지만 이를 목격한 다른 부목으로 인하여 절에서 쫓겨나고 고행하던 중 담시라는 큰스님을 만나게 되고 그를 통해 3천 년 만에 한 번 핀다는 꽃 우담바라로 다시 피어나게 된다.
포스터	

꿈	
감독	배창호
제작연도	1990
상영시간	93분
개봉극장	서울
출연	안성기, 황신혜, 정보석, 최종원, 윤문식, 이대로, 문미봉, 태 일, 안종환, 추 봉, 박용팔, 최근제, 박광설, 황현준, 조병옥, 이성재, 한은진, 이인옥, 박부양, 박광진, 박 달, 김애라, 박성미, 이진우, 최대현, 정은영, 윤영희, 이진욱, 강철민
관람객 수	28,498명
흑백/컬러	컬러
평가	
내용	때는 통일신라의 전성기. 조신은 십 년째 수행하고 있는 스님이다. 천성이 착하고 순하기만 한 그이지만 어느 날 나들이 나온 그 마을 태수의 딸 달례의 아름다운 자태를 보고 난 후 끓어오르는 애욕을 견디지 못하고 그녀를 겁간해 버리고 만다. 그러나 달례는 이미 화랑 모례아손과 정혼한 몸, 죄인이 된 조신과 어찌할 수 없이 그를 따라나서는 달례. 모례의 집요한 추적에 어느 한 마을에서도 정착해 살 수 없는 그들은 화전민 생활을 하던 중 아들을 잃고 결국 달례는 창녀, 조신은 아편중독의 폐인으로까지 전락하고 만다. 한편 자신이 문둥병에 걸렸음을 안 달례는 환각상태에서 헤어나지 못하고 있는 조신을 뒤로한 채 하나 남은 딸 달보고를 데리고 떠나가 버린다. 수십 년 후, 걸인이 되어 떠돌아다니던 조신은 달례가 이미 죽었고 딸은 여승이 되었다는 소식을 듣는다. 바닷가에 초가집을 차려 놓고 달례의 목상을 깎으며 속죄의 나날을 보내는 조신. 이런 그에게 칼을 찬 모례가 찾아오지만 세월의 흐름 속에 용서만이 구원의 길이었다. 다시 절을 찾아온 백발의 조신은 불당 앞에 쓰러진다. 그러나 이것은 한바탕의 꿈이었다.
포스터	

오세암	
감독	박철수
제작연도	1990
상영시간	115분
개봉극장	단성사(서울)
출연	김혜수, 심재림, 서예진, 조상건, 최종원, 김용림, 남포동, 조형기, 송옥숙, 천호진, 안병경, 오세장, 조주미, 박용팔, 김애라, 유명순, 전 숙, 최성관, 이설산, 이석구, 정영국, 홍충길, 김현진, 황병훈, 안용남, 김석빈
관람객 수	12,433명(서울)
흑백/컬러	컬러
평가	
내용	가톨릭재단에서 운영하는 보육원에서 자라던 오누이 길손과 감이는 엄마와 고향의 꿈을 버리지 못하고 서로 헤어지기 싫어서, 좋은 조건의 입양을 포기하고 보육원을 몰래 빠져나온다. 5살짜리 길손과 맹인인 누나 감이는 오직 고향에 가겠다는 일념으로 모든 역경을 이겨 내며 가까스로 고향 근처에 도착한다. 그러나 이미 그 고향은 댐 건설로 물바다가 되어 온데간데없고, 어린 감이는 한 청년에게 폭행까지 당한다. 절망하여 허덕이던 둘은 우연히 만난 행운 스님을 따라 절에서 지내게 된다. 말썽만 부리는데, 길손을 남겨 두고 행운 스님이 탁발하러 떠난 사이 폭설로 암자에 오르는 길이 막힌다. 간신히 그곳까지 찾아온 안젤라 수녀는 이 상황에 아연실색한다. 소년 길손은 사색이 되어 암자에 앉은 채, 누나가 눈을 뜰 거라는 말을 하고는 움직이지 않는다. 앉은 채로 죽은 것이다. 이 암자의 이름이 오세암이다.
포스터	

산산이 부서진 이름이여	
감독	정지영
제작연도	1991
상영시간	108분
개봉극장	국도, 씨네하우스(서울)
출연	최진영, 김금용, 전무송, 신성일, 전 숙, 조주미, 황우연, 노석래, 박동현, 김상익, 장윤정, 김은진, 김문숙, 조윤진, 조정임, 장인한
관람객 수	10,440명(서울)
흑백/컬러	컬러
평가	1991년 제12회 청룡영화상 남자신인상, 여자신인상
내용	사미승 침해는 주지의 심부름을 갔다 오던 중 멀리서 얼핏 본 비구니 묘혼의 모습에 마음이 흔들린다. 어느 날 새벽 소원당의 월명대에서 첫 대면한 이들은 서로에 대한 그리움을 간직한다. 수행으로도 감정을 재우지 못하는 묘혼은 손가락을 자르고, 침해 역시 노승 법연의 질책에 괴로움만 쌓여 간다. 침해와 대면한 법연은 그의 진심을 들어 보고, 쇠잔해 가는 자신의 마음에 어떤 흔들림을 보여 준다. 산사의 대중에게 마지막 설법을 한 법연은 묘혼을 불러 그의 마지막 소원으로 그녀의 나신을 보이라고 요구한다. 침해는 경악하지만, 법연은 '무불당!' 외마디를 남긴 채 그대로 입적한다. 법연의 다비식 날 스님이 법연의 그러한 파계는 침해에게 깨달음을 준 것이라고 한다. 그리고 속세로 내려갈 것을 결심한 침해는 홀로 산사를 나와 멀리 속세의 모습을 한없이 바라본다.
포스터	

화엄경	
감독	장선우
제작연도	1993
상영시간	126분
개봉극장	대한(서울)
출연	오태경, 원미경, 이호재, 이혜영, 김혜선, 이대로, 독고영재, 신현준, 정수영, 엄춘배, 박종설, 박예숙, 박남희, 나갑성, 홍충길, 안진수, 엄경환, 김용수, 유형관, 박정순, 신종태, 송희연, 남기성, 김은미, 임창대, 정두한, 허병섭, 윤구병, 김석만, 이은세, 임명구
관람객 수	65,403명(서울)
흑백/컬러	컬러
평가	1993년 제4회 춘사영화제 촬영상, 조명상, 음악상, 심사위원특별아역상/1994년 제32회 대종상영화제 심사위원특별상, 감독상, 음악상, 각색상/1994년 제30회 백상예술대상 영화부문 기술상/1994년 베를린국제영화제 알프레드 바우어상/1994년 제14회 한국영화평론가협회상 감독상, 촬영상, 음악상
내용	갓난아기 때 길가에 버려진 선재는 전과가 화려한 문수에게 발견되어 그의 손에서 자란다. 그러다가 문수가 죽자 선재는 어머니를 찾아 집을 떠난다. 피리를 준 법운, 바람둥이 지호, 어촌 의사 해운, 장님 가수 이나, 요녀 마니, 옥살이를 하고 있는 장기수 해경 등을 만나 사랑, 슬픔, 평등, 부귀, 애욕이라는 감정을 체험한다. 오랜 시간이 지나서 다시 만난 이련은 선재를 처음 만났을 때부터 간직해 온 사랑을 고백한다. 이련과 동행하는 도중에 비바람 속에서 사랑을 나누어 이련이 아기를 갖는다. 그러나 구도의 방랑에 나선 선재는 선창가에서 길을 잃고 헤매는 어린 소년을 만나 그를 이끌고 길을….
포스터	

은행나무 침대	
감독	강제규
제작연도	1996
상영시간	87분
개봉극장	명보, 동아, 롯데월드, 씨네하우스, 동숭홀, 동숭, 미도파
출연	한석규, 심혜진, 진희경, 신현준, 김학철, 김명국, 류순철, 지춘성, 최학락, 홍성덕, 유연수, 이일수, 김희철, 박종문, 배장수, 이범수, 송미남, 최영래, 김미리, 이왕구, 이광호, 황창선, 김지원, 박영숙, 이현정, 김혜연, 장수정, 최일순, 유혜선, 장도순, 이지형, 김인섭, 조한희, 김선경, 최우진, 서우식, 김소정, 백성일, 이기호, 송재범, 박광춘, 남혁우, 김다영, 민충원, 신소미, 구경은, 이호진
관람객 수	452,580명(서울)
흑백/컬러	컬러.
평가	1996년 제34회 대종상영화제 여우주연상, 신인감독상/1996년 제32회 백상예술대상 영화부문 기술상/1996년 제17회 청룡영화상 촬영상, 신인감독상, 기술상/1996년 제16회 한국영화평론가협회상 촬영상/1997년 제2회 KINO베스트10 키노독자 1996년 한국영화 베스트 4
내용	석판화가이자 대학 강사인 수현과 외과의사인 선영은 서로 사랑하는 사이다. 그의 일상은 안정돼 보이고 평범했지만 우연히 노천시장에서 은행나무 침대를 만나면서 혼란에 빠져든다. 그에게는 자신도 알지 못한 전생의 사랑이 존재한 것이다. 궁중악사와 공주와의 이룰 수 없었던 사랑이 평화로운 들판의 두 그루 은행나무가 되고, 또다시 은행나무 침대의 영혼이 되면서 천 년의 시간 속에 그를 찾아 헤맨 영혼의 사랑이 모습을 드러낸 것이다. 그는 전생의 미단 공주의 기억을 찾아 헤매고 과거로부터 미단을 쫓는 무섭도록 집요한 사랑의 화신 황 장군의 위협을 받게 된다. 현세의 연인 선영은 과학으로 설명할 수 없는 그들의 존재를 증명하기 위해 실험을 강행하고 이제 더는 현생으로 되돌아올 수 없는 미단은 황 장군으로부터 수현을 구하기 위해 마지막 선택을 한다.
포스터	

유리	
감독	양윤호
제작연도	1996
상영시간	114분
개봉극장	명보, 씨네맥스, 동숭씨네마텍, 뤼미에르, 신촌아트홀
출연	박신양, 이은정, 문영동, 장송미, 조은경, 장인한, 정진각, 정민영, 형유서, 이인영, 김동혁, 고영환, 김태용, 손종호, 박상기, 최진석, 진남수, 안혁모, 윤희균, 권동환, 김영철, 조성각, 박지인, 강경미
관람객 수	9,525명(서울)
흑백/컬러	컬러
평가	1996년 제17회 청룡영화상 남자신인상/1997년 제33회 백상예술대상 영화부문 신인연기상
내용	유리는 창녀를 어머니로 둔 이유로 세상 모든 남자의 아들이면서 어느 누구의 아들도 아니다. 그는 어머니를 빼앗아 간 모든 아버지들에 대해 질투와 증오를 몰래 삼키며 성장한다. 그리고 어머니의 죽음으로 예정된 길일 수밖에 없는 수도의 길을 걷게 되는데, 33세가 되던 해 수도승 유리는 40일간의 구도의 길을 떠난다. 그는 생의 마지막 길인 죽음의 존재를 구도의 고난 속에 깨달음을 위해 유리라는 곳으로 들어간다. 유리는 스님들이 수행을 통해 진리를 깨닫는 곳. 그러나 이곳은 사회의 관습과 잡념을 모두 잊기 위해 알몸으로 들어가야 하는 고난의 땅이다. 유리는 이곳으로 들어가자마자 자만심과 우월감에 사로잡힌 존자승과 편견에 사로잡힌 애꾸승을 종교적 신념에 입각해 살해한다. 그러고는 관념적으로 극복해야 할 대상들과 싸우고 또 유리라는 극한 상황 속에서 여러 가지를 경험하며 구도의 길을 찾으려 한다.
포스터	

카루나	
감독	이일목
제작연도	1996
상영시간	110분
개봉극장	스카라, 대지, 화양, 연흥(서울)
출연	옥소리, 김정훈, 김 청, 조재현, 최종원, 남능미, 서우림, 설봉스님, 강민경, 박준규, 이진수, 박용식, 한규희, 남영진, 한영숙, 김영희, 이석구, 정만스님, 오선화, 정세혁, 최석호, 함광호, 정진우, 박정용, 이호근, 이재형, 윤정일, 곽정희, 김경란, 신예원, 송정란, NAGNALDORJ, 현지몽골인, 이성웅, 권병길, 김주영, 양일민
관람객 수	20,583명(서울)
흑백/컬러	컬러
평가	
내용	1943년 부안군 보안면 유천리엔 고려 도공의 후손 양천수 일가가 산다. 둘째 아들 종길은 사랑하는 분님과의 결혼을 위해 아버지 양천수 몰래 사기그릇을 굽는다. 그러나 양천수에게 들켜 사기그릇은 모두 박살이 나고, 분님은 빚에 팔려 지주집의 곱추도령에게 강제로 시집을 가게 되자 종길은 분임을 데리고 도망친다. 해방이 되고 6·25가 발발하자 종길은 인민군이 되어 마을로 돌아오고 국군장교가 된 형 종식과 이데올로기 갈등을 겪다 형제가 같이 죽임을 당한다. 종길의 자식인 진형이 성장하여 도예를 배우고 부친이 겪었던 시대적 아픔을 다시 재현하게 된다.
포스터	

무사	
감독	김성수
제작연도	2000
상영시간	155분
개봉극장	중앙시네마, 씨넥스, 스카라, 허리우드, 씨네월드, 씨네오즈
출연	안성기, 정우성, 주진모, 장쯔이, 우영광, 이두일, 박용우, 박정학, 유해진, 정석용, 한영목, 송재호, 허기호, 장옥해, 곽이사, 손병욱, 심재원, 이홍표, 지중현, 김광석, 김상원, 박상욱, 정미남 외 95명
관람객 수	873,600명(서울)
흑백/컬러	컬러
평가	2001년 제22회 청룡영화상 남우조연상/2001년 제9회 춘사영화제 기술상/2001년 제48회 아시아태평양영화제 편집상/2001년 제2회 부산영화평론가협회상 촬영상/2002년 제39회 대종상영화제 편집상., 의상상/2002년 제25회 황금촬영상영화제 금상/2002년 제7회 KINO베스트10 키노독자 2001년 한국영화 베스트 9
내용	명나라에 사신으로 갔다 간첩 혐의를 받고 귀양길에 오르게 된 고려의 무사들. 귀양지로 향하던 중 원기병의 습격으로 명 군사는 몰살당하고, 고려인들만 사막에 고립된다. 사신단을 이끄는 용호군 장수 최정은 독단적으로 고려로 돌아갈 것을 결정한다. 혹독한 행군으로 부사 이지헌이 숨지고, 이로 인해 이지헌의 호위무사 여솔과 최정 사이엔 긴장이 흐른다. 천신만고 끝에 사막의 객잔에 도착한 고려인들은 명나라의 부용 공주를 납치해 행군 중이던 원기병과 다시 마주친다. 최정은 부용에게 첫눈에 마음을 빼앗긴다. 한편 부사 이지헌의 시체를 끌고 여솔이 뒤늦게 객잔에 도착한다. 여솔은 이지헌의 시신에 침을 뱉은 색목인의 목을 베어 버린다. 단숨에 색목인들의 목을 베어 나가는 여솔을 원기병 장수 람불화가 관심 있게 지켜본다. 그리고 부용 또한 열린 마차의 틈으로 여솔을 바라본다. 하지만 결국 여솔은 원기병에게 생포당한다. '敦'라는 글씨가 쓰인 부용의 혈서를 주운 최정은 부용을 구출해 고려로 돌아가는 배를 얻겠다고 말한다. 최정의 부관 가남과 주진군의 대정 진립은 무모하다며 이를 반대한다. 하지만 결국 진립의 첫 화살을 시작으로 부용의 구출작전은 시작되고 부용은 구출된다. 하지만 많은 고려 무사들이 희생당한다. 남경성이 목적지였던 부용과 고려인들은 황하계곡에 다다른다. 하지만 나루터는 원기병에 의해 불타 버리고, 이들은 한족 피난민과 마주친다. 자신의 백성을 저버릴 수 없었던 부용은 자신과 한족들을 명군이 있는 해안 토성까지 데려다주면 고려로 가는 배를 주겠다고 제안한다. 천신만고 끝에 토성에 도착하지만 성은 이미 폐허로 변해 있고, 기대하던 명군도 없다. 부용을 쫓는 원기병은 어느새 성 밖까지 추격해 오고, 고려인들의 불안은 커져만 간다. 부용을 사이에 둔 최정과 여솔의 갈등 또한 깊어만 간다. 이제 그들은 선택해야 한다. 부용 공주를 내줄 것인가, 목숨을 걸고 함께 싸울 것인가. 최후의 시간은 점점 다가오고… 과연 이들은 무사히 고려로 돌아갈 수 있을까?

| 포스터 |  |

달마야 놀자	
감독	박철관
제작연도	2001
상영시간	95분
개봉극장	중앙시네마, 명동캣츠21, 허리우드, 신촌아트홀, 씨네하우스(서울)
출연	박신양, 박상면, 강성진, 김수로, 홍경인, 김인문, 정진영, 이원종, 이문식, 류승수, 임현경, 권오민, 김영준, 이대연, 이무현, 성규찬, 박용범, 최휴진, 김영헌, 임철민, 이성근,
관람객 수	1,250,875명(서울)
흑백/컬러	컬러
평가	
내용	업소들의 주도권을 놓고 일대 격전을 벌이던 재규 일당은 무지막지한 습격을 당하고, 마지막이란 심정으로 깊은 산중의 암자로 몸을 숨긴다. 더는 숨을 곳도, 보살펴 줄 조직의 힘도 끊긴 재규 일당에게 유일한 보금자리가 될 그곳엔… 자비와 진리를 수행 중인 스님들이 살고 있었으니, 그동안의 모든 일상을 뒤집는 느닷없는 인연은 고요했던 산사를 흔들기 시작한다. 막무가내로 들이닥친 재규 일당을 받아들여야만 하는 스님들은 약속한 일주일의 시간이 야속하기만 하고… 보스의 연락만을 기다리는 재규 일당의 심정도 편치만은 않다. 절 생활의 무료함을 달래기 위한 재규 일당의 일과는 사사건건 스님들의 수행에 방해만 되는데… 한편 이들을 내쫓고 평화를 찾기 위한 스님들의 눈물겨운 대책은 기상천외한 대결로 이어진다. 일대일 개인전에서부터 단체전까지의 결투에서 깨끗하게 승복한 재규 일당. 결국 암자에 더 머물러도 좋다는 허락을 받아 낸다. 그러나… 머물고 싶으면 수도해라…. 스님들과 똑같은 수도생활을 해야 한다는 조건을 달고, 재정비에 들어가는 산사생활은 또 다른 국면에 접어든다. 참았던 감정이 폭발한 두 집단은 맞짱과 몇 번의 덮치기 등으로 팽팽하게 대립한다. 일하지 않는 자는 먹지도 말라 하니 말년 병장처럼 지내던 재규 일당의 생활은 이등병 신참으로 추락하기에 이른다. 치사하고 처절하고 눈물 나는 수행은 다시 시작되는데… 스님들은 과연, 그들과 홀가분하게 '세이 굿바이'를 할 수 있을까?
포스터	

번지점프를 하다	
감독	김대승
제작연도	2001
상영시간	101분
개봉극장	CGV강변11, MMC, 녹색, 메가박스씨네플렉스, 명보프라자, 서울(서울)
출연	이병헌, 이은주, 여현수, 홍수현, 전미선, 김갑수, 이범수, 오지혜, 김정학, 이지용, 장석원, 김준호, 남궁민, 방진의, 김 원, 김민재, 이수용, 유태욱, 임재근, 김태훈, 오정선, 신은선, 안소진, 김지영, 황현인, 권태찬, 기주봉, 박철민, 김정영 외 63명
관람객 수	506,529명(서울)
흑백/컬러	컬러
평가	2001년 제24회 황금촬영상영화제 신인감독상/2001년 제22회 청룡영화상 각본상, 신인감독상/2001년 제37회 백상예술대상 영화부문 시나리오상, 신인연기상/2001년 제38회 대종상영화제 각본상, 신인기술상/2002년 제7회 KINO 베스트10 키노독자 2001년 한국영화 베스트 7
내용	1983년 여름… 첫눈에 반하는 일 따위는 믿지 않는 국문학과 82학번 서인우는 적극적이고 사랑스러운 여자 82학번 인태희를 만난다. 자신의 우산 속에 뛰어 들어온 여자 인태희… 비에 젖은 검은 머리, 아름다운 얼굴, 그리고 당돌한 말투까지 인우의 마음은 온통 그녀로 가득 차 버린다. 그녀의 존재로 가슴 설레 하고, 그 사람의 손이 닿은 물건이면 무엇이든 소중하게 간직하며 사랑은 무르익어 간다. 험한 소리 퍼부으며 다시는 안 볼 것 같이 뒤돌아가다가도 금세 혀가 마를 정도로 그리움에 애를 태우는 그들에게 군입대라는 짧은 이별의 순간이 왔다. 그러나 서로에게 짧은 이별이라 위로했던 그 순간은 영원으로 이어지는데…. 2000년 봄… 사랑의 기억만을 간직한 채 새로운 삶을 살고 있는 인우…, 이제 그는 어엿한 가장이고, 고등학교 국어교사다. 그러나 아직도 태희를 잊지 못하는 그의 정수리 위로 다시 한번 쏟아지는 감정의 소낙비… 17년 전, 소나기가 쏟아지던 그 여름 자신의 우산 속에 갑작스레 뛰어들었던 태희처럼 다시 그의 인생을 송두리째 흔드는 사람… 그녀처럼 새끼손가락을 펼치는 버릇이 있고 그녀가 했던 이야기를 그대로 하고 그녀의 얼굴이 새겨진 라이터를 가지고 있는 그 사람에게서 인우는 다시 사랑을 느끼기 시작하는데….
포스터	

동승	
감독	주경중
제작연도	2002
상영시간	99분
개봉극장	서울, 대한, 명보, 씨티, MMC, 메가박스, CGV(서울)
출연	김태진, 김예령, 김민교, 오영수, 전무송, 김범태, 유현지, 오세금, 김민지, 김윤희, 민기홍, 유주애, 김필주, 정소영, 강귀자, 주갑식, 특별출연 다수
관람객 수	100,530명(서울)
흑백/컬러	컬러
평가	2003년 제6회 상하이국제영화제 진주에상 각본상/2003년 제50회 아시아태평양영화제 최우수작품상, 촬영상/2003년 제23회 한국영화평론가협회상 올해의 베스트10 한국영화/2003년 제26회 황금촬영상영화제 동상
내용	꼬마 스님 도념에겐 세상이 두 가지로 존재한다. 적막과 침묵 속에 자리 잡은 산사와 구불구불 산길을 내려가면 환하게 열리는 재미있는 사람들의 마을. 왜 나는 불러 볼 엄마와 아빠가 없는 걸까? 왜 나는 까까머리 중일까? 왜 아랫마을 아이들은 나를 싫어할까? 9살 아이의 하늘은 의문 투성이로 채워져 있다. 늙은 노승 밑에서 기죽이며 서로 의지하는 정심스님은 내 비밀을 알까? 어느 날부턴가 도념은 누군가를 기다리는 버릇이 생겼다. 일 년에 한 번씩 불공을 드리기 위해 암자를 찾아오는 예쁜 아줌마. 도념은 여태껏 그처럼 예쁘게 생긴 아줌마는 본 적이 없다. 저렇게 아름다운 분이 우리 엄마라면 얼마나 좋을까. 산사 일을 도와주는 초부 아저씨는 엄마가 내년 봄, 도라지꽃이 활짝 필 때 꼭 돌아오신다고 하셨는데….
포스터	

봄 여름 가을 겨울 그리고 봄	
감독	김기덕
제작연도	2003
상영시간	105분
개봉극장	서울
출연	오영수, 김기덕, 김영민, 서재경, 하여진, 김종호, 김정영, 지대한, 최 민, 박지아, 송민영
관람객 수	28,094명
흑백/컬러	컬러
평가	2003년 제56회 로카르노국제영화제/2003년 제24회 청룡영화상 작품상, 기술상/2003년 제11회 춘사영화제 기획제작상, 미술상/2004년 제41회 대종상영화제 최우수작품상
내용	만물이 생성하는 봄. 숲에서 잡은 개구리와 뱀, 물고기에게 돌을 매달아 괴롭히는 짓궂은 장난에 빠져 천진한 웃음을 터트리는 아이. 그 모습을 지켜보던 노승은 잠든 아이의 등에 돌을 묶어 둔다. 잠에서 깬 아이가 울먹이며 힘들다고 하소연하자, 노승은 잘못을 되돌려 놓지 못하면 평생의 업이 될 것이라 이른다. 아이가 자라 17세 소년이 되었을 때, 산사에 동갑내기 소녀가 요양하러 들어온다. 소녀의 마음에 소녀를 향한 뜨거운 사랑이 차오르고, 노승도 그들의 사랑을 감지한다. 소녀가 떠난 후 더욱 깊어 가는 사랑의 집착을 떨치지 못한 소년은 산사를 떠나고… 절을 떠난 후 십여 년 만에 배신한 아내를 죽인 살인범이 되어 산사로 도피해 들어온 남자. 단풍만큼이나 붉게 타오르는 분노와 고통을 이기지 못하고 불상 앞에서 자살을 시도하는데….
포스터	

할	
감독	윤용진
제작연도	2010
상영시간	86분
개봉극장	
출연	조용주, 우상전, 안홍진, 손준혁, 한태양, 정미감, 김소향, 도진 스님, 정진 스님, 성모 스님
관람객 수	
흑백/컬러	컬러
평가	
내용	보육원에서 형제처럼 자란 고아 우천과 미카엘은 함께 성장하면서 풀리지 않는 종교적 갈등을 겪는다. 신부가 된 미카엘의 만류에도 불구하고 우천은 기어코 출가한다. 어느 날 큰스님 청송과 1박 2일의 화두여행을 떠난 우천은 청송의 인자한 가르침으로 오랜 화두를 풀고 깨달음을 얻는다. 우천은 신부 미카엘을 찾아간다.
포스터	

꿈: 수행	
감독	윤찬규
제작연도	2011
상영시간	78분
개봉극장	
출연	
관람객 수	
흑백/컬러	컬러
평가	
내용	티베트어로 '꿈'은 수행이란 뜻. 수행은 인간의 모든 욕심과 집착을 버리고(무아), 감정을 다스리며(무심), 심신을 수련해 진정한 자아의 평화를 깨닫는 연마의 과정이다. 꿈(수행)을 통해 도달하게 되는 최고의 경지는, 결국 진정한 행복의 깨달음. 꿈(수행)은 결국 인간 모두의 삶, 그 자체이다. 문명의 진공상태인 해발 4,100미터 티베트고원. 그곳에는 중국의 탄압을 피해 온 수행자들의 안식처 야칭스가 있다. 수행자들은 중국의 억압과 탄압에 맞서 신체적 저항이 아닌 수행을 통해 자비심과 연민으로 적마저도 수용한다. 열악한 환경과 현실 속에서도 수행자들은 마음의 수행을 통해 진정한 자비와 평화를 깨닫는다. 풍요 속에서도 작은 일에 분노하며 스트레스 속에 살아가는 현대인에게 수행자들의 삶은 큰 메시지를 전달한다.
포스터	

산사의 바람소리	
감독	박영환
제작연도	2012
상영시간	19분
개봉극장	
출연	
관람객 수	
흑백/컬러	컬러
평가	
내용	사고로 아들을 잃은 미혼모 엄마가 절에 들어가 마음을 비우려 하고, 사고를 낸 상대방의 여자와 그녀의 아이가 찾아와 사죄를 하려 한다. 사죄를 받아 주려 하지 않지만, 특정한 사건으로 인해 용서를 해 주고 사고로 죽은 아들이 바람으로 환생하여 돌아온다.
포스터	

3. 한국 유교영화

고가	
감독	조문진
제작연도	1977
상영시간	90분
개봉극장	천호
출연	한인수, 윤미라, 최남현, 한은진, 문정숙, 이순재, 박남옥, 김 만, 오경아, 고설봉, 전영주, 이영수, 한순화, 김한철, 장 훈, 조덕성, 임성포, 박병기, 임생출, 백 송, 윤일주, 김기범, 김수천, 주상호, 신찬일, 이승렬, 김승남, 남성국, 조학자, 이정애, 성명순, 최연수
관람객 수	
흑백/컬러	컬러
평가	1977년 제16회 대종상영화제 여우주연상, 신인상(남)
내용	1920년대 충남의 한 시골에서 300년째 가문을 이어 온 장동 김씨가에 개화의 물결이 밀려와서, 전통을 중시하는 완고한 김 노인과는 달리 차남 도식은 일제하에서는 새로운 문명만이 조선을 일으킬 수 있는 길이라고 믿게 된다. 도식은 신학문을 조카인 필재에게 전하다가 집에서 쫓겨나며, 필재는 의대를 나온 후 신분의 격차를 배격하면서 종의 딸인 길녀와 결혼하려고 하나 뜻을 이루지 못한다. 일본이 패망하고 좌우익의 혼란 중에 김 노인과 계집종 월선의 태생인 태식은 좌익이 되어 길녀를 사랑하나 길녀가 김 노인의 딸임을 알게 되자 길녀도 자살하고 태식도 역시 고가에 불을 지른 후 불 속으로 뛰어든다.
포스터	

돌아오시는 날	
감독	김소영, 임종재, 오병철, 장주식, 이용배, 황규덕
제작연도	1984
상영시간	8분
개봉극장	
출연	이예민, 신찬일, 김지영, 박세준, 문혜경
관람객 수	
흑백/컬러	컬러
평가	
내용	석이는 과거에 아버지와 불화로 고향을 떠났다가 아버지의 제사를 맞이하여 집으로 돌아온다. 여전히 아버지의 제사를 못마땅하게 여기며, 제사를 준비하는 어머니와 순이를 보면서 아버지와의 불화를 회상한다.
포스터	

씨받이	
감독	임권택
제작연도	1986
상영시간	95분
개봉극장	명보(서울)
출연	강수연, 이구순, 한은진, 윤양하, 김형자, 방 희, 유명순, 김정하, 황 건, 이석구, 주상호, 박종설, 박예숙, 진봉진, 홍원선, 임예심, 유경애, 여원선, 박부양, 최 준, 송치우
관람객 수	17,745명(서울)
흑백/컬러	컬러
평가	1986년 제25회 대종상영화제 촬영상, 조명상/1987년 제44회 베니스국제영화제 여우주연상/1987년 제34회 아시아태평양영화제 최우수작품상, 감독상, 여우조연상/1987년 제7회 한국영화평론가협회상 촬영상, 특별상(연기)
내용	봉건시대의 가부장적 질서가 여성의 삶을 억압하고 죽음에까지 이르게 한다는 설정은 <이조여인 잔혹사>(1969, 신상옥) 이래 특히 1980년대 사극영화의 전형적인 범주에 해당되는 것이지만, 특히 <씨받이>는 '제사의식'을 통한 죽은 자와 산 자의 대화, 또 죽은 자에 의해 지배되는 산 자의 세계를 다루었다는 점에서 흥미가 있다. 조선시대 대갓집 종손 신상규(이구순)와 그의 부인 윤씨(방희) 사이에 손이 없자, 상규의 어머니(한은진)와 숙부 신치호(윤양하)는 숙의 끝에 씨받이 여인을 들일 것을 결정한다. 신치호는 직접 씨받이 마을로 들어가 씨받이 여인이었던 필녀(김형자)의 딸 옥녀(강수연)를 간택하여 집안으로 들인다. 합방 날, 옥녀를 대면한 상규가 옥녀의 빼어난 용모에 사로잡혀 옥녀를 총애하게 되자, 부인 윤씨는 옥녀를 투기하게 된다. 드디어 옥녀에게 태기가 있자 온 집안은 옥녀를 떠받들게 되며 옥녀도 잠시 자신의 처지를 망각하고 상규를 진실로 사랑하게 된다. 필녀는 자신의 과거를 돌이켜 보며 옥녀를 타이르나 옥녀는 받아들이지 않는다. 옥녀가 아들을 낳자 그 아이는 곧장 윤씨의 품에 안기고 신씨 종가는 경사를 맞는다. 옥녀는 아기의 얼굴도 보지 못한 채 그날 밤으로 떠날 것을 종용받고 집을 떠난다. 하지만 그녀는 1년 후 자신의 아이가 있는 집 근처에서 목을 매어 자살한다.
포스터	

여자F	
감독	이현승
제작연도	1987
상영시간	11분
개봉극장	
출연	조윤정, 곽성모
관람객 수	
흑백/컬러	컬러
평가	
내용	오랜 전통의 남성 위주의 사회에서 보이지 않는 힘에 의해 길들여진 한 여자가 자신의 정체성을 인식하는 과정을 통해 우리 사회의 성차별의 실상을 보여 주는 영화이다.
포스터	

축제	
감독	임권택
제작연도	1996
상영시간	107분
개봉극장	단성사, 시티시네마(서울)
출연	안성기, 오정해, 한은진, 정경순, 박승태, 이금주, 안병경, 김경애, 남정희, 이해룡, 이예민, 이 얼, 배태일, 임진택, 홍원선, 방은미, 신성일, 박용진, 최동준, 김종구, 김기천, 유일강, 안진수, 이석구, 김우석, 김경란, 강 희, 박예숙, 조학자, 홍승기, 민경진, 장기용, 박충선, 하덕성, 김기범, 추 봉, 손 전, 김길호, 길다로, 홍동은, 윤일주, 이지산, 박광진, 방 영, 김철홍, 백진아, 최지혜, 손꽃잎, 이사라, 장대승, 김동화, 김병재, 배장수, 김석중, 김재찬, 임금택, 위용환, 양일민
관람객 수	50,561명(서울)
흑백/컬러	컬러
평가	한국적 풍속에 대한 높은 기록성(호현찬) 1996년 제17회 청룡영화상 작품상, 감독상/1996년 제16회 한국영화평론가협회상 최우수작품상, 남우연기상/1997년 제33회 백상예술대상 영화부문 감독상/1997년 제2회 KINO 베스트10 키노 1996년 한국영화 베스트 1
내용	40대 명망 있는 작가 이준섭은 5년이 넘게 치매를 앓아 온 시골 노모가 돌아가셨다는 연락을 받고 분주히 고향을 찾는다. 87세 할머니의 죽음은 많은 사람들에게 다른 감정으로 다가간다. 특히 치매에 걸린 시어머니를 모셔 온 형수의 감정은 홀가분함과 애석함이 교차한다. 한편, 준섭의 모친상을 통해 그의 문학세계를 재조명하는 기사를 쓰러 온 기자 장혜림은 관찰자로 장례식의 이모저모를 취재하기 바쁘다. 장례가 시작되고, 어머니의 죽음을 놓고 생기던 그 골이 깊어진다. 그러나 장례식이 진행되면서 가족들의 갈등은 서서히 풀리고, 할머니를 모시지 않은 삼촌 준섭을 원망하던 용순은 준섭이 쓴 동화를 읽고 눈물을 흘린다. 장례가 끝나자 노모가 남겨 준 큰 사랑과 삶의 지혜를 가족들은 각자의 가슴속에 간직하게 된다.
포스터	

학생부군신위	
감독	박철수
제작연도	1996
상영시간	118분
개봉극장	명보, 옴니, 브로드웨이, 한일(서울)
출연	방은진, 최 성, 문정숙, 권성덕, 송옥숙, 주진모, 박재황, 김일우, 정하현, 추귀정, 박동현, 남포동, 유명순, 홍윤정, 박지민, 김봉규, 최유경, 김보라나, 이무정, 주일몽, 채 훈, 박 철, 임해림, 홍충길, 문철재, 나갑성, 김덕영, 서평석, 전 영, 이지산, 임예심, 정미경, 손영순, 조영이, 국정희, 최민금, 한명환, 서창숙, 신동욱, 강민정, 하지윰, 유은영, 허재호, 정인학, 정기진, 김정미
관람객 수	3,894명(서울)
흑백/컬러	컬러
평가	1996년 제34회 대종상영화제 각본상, 조연남우상/1996년 제32회 백상예술대상 영화부문 대상, 작품상, 감독상/1996년 제16회 한국영화평론가협회상 감독상/1997년 제44회 아시아태평양영화제 남우조연상/1997년 제2회 KINO 베스트10 키노 1996년 한국영화 베스트 7
내용	여느 날처럼 다방을 전전하던 박 노인은 페달을 손보지 않은 자전거를 끌고 나갔다가 길바닥에서 사고로 사망한다. 박 씨가 죽자 영화감독인 큰아들 찬우, 카페를 경영하는 골칫덩어리 딸 미선은 서둘러 고향으로 돌아오고 미국에 사는 셋째 아들 찬세도 귀국한다. 적막한 시골엔 장례식을 준비하느라 갑자기 분주해지면서, 초상집은 동네 사람들이 모여들며 소식을 묻고 옛사람을 만나는 만남의 장이 된다. 자식들은 부친의 죽음을 애석해하며 대성통곡하는데, 그중에서도 부모 속을 썩이던 미선이 제일 가슴 아파하며 울음을 그치지 않는다. 상주인 찬우는 자기의 직업대로 부친의 죽음을 한 편의 파노라마로 인식하고, 찬세는 신앙에 따라 유교식 장례 절차가 진행되는 가운데 찬송가를 소리 높여 부른다. 게다가 박 노인의 여동생은 보험 세일을 하며 장례식은 점차 죽은 자보다 산 자의 몫으로 남는다.
포스터	

삼대구년	
감독	배원정, 정현철
제작연도	1998
상영시간	11분
개봉극장	
출연	
관람객 수	
흑백/컬러	컬러
평가	1998년 제1회 청소년영상페스티벌 금빛대상
내용	혼란스럽게 전개되는 근현대사 속의 3대, 즉 증조, 조부, 부의 세대를 조망하고, 개인적으로 이질적 흐름에 불만과 수치를 가지고 있던 아이가 현실과 전통에 대해 깨달아 가는 과정을 담았다. 우리의 현실은 곧 전통 속에 살아 있어야 한다는 생각을 영상과 함께 보여 준다.
포스터	

정	
감독	배창호
제작연도	1999
상영시간	114분
개봉극장	동숭(서울)
출연	김유미, 김명곤, 윤유선, 남정희, 김종구, 정인하, 최숙진, 김승수, 강기화, 김지훈, 윤희철, 허길자, 정경아, 양준호, 박만서, 표철온, 문연호, 강태종, 김진각, 이영욱, 허문수
관람객 수	2,632명(서울)
흑백/컬러	컬러
평가	2000년 제1회 부산영화평론가협회상 감독상
내용	노파 순이는 따뜻한 봄날 옛일을 떠올리며 회상에 잠긴다. 순이는 열여섯에 열 살 갓 넘긴 어린아이와 혼례를 치른다. 설레던 새색시의 꿈은 깨지고 모진 시집살이와 어린 신랑의 망나니짓으로 서러운 나날을 보내게 된다. 유일한 즐거움은 모두가 잠든 밤 곳간에서 장화홍련전을 읽으며 자신을 달래는 일이다. 그렇게 십 년의 세월이 흐른 어느 날 경성으로 유학 갔던 신랑 귀동이 영란이라는 신여성과 함께 나타났지만 둘 사이의 사랑이 자신이 경험하지 못했던 남녀 간의 사랑이라는 감정을 이해하고 시어머니가 사실은 자신을 몹시 아끼고 있었음을 확인하며 집을 떠난다. 몇 년 후 여름 순이는 술을 빚어 생계를 꾸려 나가는 덕순의 눈에 들어 보쌈을 당하지만 순이 역시 덕순의 순수함에 끌려 산속 옹기터에서 사랑을 꾸려 나간다. 다음 해 어느 여름날 덕순은 순이에게 줄 분곽을 사 들고 술에 만취해 돌아오다 물에 빠져 숨진다. 다시 혼자가 된 순이는 덕순과의 꿈같은 일 년을 뒤로하고 다시 길을 떠난다. 중년에 접어들어 혼자 살고 있는 순이 앞에 남편 노름빚 때문에 소장수에게 팔려 갔다 도망친 복녀 모자가 찾아든다. 이를 가련히 여긴 순이는 이들을 받아들이기로 하는데….
포스터	

틈	
감독	김경록
제작연도	1999
상영시간	20분
개봉극장	
출연	하봉순, 박영자, 다르
관람객 수	
흑백/컬러	
평가	
내용	아픈 몸을 이끌고 살림을 도맡아 하는 할머니, 생계를 책임지고 있는 어머니, 그리고 대학생인 아들. 이 세 식구의 가깝고도 먼 관계 이야기. 투석을 하면서 집안일을 도맡아 하시는 할머니와 일수놀이로 생계를 담당하는 어머니, 그리고 소심한 대학생 아들이 보여 주는 가족의 일상. 가장 가까운 사이인 이들의 관계에서도 어떤 틈이 보인다.
포스터	

딸들의 명절	
감독	정호현, 이주영
제작연도	2000
제작의도	아들을 낳아야만 살아남을 수 있었던 어머니. 그 어머니로부터 태어난 딸들은 아들이 아니었기에 받아야만 했던 차별의 기억들을 가지고 있다. 이제 각각의 가정을 가진 딸들은 여자 남자의 다름으로 인한 더는의 차별은 없어야 한다고 생각한다. 그러나 여전히 명절은 여자들의 허리를 휘게 한다. 각각 가정에서 설거지, 밥을 하던 남편들도 명절에는 앉아서 밥만 먹는다. 함께 즐거울 수 있는 명절은 어떤 것인가? 출처: http://cinemadal.tistory.com/1281 [시네마달 cinemaDAL]
상영시간	30분
개봉극장	
출연	정정선, 정용선, 장수연
관람객 수	
흑백/컬러	컬러
평가	
내용	어머니는 5녀 1남을 두셨다. 둘째 딸은 전업주부로서 프로의식을 가지고 살림을 꾸려 나가고 있으며 셋째 딸은 아침에 아이를 놀이방에 맡기고, 대학원 수업을 들으러 간다. 저녁이면 남편이 아이를 찾아 함께 시장 보고 저녁을 지어 먹는다. 넷째 딸 수연은 결혼한 지 3개월 된 신혼이다. 그림을 그리는 수연과 대학원생인 남편은 삶의 불평등한 부분들을 평등하게 만들어 가는 실험을 하는 사람들이다. 추석 명절이 돌아왔고 각각의 딸들은 모두 친정집에 모였다. 그러나 여전히 명절은 여자들만이 준비하는 날이었다. 특히 어머님은 평생을 두고 명절과 제사를 치러야 했으며 그것은 삶이 아니라 지옥이라고 어머님은 한숨을 쉬셨다. 그렇게 준비한 음식으로 남자들은 차례를 지내고 앉아서 텔레비전을 보고 밥을 먹지만, 딸들은 여전히 상을 차리고 설거지를 해야만 한다. 수연은 중요한 것은 '얼마나 안락한 삶인가가 아니라 얼마나 풍요로운 삶을 사는가'라며 남편과 함께 명절을 마무리한다.
포스터	

가족프로젝트-아버지의 집	
감독	조윤경
제작연도	2001
상영시간	44분
개봉극장	
출연	
관람객 수	
흑백/컬러	
평가	2002년 제4회 서울국제여성영화제 아시아단편경선최우수상
내용	전통적 대가족체계와 현대적 가족체계가 혼재된 시대의 한국 가족의 초상화. 집에서 절대 권력으로 군림하지만, 늘 그 자리가 비어 있는 한국의 아버지. 한국 사회에서 남성이라는 이름으로 요구되고 묵인되는 것들. 이 영화는 가족 간의 관계를 왜곡시키는 그 남성성에 관한 영화이다.
포스터	

왠지 작은 찻잔과 밥그릇	
감독	이정화
제작연도	2003
상영시간	60분
개봉극장	
출연	
관람객 수	
흑백/컬러	컬러/흑백
평가	2003년 제5회 서울국제여성영화제 상영작
내용	재일교포와 결혼한 감독이 부부 찻잔과 밥그릇을 결혼선물로 받고, 부부의 찻잔과 밥그릇의 미묘한 차이를 통해 집단 최면, 무의식, 세뇌가 갖는 무서움을 그리고자 했다. 이정화 감독은 전통의 이름으로 인정되는 3mm가 큰 남자의 그릇과 큰 찻잔 그리고 여자의 작은 그릇과 작은 찻잔이 어떻게 일본 사회에서 일상적인 것으로 수용되고 있는지, 언제부터 이것이 일본적인 것으로 되었는지를 묻고 있다. 일본 사회에서 전통의 이름으로 그리고 여성과 남성의 자연적 차이로 인식되는 차별의 무의식적 세뇌를 감독은 자신의 어린 시절인 박정희 시기에 일어났던 정치적 메시지의 세뇌와 무의식적 일상화를 병치시키면서 경계에 선 사람들이 느끼는 폭력을 형상화하고자 한다. 감독의 의도가 얼마나 좋은 기록물이 되고 있는지를 기대해 보자. (김은실)
포스터	

문디	
감독	정해심
제작연도	2008
상영시간	15분
개봉극장	
출연	Larnie G. De Guzman, 최재섭, 이용이
관람객 수	
흑백/컬러	컬러
평가	2008년 제13회 부산국제영화제 상영작/2009년 제4회 이주노동자영화제 상영작
내용	이름 없이 '문디'라고 불리는 며느리와 시어머니는 함께 음식을 장만하지만 전혀 정겹지 않다. 시어머니는 일이 서툴기만 한 며느리가 못마땅해 연신 타박을 한다. 한국말을 전혀 하지 못하는 외국인 며느리와 영어를 전혀 모르는 시어머니. 이 둘의 하루는 시어머니의 꾸지람을 들을 때마다 남편과 함께 그린 담벼락의 그림을 바라보는 며느리의 눈빛처럼 먹먹하게 느껴진다. 그러나 사람은 소통한다. 사투리와 제사, 결혼이주여성이라는 이질적인 상황 속에서 '문디'라는 호칭으로 슬며시 소통하는 두 여인을 카메라는 잔잔하게 보여 준다.
포스터	

최후의 인어들	
감독	리즈채
제작연도	2008
상영시간	19분
개봉극장	
출연	김개정, 고방길, 고대수, 이복열, 강복선, 오화강
관람객 수	
흑백/컬러	컬러
평가	2008년 제13회 부산국제영화제 와이드 앵글부문 초청작/2009년 제8회 트라이베카 필름 페스티벌 상영작/2010년 제7회 서울환경영화제 한국 환경영화의 흐름부문 초청작
내용	엄마에서 딸로, 세대에서 세대로, 제주도의 여성들은 오랫동안 해녀로 살아왔다. 감독은 마지막 남은 제주도의 해녀들과 생활하며 이 짧은 다큐멘터리를 완성했다. 2천 년이 넘는 세월 동안 그들은 남자, 정부 그리고 군대에 맞서 그들의 생존과 권리를 지키기 위해 싸워 왔다. 그리고 바다는 그들에게 피난처이자 생활의 터전이었다. 하지만, 이제 그들은 이 전통을 자기 세대에서 끝내고자 한다. 그들은 최후의 인어들이다.
포스터	

사과	
감독	정철
제작연도	2009
상영시간	19분
개봉극장	
출연	김소숙, 박지연, 하덕성, 오민석, 김미진
관람객 수	
흑백/컬러	컬러
평가	2010년 제30회 부산국제단편영화제 상영작/2010년 제9회 미장센단편영화제 국내경쟁-비정성시 부문 상영작
내용	백수인 딸 연주는 오늘도 엄마의 성화에 못 이겨 간신히 눈을 뜬다. 제사를 준비해야 한다는 엄마의 말에 연주는 살짝 놀란다. 이상하게 기분이 좋지 않은 연주와 엄마는 시장에서 장을 보고, 집에서 음식을 준비하며 사소한 일로 다투게 된다. 제사의 주인공은 다름 아닌 연주의 친엄마였던 것이다. 평소에 정말 다정한 사이였던 두 사람은 제사를 준비하며 서로의 마음에 상처를 주게 되고, 연주는 엄마를 버려 둔 채 방으로 올라가 버린다. 저녁이 되어 가족들이 다 모이고 제사가 시작된다. 가족들은 모두 방에 모여 제사를 지내는데, 엄마는 홀로 부엌에서 사과를 깎는다. 연주는 제사를 지내며 홀로 남은 엄마에게 미안함을 느낀다. 제사를 마치고 저녁을 먹으면서 가족의 갈등은 폭발하고 연주와 엄마는 자신들의 방식으로 화해를 한다. '제사는 죽은 자들을 위한 것이 아니라, 살아 있는 사람들을 위한 것'이라는 연출 의도를 볼 수 있다.
포스터	

엄마에게	
감독	이홍재
제작연도	2011
제작의도	
상영시간	72분
개봉극장	
출연	장시원, 최지혜, 김수웅, 이소희, 이승연, 송유현, 형영선, 정희태, 박성일, 이응재, 이지오, 장은비, 경원석, 조정애, 장 호, 오채빈, 정민재, 최영열, 문 건, 김남기, 정유미, 박 연, 문 건, 레지나, 이희석, 공복아
관람객 수	
흑백/컬러	컬러
평가	
내용	셋째 아들 영민이 죽고 처음 맞이하는 설 연휴, 화정(모)과 순혁(부)을 염려한 딸들은 화정의 만류에도 불구하고 모두 친정에 모인다. 그러나 화정의 바람과는 달리 낯설기만 한 상황이 벌어지고 가족 간의 갈등이 하나둘 다시 떠오르면서 서로 충돌하기에 이른다.
포스터	

상두별곡	
감독	김호진
제작연도	2012
상영시간	24분
개봉극장	
출연	정민영, 장준현, 전영운, 표원섭, 이범석
관람객 수	
흑백/컬러	컬러
평가	
내용	연락을 끊고 지내던 아버지의 장례 소식을 듣고 7년 만에 집으로 돌아오는 기석. 전통적인 방식으로 치르고 싶다며 아버지의 제자인 진용은 무리하게 병원이 아닌 집에서 장례를 치르고 있다. 기석은 상주인 자신의 동의를 구하지 않고 일을 진행하는 진용이 못마땅한데….
포스터	

의궤, 8일간의 축제 3D	
감독	최필곤
제작연도	2014
상영시간	73분
개봉극장	
출연	여진구, 김 인, 장민혁, 방중현, 김종수, 정승교, 육미라, 조현주, 정택현, 강나현, 정성인, 임준용, 정은성, 오은호, 허혜리, 정은미, 이향규, 조은숙, 성찬호, 진봉진, 권범택, 신정섭, 정회남, 최정훈, 최우영, 박호진, 이학민, 김호연, 박준의, 박종빈, 신덕규, 박제혁, 김상기, 오형근, 신선한, 이해원, 김지형, 이서율, 송정현, 유승호, 우영택, 김명성, 오명훈, 임승준, 전준형, 유연영, 박호진, 홍순영, 배해근, 김희진
관람객 수	
흑백/컬러	컬러
평가	
내용	조선 22대 국왕인 정조(正祖 1752~1800)가 역사상 가장 성대한 축제를 기획하고 8권의 책에 그 모든 과정을 글과 그림으로 기록한 역사기록물을 KBS 다큐멘터리 제작진이 순수 우리 3D 기술로 고스란히 복원해 낸 작품이다. 특히 3D 입체영상으로 제작되어 한층 업그레이드된 영상미로 관객들의 시선을 사로잡으며, 보다 쉽고 재미있게 우리 역사를 즐기고 이해할 수 있는 좋은 기회가 될 것으로 기대를 모으고 있다.
포스터	

4. 한국 천주교영화

안중근 사기	
감독	이구영
제작연도	1946
상영시간	
개봉극장	우미관
출연	양백명, 이업동, 극단 청춘극장 단원들
관람객 수	100,000명
흑백/컬러	흑백
평가	
내용	나라를 위해 자신을 버리고 일본의 총리대신 이토 히로부미를 만주 하얼빈역까지 미행하여 그를 저격하고 대련 형무소 교수대의 이슬로 사라지기까지의 안중근 의사의 일대기이다.
포스터	

지성탑	
감독	김정환
제작연도	1948
상영시간	
개봉극장	시공관
출연	방구봉, 이향희
관람객 수	100,000명
흑백/컬러	
평가	
내용	관직에 있는 방구봉은 천주교도인 이향희를 사랑한다. 그러나 천주교도인 향희는 대원군의 쇄국정책으로 인해 관가에 체포되어 형장으로 끌려간다. 구봉은 온갖 방법을 다해 향희의 구명운동을 전개하여 가까스로 사면을 받아 형장으로 달려가지만, 향희는 이미 이 세상을 떠나고 난 뒤다.
포스터	

구원의 정화	
감독	이만흥
제작연도	1956
상영시간	
개봉극장	국도
출연	이 룡, 한은진, 서춘광, 이선경, 장 훈, 고설봉, 변기종, 장 일, 나소운, 조정연, 김세라, 서영철, 조 항, 김칠성, 곽종철, 이경춘, 윤인자
관람객 수	
흑백/컬러	컬러
평가	박계주의
내용	신문 연재소설을 영화화 이조 말엽 대원군 섭정시대에 천주학자들이 박해당한 내용의 순교사적 종교영화. "아심(윤인자)은 미모의 처녀로 예조판서 김응겸(변기종)의 외딸이다. 이 처녀가 밤이면 남장을 하고 거리를 휩쓰는데 그건 사리사욕을 일삼는 일부 권력층을 조롱하기 위해서다. 이 아가씨가 하루는 낭패를 당하다가 「시메온」(한은진)이라는 미소년으로부터 구원을 받고 그를 사모하게 된다. 그러나 「시메온」은 윤 「베드루」 신부(이선경)의 복사이며 이교인 기독교를 신봉하여 당국의 눈을 피해 다니는 일원이었다. 아심은 「시메온」을 사모타가 거절당하자 마침내 당국에 고발하여 형을 받게 한다. 단체로 십자가형에 처하려던 찰나 「시메온」이 유방이 불룩한 처녀였음이 판명된다. 그는 즐겨 그리스도 품으로 돌아가는 것을 택했던 것이다. 이것을 보고 아심도 형장으로 뛰어들어 함께 죽여 달라고 애걸한다." [한국일보 55년 12월 18일]
포스터	

고종황제와 의사 안중근	
감독	전창근
제작연도	1959
상영시간	109분
개봉극장	국도
출연	김승호, 정창근, 최남현
관람객 수	150,000명
흑백/컬러	흑백
평가	제작비 7,200만 환. 안양 스튜디오에서 세트 촬영. 국내 최고의 제작비와 큰 스케일로 화제가 됨. 1960년 제2회 문교부 우수국산영화상 우수작품 장려상, 미술상
내용	망국의 기운이 감도는 구한말. 이토 히로부미(최남현)와 친일 대신의 압력에 의해 을사조약이 체결된 지 얼마 후, 헤이그 밀사 사건을 빌미로 일제는 고종황제(김승호)의 퇴위를 강요한다. 삼흥학교에서 인재 양성을 하던 안중근은 안창호의 연설을 듣고 의병운동에 참가할 것을 결심하고 연해주로 간다. 그는 한국의병 참모중장, 만주원정군 사령관으로서 동지들과 함께 일본군에 대항해 독립운동을 벌인다. 안중근과 동지들은 이토 히로부미가 북만주를 시찰할 것이란 소식을 듣고 하얼빈역에서의 저격을 계획한다. 거사는 성공하지만 안중근과 동지들은 투옥된다. 그는 법정에서도 조선의 독립운동의 정당성을 주장하며 일제에 항거하다 사형을 당한다.
포스터	

자주댕기	
감독	최인현
제작연도	1968
상영시간	105분
개봉극장	명보
출연	신영균, 문 희, 윤일봉, 최성호, 이성섭, 한은진, 김희준, 안인숙, 최인숙, 최 삼, 강계식, 장 훈, 추석양, 이 철, 김칠성, 성소민, 김 웅, 이예성, 임해림, 나 일, 윤일주, 최 일, 주상호, 나정옥, 지계순, 김경란, 김지영, 송일근
관람객 수	21,000명
흑백/컬러	컬러
평가	
내용	천주학이 수난을 당하던 이조 말엽, 천주학쟁이였던 동은은 희순이와 결혼하던 첫날밤에 잡히어 형장으로 끌려간다. 동은은 호송 도중에 백자도 수령에게 구출되어 강제로 그의 딸과 결혼한다. 한편 희순이는 포도대장 창덕에게 겁탈당하고 그 죄를 씻기 위하여 천주학쟁이가 된다. 그 무렵 백자도 일당의 소굴에서 탈출한 동은은 희순이를 만나 저간의 사정 이야기를 듣고 포도대장 창덕을 복수하지만 끝내 희순이는 그들에게 희생된다.
포스터	

지하실의 7인	
감독	이성구
제작연도	1969
상영시간	97분
개봉극장	명보
출연	허장강, 윤정희, 김혜정, 이예춘, 이순재, 윤소라, 김석훈, 윤양하, 박근형, 김 웅, 손 전, 추 봉, 윤신옥, 감정옥, 김지영, 이영호, 독우영, 심상현, 유하나, 박예숙, 임소영, 김주오, 태 일, 홍동은, 최무웅, 박병기, 원인기, 주일몽, 공시훈, 정동암, 장현호, 이경수, 정영택, 고덕철, 황건일, 민병훈, 신현수, 안상준
관람객 수	18,316명
흑백/컬러	컬러
평가	1970년 제6회 백상예술대상 영화부문 감독상, 기술상
내용	한국전쟁이 배경. 북한군이 후퇴한 후 안신부(허장강)는 새로 부임하는 정수사(이순재), 루치아 수녀와 함께 성당으로 돌아온다. 미사를 올리기 위해 성당을 보수하고 있던 세 명의 성직자에게 북한군이 나타나 총부리를 겨누며 이들을 지하실로 끌고 간다. 성당의 지하실에는 북한군 낙오병 3명이 숨어 있었다. 북한군들은 루치아 수녀를 인질로 삼아 안 신부에게 협조하라고 위협한다. 이 북한군들이 천주님이 보내 주신 길 잃은 양이라고 여기는 안 신부는 이들에게 회개하고 자수하라고 간곡하게 타이른다. 북한군 중 박(박근형)은 여 장교(김혜정)과 부하를 위협해 귀순하려고 한다. 그 순간, 지하실 내 비밀 장소에 숨어 있던 북한군 부사령관(이예춘)이 나타나 박을 살해한다. 전쟁으로 마음에 깊은 상처를 입고 성당에서 기거하던 마리아(윤정희)가 우연히 지하실로 내려오면서, 이제 지하실에는 북한군 3명과 인질 4명이 한자리에 모이게 된다. 성당을 지나던 아이의 신고로 성당 지하실에 북한군이 숨어 있다는 사실을 안 국군은 북한군에게 귀순하라고 설득하지만, 북한군들은 성직자들을 인질로 탈출을 기도, 국군에게 전방까지 타고 갈 트럭을 요구한다. 북한군이 인질들을 태우고 출발하려는 순간, 마리아가 부사령관을 끌어내리고 다이너마이트를 빼앗는다. 이때를 놓치지 않고 국군은 북한군을 섬멸한다. 그리고 그때 휴전 소식이 전해진다. 안 신부는 '총소리는 멎었지만 평화는 없다'라고 탄식한다.
포스터	

의사 안중근	
감독	주동진
제작연도	1972
상영시간	126분
개봉극장	국도
출연	김진규, 박노식, 문정숙, 한문정, 최남현, 최불암, 이대엽, 하명중, 최성호, 박 암, 최 성, 추석양, 장 훈, 이 향, 김동원, 추 봉, 김신재, 전 숙, 손창민, 김은진, 정 민, 강계식, 김 웅, 고운봉, 최 삼, 성 소, 박경주, 지방열, 김왕국, 최창호, 박동룡, 정 철, 최성관, 이 용, 백 송, 권오상, 황인철, 신찬일, 임해림, 조덕성, 구중석, 이기홍, 김용학, 석운아, 임동훈, 이영호, 김승남, 양일민
관람객 수	30,070명
흑백/컬러	컬러
평가	1972년 제11회 대종상영화제 최우수작품상, 미술상/1972년 제9회 청룡영화상 음악상, 기획상.1973년 제9회 백상예술대상 영화부문 미술상
내용	안창호 선생의 연설회장에서 그를 온몸으로 사수하던 안중근은 블라디보스토크로 망명, 우덕순 등과 함께 대한의군을 조직하여 북만주 일대에서 맹렬한 저항을 하게 되지만 동지 수십 명이 죽고 포로가 되는 어려운 투쟁을 전개한다. 안중근 역시 일진회 도당들에게 피랍되어 구타당하고 입원한다. 이때 이토 히로부미가 하얼빈에 온다는 소식을 듣고 침략의 원흉을 제거할 것을 결심한다. 1909년 10월 하얼빈에 도착한 이토 히로부미를 사살한 안중근은 체포되어 우국지심을 굴하지 않고 초연히 순국한다.
포스터	

새남터의 북소리	
감독	최하원
제작연도	1972
상영시간	102분
개봉극장	국도
출연	남궁원, 윤정희, 김성옥, 이낙훈, 최 삼, 김칠성, 성소민, 강계식, 최성관, 지방열, 유하나, 이난희, 김 웅, 이예성, 노 강, 임해림, 조석근, 임동훈, 손 전, 김수천, 에팅페린, 파올스태판홀트
관람객 수	19,324명
흑백/컬러	컬러
평가	1972년 제9회 청룡영화상 미술상
내용	이지연 대감의 서자로 태어난 민서는 장안의 소문난 한량이다. 어느 날 그는 다련이라는 어여쁜 낭자를 보자 그녀의 뒤를 밟는다. 그녀가 천주교인임을 알게 되고 다련은 그 사실이 발각되어 포도청에 끌려간다. 민서는 온갖 고문과 고초를 당하는 다련을 구해서 도망치지만 둘은 다시 잡힌다. 한편 다련을 좋아하는 천주교도 여상은 다련을 구하기 위하여 신도들의 모임 장소를 일러 주나 다련도 구하지 못하고 많은 신도들도 죽음을 당하자 자살한다. 민서와 다련은 형장에서 죽음을 초연하게 맞이하고 서로의 이름을 부르며 행복하게 죽어 간다.
포스터	

목소리	
감독	김영걸
제작연도	1972
상영시간	100분
개봉극장	아카데미
출연	윤정희, 박노식, 이낙훈, 김성옥, 여운계, 유하나, 최향미, 진 량, 홍성애, 김광일, 신찬일, 장인환, 김용학, 서울관구수녀일동, 대구관구수녀일동
관람객 수	9,130명
흑백/컬러	컬러
평가	
내용	독실한 천주교 신자인 수임은 지우와 약속한 사이로 유복한 환경의 동정녀이다. 전쟁이 일어나고 적의 치하에서 자신의 것이라고는 신앙심뿐인 수임은 죽음으로 제단을 지킬 것을 결의한 서울교구의 성직자들과 생활을 같이한다. 공습이 있는 날 붉은 마수에게서 간신히 빠져나온 수임은 기어이 수녀가 된다. 육군 유격대의 도움으로 죽은 줄로만 알았던 지우를 다시 만나게 된 수임은 감격하고 이미 수녀로서 자기 생애를 바치기로 한 수임은 눈물로써 지우를 떠나보낸다.
포스터	

초대받은 사람들	
감독	최하원
제작연도	1981
상영시간	110분
개봉극장	국제(서울)
출연	이영하, 원미경, 박 암, 남성훈, 장 혁, 윤양하, 박지훈, 박근형, 한소룡, 김길호, 이주실, 박경득, 이인옥, 김지영, 문미봉, 유명순, 양 춘, 김경란, 이정애, 조학자, 강 희, 임예심, 김신명, 정미경, 이강숙, 박예숙, 손 전, 김기범, 임해림 외 37명
관람객 수	155,222명(서울)
흑백/컬러	컬러
평가	1981년 제20회 대종상영화제 최우수작품상, 음악상, 미술상, 특별상(연기)
내용	1784년 천주교가 들어와 이승훈은 정약종, 약용 형제와 복음을 펼치나 복음이 당쟁의 도구로 이용되어 박해받는다. 하상과 정혜는 신유박해 때 고초와 감시를 피해 흩어진 교우들을 모아 교세를 확장한다. 우의정 이지연의 서자 이항주는 위기에 처한 정혜를 구출하고 첫눈에 끌린다. 항주와 정혜는 부친들 사이에 정혼이 약속되었지만 한 사람은 진리를 위해 처형되고 다른 사람은 재상이 되어 가까이할 수 없다. 정혜는 진리와 성교를 위해 항주의 사랑을 피하나 항주는 필사적으로 사랑을 좇는다. 천주교 박해로 수많은 성직자가 형장의 이슬로 사라질 때 항주는 성령을 받는다.
포스터	

초대받은 성웅들	
감독	최하원
제작연도	1984
상영시간	135분
개봉극장	국도(서울)
출연	유인촌, 김성수, 윤양하, 김민경, 곽은경, 오영화, 김애경, 문미봉, 윤일주, 이인옥, 이 향, 최성호, 서옥모 외 32명
관람객 수	18,609명(서울)
흑백/컬러	컬러
평가	
내용	1849년 토마스 최양업은 김대건의 순교사료 수집과 김대건의 모친과 누님을 찾아 도우라는 명령을 받고 귀국하며 과거를 회상한다. 15세의 김대건, 최양업, 최방제는 온갖 어려운 상황 속에서도 마카오에서 신학공부를 한다. 전도길에 나선 최 신부는 모든 재산을 버리고 현실의 아픔을 느끼며 신앙을 잃지 않는 어느 신도의 의지에 감명을 받는다. 한편, 무관의 딸로 태어나 자신의 부모를 죽인 원수에 대한 복수로 살아온 자기의 동생과 연인이라는 복면 도령을 안 최 신부는 동생을 찾아 짝 지워 준다. 그로부터 10년 후 최신부의 활동은 여전했고 온갖 박해가 가해지자 은둔생활을 하다 힘없이 죽어 가는 신자들을 보고 그들 속으로 뛰어든다. 한편 김대건은 각국을 돌며 전도하던 중 관헌에게 붙잡혀 죽음을 당한다. 최신부는 죽음을 눈앞에 둔 김대건의 누님을 발견하지만 다음 날 길을 떠나게 된다. 그때 최 신부는 박말구의 재담에 대답도 없이 장티푸스로 쓰러져 죽고 만다.
포스터	

소명	
감독	최인현
제작연도	1984
상영시간	102분
개봉극장	대한(서울)
출연	신성일, 박지훈, 최 일, 안진수, 이상석, 신영일, 이혜숙, 이순재, 박 암, 김재운, 신찬일, 전 숙, 김용태, 최성호, 강계식, 김기종, 강희영
관람객 수	30,596명(서울)
흑백/컬러	컬러
평가	
내용	1754년(영조 30년) 장군 이부만공의 댁에서 둘째 아들로 태어난 이벽은 천학(천주학) 서적을 탐독하여 교리를 깨닫기에 이른다. 1779년 섣달, 대학자 권철신이 개최한 강학회에서 천주교 교리를 강론한 이벽은 모두를 감동시켜 천주교리의 연구가 활발해진다. 함께 공부하던 이승훈이 북경에 가서 영세를 받고 성서와 성물을 가지고 귀국하자 이벽은 성서와 성물을 받아 두문불출하며 교리를 연구하여 이승훈에게 영세를 받고 교리 전파에 주력한다. 점점 천주교 신자가 늘고 교리 강론을 하는 이벽이 존경을 받게 되나 당시의 유교 제일주의로 인해 박해를 받기 시작한다. 신자들의 집은 수색당하고 귀향을 가는 박해 속에서 순교한다. 이벽은 사회와 문중으로부터 참혹한 박해를 받는다. 그러나 끝까지 배교하지 않고 1785년 6월 순교한다.
포스터	

아가다	
감독	김현명
제작연도	1984
상영시간	97분
개봉극장	국도(서울)
출연	이보희, 유인촌, 김원섭, 이경희, 이종만, 문미봉, 현지애, 채은희, 최성관, 유명순, 성명순, 문태선, 이영미, 오은주, 이정란, 지윤주, 황인숙, 권숙희, 최옥선, 김경화
관람객 수	8,371명(서울)
흑백/컬러	컬러
평가	1985년 제21회 백상예술대상 영화부문 신인연기상
내용	미국 대학을 나와 여류화가를 꿈꾸다 수녀가 된 아가다에게 아버지가 위독하다는 소식이 온다. 고민하던 아가다가 아버지의 간병을 위해 환속하여 고향 운촌으로 내려간다. 그러나 다두 신부와 정 여사, 아가다의 간호에도 아버지는 운명하고 만다. 또한 다두 신부가 발병하게 되어 간호하던 아가다는 환속의 죄책감과 다두 신부에 대한 연민의 갈등으로 운촌을 떠난다. 방황하던 아가다는 대학동창 현욱과 동거하게 되고 임신까지 하지만 현욱의 약혼녀가 등장해 또 뛰쳐나온다. 노신부에게 고해성사를 하고 애를 낳아 기르며 미술에 전념하는 아가다에게 현욱이 찾아오자 아이를 현욱에게 맡기고 자취를 감춘다. 그사이 다두 신부는 프랑스의 수도회에 입회하려 하고 현욱도 이민을 떠나려 하고 있었다. 우연히 정신병원에서 정 여사는 아가다를 발견하지만 기억상실증에 걸려 아가다는 전혀 기억이 없었다. 다두 신부와 정 여사의 노력에도 별 차도가 없던 아가다는 노신부의 상종소리에 서서히 기억을 되찾는다.
포스터	

오세암	
감독	박철수
제작연도	1990
상영시간	115분
개봉극장	단성사(서울)
출연	김혜수, 심재림, 서예진, 조상건, 최종원, 김용림, 남포동, 조형기, 송옥숙, 천호진, 안병경, 오세장, 조주미, 박용팔, 김애라, 유명순, 전 숙, 최성관, 이설산, 이석구, 정영국, 홍충길, 김현진, 황병훈, 안용남, 김석빈
관람객 수	12,433명(서울)
흑백/컬러	컬러
평가	
내용	가톨릭재단에서 운영하는 보육원에서 자라던 오누이 길손과 감이는 엄마와 고향의 꿈을 버리지 못하고 서로 헤어지기 싫어서, 좋은 조건의 입양을 포기하고 보육원을 몰래 빠져나온다. 5살짜리 길손과 맹인인 누나 감이는 오직 고향에 가겠다는 일념으로 모든 역경을 이겨 내며 가까스로 고향 근처에 도착한다. 그러나 이미 그 고향은 댐 건설로 물바다가 되어 온데간데없고, 어린 감이는 한 청년에게 폭행까지 당한다. 절망하여 허덕이던 둘은 우연히 만난 행운 스님을 따라 절에서 지내게 된다. 말썽만 부리는데, 길손을 남겨두고 행운 스님이 탁발하러 떠난 사이 폭설로 암자에 오르는 길이 막힌다. 간신히 그곳까지 찾아온 안젤라 수녀는 이 상황에 아연실색한다. 소년 길손은 사색이 되어 암자에 앉은 채, 누나가 눈을 뜰 거라는 말을 하고는 움직이지 않는다. 앉은 채로 죽은 것이다. 이 암자의 이름이 오세암이다.
포스터	

언제나 막차를 타고 오는 사람	
감독	김혁
제작연도	1991
상영시간	105분
개봉극장	서울2관(서울)
출연	정성모, 김혜리, 김희진, 박준규, 태현실, 여운계, 이영후, 홍여진, 유명순, 윤혜신, 최연진, 이설산, 김기종, 박광진, 강만희, 박일, 박종설, 한명환, 이준호, 윤동현, 홍충길, 정영국, 노경태, 유경애, 홍승이, 조학자, 이철재
관람객 수	1,631명
흑백/컬러	컬러
평가	
내용	영훈과 재희는 학창 시절 옷깃을 스치듯 만났다가 냉혹한 현실의 벽에 부딪쳐 각자 구도의 길을 걷게 된다. 그러나 목숨처럼 믿고 따랐던 친형의 자살로 인해 삶의 허무와 현실에 대한 도피로 구도자의 길을 택했던 영훈의 마음속에는 아직도 재희에 대한 그리움이 남아 있다. 독실한 가톨릭 신자인 재희 역시 아버지에 대한 반발심과 영훈의 불가귀의에 따른 허무감에 수녀의 길을 걷게 된다. 그리고 7년 후, 동생 로사를 통해 재희인 아가다가 있는 수녀원을 알게 된 영훈은 아가다에게 끈질긴 구애를 한다. 심장병의 일종인 협심증으로 인해 더는 수도자의 생활을 할 수 없게 된 재희는 원장 수녀의 도움으로 환속을 승낙받는다. 그리고 서로를 감싸 주고 아끼고 싶은 마음과 사랑의 기나긴 갈등 끝에 두 사람은 두꺼운 종교의 벽을 허물고 둘만의 조그마한 보금자리를 마련한다.
포스터	

이재수의 난	
감독	박광수
제작연도	1998
상영시간	100분
개봉극장	서울, CGV강변11, 시티, 시네플러스, 시네하우스, 녹색, 동숭(서울)
출연	이정재, 심은하, 명계남, 프레데릭 앙드로, 세바스찬 타벨
관람객 수	56,913명
흑백/컬러	컬러
평가	1999년 제52회 로카르노국제영화제 Youth Jury Award: Third Prize: New Cinema/2000년 제37회 대종상영화제 음악상, 의상상/2000년 제5회 KINO 베스트 10 키노 1999년 한국영화 베스트 1
내용	일부 천주교인들의 행패와 지독한 세금 때문에 고통당하고 굶어 죽어가는 제주민들은 분노가 극에 달해 어차피 굶어 죽는 판에 차라리 싸우다 죽겠노라 결전을 각오한다. 이재수는 난이 끝나면 모든 것을 책임지고 목을 내어 놓는 것이 민란의 장두의 운명임을 알면서도 사랑하는 숙화를 남겨 둔 채 평민의 신분으로 장두에 나선다. 이재수는 신부와 교인들이 숨어 있는 제주성을 포위하고 악질 교인 5명의 목숨과 교폐와 세폐를 시정할 것을 요구한다. 굳게 닫힌 성문을 사이에 두고 대치하고 있는 양 진영. 마침내 이재수와 민당들을 향해 총알이 날아온다. 전투가 계속되면서 성벽 위 교인들은 불안에 떨고 분노에 찬 민당들은 교인들을 하나씩 죽인다. 이재수는 제주성을 함락시키고 성안에 진입한다. 그러나 프랑스 함대는 이미 제주도를 향하고 있었다. 조선 정부로부터 세폐와 교폐를 시정하겠다는 약속을 받아 낸 이재수, 스스로 목을 바친다. 이제는 그 붉었던 핏빛 겨울이 지나고 보리 이삭이 필 무렵…, 굶어 죽으나 싸우다 죽으나 마찬가지라며 따랐던 수많은 백성들과 아직 연을 다 못한 연인 숙화를 남기고….
포스터	

신부수업	
감독	허인무
제작연도	2004
상영시간	110분
개봉극장	
출연	권상우, 하지원, 김인권, 김인문, 김선화, 전혜진, 최환준, 김일우, 이용이, 공호석, 이영희, 이진선, 천우희 외 61명
관람객 수	
흑백/컬러	컬러
평가	
내용	여름만 지나면 신부수업 완성!… 그러나 순풍에 돛 단 듯 착착 진행 중인 일등급 신학생 규식(권상우)의 신부수업. 한 달만 지나면 고대하던 신부서품이다. '성모님, 이제 정말 얼마 안 남았어요….' 감격도 잠시, 교황이 성축한 귀한 '성작'을 깨뜨리는 대형 사고를 친 규식은 날라리 신학생 선달과 함께 치욕스러운 '영성강화훈련'의 주인공이 된다! 시한폭탄 같은 그녀에게 첫 키스를 빼앗기다니! '영성강화훈련'을 명받은 곳은 변두리 작은 성당. 그러나 성경책보다 연장을 가까이하는 이상한 남 신부(김인문), 미저리 같은 김수녀(김선화), 말썽꾸러기 동네 꼬마 녀석들까지 뭔가 조짐이 안 좋은데. 다음 날 아침 경건한 마음으로 새벽기도를 드리던 규식 앞에 상상치도 못한 사건이 벌어진다. 술 취해 잠든 여자를 쫓으려다 그만… 첫 입술을 빼앗기게 된 것! 규식에게 떨어진 미션 임파서블! 설상가상! 하필 '그녀'가 성당 남 신부님의 조카라니. 당황한 규식의 해명 뒤에 날아온 건 그녀(봉희: 하지원)의 주먹 한 방! 애인 찾아 무작정 가출해서 태평양을 건너왔다는 간덩이 큰 그녀, 아예 성당에 눌러앉아 사사건건 규식에게 쌍심지를 컨다. 안하무인으로 규식의 인내심을 시험하는가 하면, 성당에서 비키니 차림으로 선탠을 하는 등 섹시한 행동도 서슴지 않는데…. 차라리 당당하게 죗값을 치르리라 벌을 청한 규식에게 내려진 과제는, 오, 마이 갓! 가까이하기엔 너무나 두려운 그녀, 봉희에게 세례를 받게 하라는 것. 주님, 어찌 이런 시련을 주시나이까! '하늘이 사랑한 남자'와 '하늘도 포기한 여자'의 예측불허 만남이 시작된다! 그러나 성공 못하면 신부서품은 끝장이다. 날라리 신학생 선달의 도움을 받아 단계별 작전에 돌입하는데 시한폭탄 같은 봉희의 돌출행동에 규식의 앞길은 가시밭길의 연속이다. '하늘이 사랑한 남자' 규식과 '하늘도 포기한 여자' 봉희의 예측불허 만남! 모범 신학생 규식은 봉희의 무차별한 태클을 뚫고 무사히 신부가 될 수 있을까?

| 포스터 |  |

포도나무를 베어라	
감독	민병훈
제작연도	2006
상영시간	117분
개봉극장	
출연	서장원, 기주봉, 이민정, 이호영, 홍대성, 김 신, 김진선, 김빛새날, 김건호, 황하운, 정주일, 송재민, 최 현, 조원희, 서종환, 김민기, 김용모, 김광훈, 유동식, 최용준, 김광운, 이남희, 정석용, 성준서, 레오신부님, 성인자, 박숙현, 임영호, Shiela Saguillo, Lilybeth Emnace, 원종래, 이성호, 황하운, 장혁재, 최유림, 김미화, 이진숙, 김나연, 이창석, 변옥순, 임경영, 이의진, 김성대, 안병준, 발현철, 송창준, 김석하, 김진희, 최지현, 이은영
관람객 수	
흑백/컬러	컬러
평가	
내용	가톨릭 신학대학생인 수현(서장원)은 여자 친구 수아(이민정)와의 관계를 끊고 흔들리는 마음을 잡아 다시 한번 신학교 생활에 충실하기로 마음먹는다. 그러던 어느 날 수아가 보낸 청첩장과 십자가 목걸이가 배달되어 온다. 자신의 고민을 나누고자 동기인 강우에게 의지하려는 수현은 강우가 신학교 대나무 숲으로 가는 걸 발견하고 뒤따라갔다가 숲속에서 새끼강아지를 발견하고 몰래 방 안에서 키우게 된다. 그러나 며칠 못 가 강아지가 아프자 수현은 강아지가 처음 발견했던 곳에 십자가 목걸이와 함께 강아지를 버리게 되고 갑작스레 강우가 신학교를 그만두려 하자 수현은 또다시 마음이 흔들린다. 그때 어머니가 위독하다는 연락을 받은 수현은 집에서 어머니와 하룻밤을 보내게 되고 신학교로 돌아가는 기차역에서 수아와 닮은 여자를 발견하고는 무작정 수아를 찾아간다. 그러나 일방적으로 먼저 떠나 버린 수현이 갑자기 수아 앞에 나타나자 화가 난 그녀는 다시는 자기 앞에 나타나지 말라며 모멸 차게 돌아선다. 신학교로 돌아온 수현은 학장 신부에게 성직자의 길을 그만두겠다고 털어놓지만 평소 수현을 아끼던 학장신부는 수현에게 수도원 피정을 권유하고 수현은 수도원으로 향하게 되고 그곳에서 문 신부(기주봉)와 수련수사 정수 등과 함께 새로운 생활을 하던 중 뜻밖에 수도원 안에서 수아를 닮은 헬레나 수녀를 만나 다시 한번 두려움을 느끼게 된다.
포스터	

박쥐	
감독	박찬욱
제작연도	2009
상영시간	133분
개봉극장	
출연	송강호, 김옥빈, 김해숙, 신하균, 박인환, 송영창, 오달수, 황우슬혜, 최희진, 서동수, 이화룡, 라미란, eriq ebouney, onthatile peele, 최종률, 구용완, mercedes cabral, 한철우, 김희옥, 김태희, 손종학, 조덕제, 조문의
관람객 수	
흑백/컬러	컬러
평가	2009년 제46회 대종상영화제 조명상/2009년 제42회 시체스 국제판타스틱 영화제 여우주연상/2009년 제30회 청룡영화상 여우조연상, 음악상/2009년 제17회 춘사영화제 여우조연상, 조명상, 감독상, 남우주연상/2009년 제62회 칸국제영화제 심사위원상
내용	병원에서 근무하는 신부 '상현'은 죽어 가는 환자들을 보고만 있어야 하는 자신의 무기력함에 괴로워하다가 해외에서 비밀리에 진행되는 백신개발 실험에 자발적으로 참여한다. 그러나 실험 도중 바이러스 감염으로 죽음에 이르고, 정체불명의 피를 수혈받아 기적적으로 소생한다. 하지만 그 피는 상현을 뱀파이어로 만들어 버렸다. 피를 원하는 육체적 욕구와 살인을 원치 않는 신앙심의 충돌은 상현을 짓누르지만 피를 먹지 않고 그는 살 수가 없다. 하지만 살인하지 않고 사람의 피를 어떻게 구한단 말인가? 기적적으로 생명을 건진 상현은 그가 기적을 일으킬 수 있다고 믿고 기도를 청하는 신봉자들 사이에서 어린 시절 친구 '강우'와 그의 아내 '태주'를 만나게 된다. 뱀파이어가 된 상현은 태주의 묘한 매력에 억누를 수 없는 욕망을 느낀다. 태주 또한 히스테릭한 시어머니와 무능력한 남편에게 억눌렸던 욕망을 일깨워 준 상현에게 집착하고 위험한 사랑에 빠져든다. 모든 것을 포기할 만큼 태주를 사랑하게 된 상현은 끝내 신부의 옷을 벗고 그녀의 세계로 들어간다. 인간적 욕망의 기쁨이 이런 것이었던가. 이제 모든 쾌락을 갈구하게 된 상현은 신부라는 굴레를 벗어던진다. 점점 더 대담해져만 가는 상현과 태주의 사랑. 상현이 뱀파이어라는 사실을 알게 된 태주는 두려움에 거리를 두지만 그것도 잠시, 상현의 가공할 힘을 이용해 남편을 죽이자고 유혹한다. 사랑이란 이름으로 더욱 그를 조여 오는 태주. 살인만은 피하고자 했던 상현은 결국 태주를 위해 강우를 죽이기 위한 그녀의 제안을 받아들이는데…. 한 치 앞을 알 수 없는 이들의 사랑, 과연 그 끝은 어떻게 될까.
포스터	

울지마 톤즈	
감독	구수환
제작연도	2010
상영시간	91분
개봉극장	
출연	이태석, 이금희, 김래환
관람객 수	
흑백/컬러	컬러
평가	
내용	2010년 2월, 아프리카 수단 남쪽의 작은 마을 톤즈. 남수단의 자랑인 톤즈 브라스 밴드가 마을을 행진했다. 선두에 선 소년들은 한 남자의 사진을 들고 있었다. 환하게 웃고 있는 사진 속 한 남자…. 마을 사람들은 톤즈의 아버지였던 그의 죽음이 믿기지 않는다며 눈물을 흘렸다. 그들은 세계에서 가장 키가 큰 딩카족이다. 남과 북으로 나뉜 수단의 오랜 내전 속에서 그들의 삶은 분노와 증오 그리고 가난과 질병으로 얼룩졌다. 목숨을 걸고 가족과 소를 지키기 위해 싸우는 딩카족. 강인함과 용맹함의 상징인 딩카족에게 눈물은 가장 큰 수치다. 무슨 일이 있어도 눈물을 보이지 않던 그들이 울고 말았다. 모든 것이 메마른 땅 톤즈에서 눈물의 배웅을 받으며 이 세상 마지막 길을 떠난 사람, 마흔여덟의 나이로 짧은 생을 마감한 故 이태석 신부다. 톤즈의 아버지이자, 의사였고, 선생님, 지휘자, 건축가였던 쫄리 신부님, 이태석…. 자신의 모든 것을 바쳐 온몸 다해 그들을 사랑했던 헌신적인 그의 삶이 스크린에서 펼쳐진다.
포스터	

바보야	
감독	강성옥
제작연도	2011
제작의도	선종 2주기를 맞은 고 김수환 추기경의 삶을 다큐멘터리로 담은 영화
상영시간	73분
개봉극장	
출연	김수환, 안성기
관람객 수	
흑백/컬러	컬러
평가	
내용	바보 추기경 김수환, 영원한 사랑으로 기억될 그를 다시 만난다! 영하 10도의 살을 에는 추위는 아무런 문제가 되지 않았다. 2009년 2월, 몇 초간의 짧은 만남을 위해 약 40만 명의 사람들이 명동에 모인 단 하나의 이유. 믿음이 척박한 땅에서 최초의 추기경이 되었고, 누구도 나서지 않을 때 용기를 냈으며, 우리 곁을 떠나는 순간까지 기적 같은 사랑을 실천한 故 김수환 추기경. 한국사의 격동기 시절 종교를 넘어 사회의 가장 큰 어른, 약자들의 울타리, 마지막 대변인으로서의 삶을 살아간 '시대의 거인' 김수환…. 그의 뜨거운 사랑이 스크린에서 되살아난다.
포스터	

5. 한국 개신교영화

죄 없는 죄인	
감독	최인규
제작연도	1948
상영시간	
개봉극장	국제
출연	황재경, 황려희, 박일룡, 복혜숙, 최지애, 최예애
관람객 수	
흑백/컬러	흑백
평가	
내용	주기철 목사는 일제의 탄압에도 불구하고 기독교인의 자세를 지키지만 송 목사는 일제의 어용목사가 되어 버린다. 송 목사는 주 목사를 모함하여 투옥게 한다. 그러나 주 목사는 일제의 온갖 회유와 협박에도 굴하지 않고 마침내 순교하고 만다.
포스터	

유관순	
감독	윤봉춘
제작연도	1948
상영시간	
개봉극장	중앙, 동양
출연	고춘희, 이선경, 이일선, 박순봉
관람객 수	150,000명
흑백/컬러	흑백
평가	
내용	유관순은 1919년 3·1 독립운동 당시 나이 16세의 어린 소녀로서 독립 만세 대열의 선봉에 선다. 일본 경찰에게 잡히는 몸이 되지만 재판을 거부하는 등 항일투쟁 끝에 형장의 이슬로 사라진다. 유관순의 순국 정신과 짧은 생애를 영화화한 전기물이다.
포스터	

유관순	
감독	윤봉춘
제작연도	1959
상영시간	102분
개봉극장	국도
출연	도금봉, 고설봉, 한은진, 이해룡, 윤태병, 이성진, 남미랑, 강양순, 유 춘, 이선경, 윌 슨, 고선애, 김수천, 김희용, 정 철, 강계식, 변일영, 임문학, 김희갑, 석귀녀, 최 삼, 김칠성, 김 양, 이업동, 송 훈, 조 항, 이기홍, 조석근, 이일선, 이 향, 백 송, 고만길, 김미영, 지방열, 최 성, 전세권
관람객 수	76,219명
흑백/컬러	흑백
평가	
내용	1919년 3·1 독립운동 당시 16세의 어린 소녀로서 독립만세 대열에서 선봉에 섰다가 일본 경찰에게 잡혀 투옥되어 항일 투쟁 끝에 죽기까지 유관순의 순국정신과 짧은 생애를 영화화한 작품. 학생들의 독립운동이 심해지자 일제는 휴교령을 내린다. 집에 내려온 유관순(도금봉)은 전국적으로 일어나는 독립운동에 참여하기 위해 동네 사람들을 비롯해 40여 부락을 돌아다니며 사람들을 설득시킨다. 아내 장터에서의 만세운동은 군중들의 참여로 성공적으로 이뤄지지만, 관순은 주모자로 일경에게 잡힌다. 관순은 지독한 고문을 견뎌내고 재판정에서도 일본인들에게 저항하며 감옥에서도 사람들을 독려하여 만세운동을 계속한다. 결국 관순은 일제에 의해 지하실에서 죽음을 당한다.
포스터	

상록수	
감독	신상옥
제작연도	1961
상영시간	141분
개봉극장	명보
출연	최은희, 신영균, 허장강, 도금봉, 신성일, 윤일봉, 박성대, 한은진, 고선애, 변기종, 박철민, 이정애, 정득순, 이성섭
관람객 수	50,000명
흑백/컬러	흑백
평가	1962년 제1회 대종상영화제 공로상, 여우주연상/1962년 제9회 아시아 태평양영화제 남우주연상, 남우조연상, 음악상
내용	전문학교 출신의 그와 그녀는 농촌계몽에 뜻을 두고 각기 고향으로 내려간다. 그는 마을회관을 세우고 농촌 청년들을 선도해 가고 그녀는 학당을 세워 문맹퇴치를 위해 노력한다. 그러나 일제의 간악한 탄압의 손길이 그들에게까지 뻗쳐 그는 일경에게 잡히는 몸이 되고 그녀는 과로 끝에 몸져눕는다. 그가 풀려 나오던 날, 그녀는 안타깝게도 농촌에 대한 정열을 꽃피우지 못한 채 죽고 만다. 심훈의 『상록수』를 원작으로 신상옥 감독이 제작, 감독했다. 일제하 농촌을 배경으로 계몽사업에 몸과 마음을 다 쏟는 영신(최은희)과 그녀의 동지이자 애인인 동혁(신영균)의 감동적인 이야기로 당시 "흥행물로선 성공작"이었다. 영신 역의 최은희가 1회 대종상 여우주연상을 수상했고 9회 아시아영화제에서 신영균이 남우주연상, 허장강이 남우조연상을 수상했다. 1978년 임권택 감독에 의해 김희라, 한혜숙 주연으로 리메이크되기도 했다.
포스터	

순교자	
감독	유현목
제작연도	1965
상영시간	131분
개봉극장	아카데미
출연	김진규, 남궁원, 장동휘, 박 암, 윤일봉, 황정순, 박수정, 김광영, 장 훈, 최명수, 김신재, 변기종, 서월영, 고운봉, 강계식, 박성근, 이일선, 임생출, 노 강, 임성보, 추 봉, 조덕성, 주일몽, 최창호, 박복남, 김수천, 문미봉, 심성권, 전창근
관람객 수	
흑백/컬러	흑백
평가	진실을 추적해 가는 미스터리 형식으로 신의 존재 여부를 탐문하는 관념적인 영화. 유현목 감독의 일관된 관심사였던 실존주의, 좌절과 종교적 구원의 문제가 집중적으로 제기되어 있다. 세트를 배경으로 배우들이 사변적인 대사들을 길게 늘어놓는 장면들이 연극적인 인상을 강하게 풍긴다. 1965년 제3회 청룡영화상 기술상/1966년 제5회 대종상영화제 감독상, 음악상, 녹음상, 미술상/1966년 부일영화상 남우조연상, 미술상
내용	6·25 당시 국군은 평양을 함락하고 계속 북으로 진격하고 있다. 평양 군국정보부의 이 대위(남궁원)는 장 대령(장동휘)의 지시에 따라 인민군들에게 피살당한 열 명의 목사들을 위한 위령제를 준비한다. 그러기 위해 구사일생으로 살아남은 신 목사(김진규)를 찾아가 피살 당시의 참상을 알아보려고 한다. 그러나 신 목사는 좀처럼 입을 열지 않는다. 신도들은 그런 신 목사를 배신자로 생각하여 유다로 몰아붙이고 규탄 시위를 벌인다. 이러한 혐의는 신 목사 자신의 고백으로 더욱 굳어진다. 그러나 국군에게 잡힌 인민군 정 소좌는 당시 자신이 사살한 열 명의 목사들은 죽음 앞에서 목숨을 구걸한 위선적인 목사였고 오직 신 목사만이 대단한 신앙의 소유자라서 죽이지 않았노라고 고백한다. 자신은 신의 존재를 인정하지 않아도, 신이 없으면 약해질 수밖에 없는 교인들을 위해서 신의 존재를 설파하는 신 목사는, 중공군들의 침략으로 월남하자는 이 대위의 권고를 물리치고 북한에 남아 있는 신도들을 돌본다.
포스터	

유관순	
감독	윤봉춘
제작연도	1966
상영시간	
개봉극장	시민회관
출연	엄앵란, 김석훈, 최남현
관람객 수	
흑백/컬러	컬러
평가	
내용	1919년 3·1 독립운동 당시에 나이 16세의 어린 소녀로서 독립만세 대열에 선봉이 되었다가 일경에게 잡히는 몸이 되었지만 재판을 거부하는 등의 항일투쟁 끝에 마침내는 형장의 이슬로 사라진 유관순의 순국정신과 짧은 생애를 영화화한 전기물이다.
포스터	

무녀도	
감독	최하원
제작연도	1972
상영시간	110분
개봉극장	국도
출연	윤정희, 신영일, 김창숙, 허장강, 사미자, 조용수, 임생출, 임성포, 최 삼, 손 전, 황 민, 곽태용, 김소조, 이정애, 김경란, 김지영, 정미경, 정경화
관람객 수	84,349명
흑백/컬러	컬러
평가	1972년 제19회 아시아태평양영화제 기획상
내용	모화는 이름난 무녀이나 어민촌에 예수교가 들어와서 모화의 신격은 타락하기 시작한다. 아들 욱이가 예수교를 공부하고 온 것을 안 모화는 노여움에 욱이에게 든 잡귀를 쫓기 위해 굿을 하고 성경책을 찢는다. 두 모자의 보이지 않는 싸움은 끝내 모화의 가정에 파경을 가져온다. 마침 물에 빠져 죽은 어느 부인의 시체를 찾기 위해 굿을 나가는 모화는 정말 영험한 신령이 누구인가를 보여 주겠다고 결심한다. 그러나 신령 난 굿을 하여도 시체는 떠오르지 않는다. 굿을 계속하여 차츰 물속으로 들어가는 모화는 끝내 다시 나타나지 않는다.
포스터	

유관순	
감독	김기덕
제작연도	1974
상영시간	125분
개봉극장	허리우드
출연	문지현, 고은아, 김진규, 문정숙, 장동휘, 황 해, 박 암, 김희갑, 정 욱, 이일웅, 독고성, 박기택, 최 성, 박동룡, 최영남, 김태룡, 이재호, 장 훈, 고설봉, 임성포, 지방열, 주일몽, 손 전, 태 일, 박종설, 노사강, 김동혁, 이용언, 임해림, 안재은, 남윤정, 최원실, 김기연, 이인자, 장미령, 김애라, 이정애, 임예심, 조학자, 문미봉, 정미경, 윤일주, 조덕성, 이예성, 최 준, 추 봉, 김승남, 홍동은
관람객 수	3,132명
흑백/컬러	컬러
평가	
내용	부모님을 존경하고 형제간의 우애가 돈독했던 소녀 유관순은 믿음과 사랑을 실천하는 모습으로 이화학당에서도 두드러진 학생이었다. 한창 독립을 열망하는 민족적 분위기에서 유관순은 앞장서서 만세를 부르다가 학교가 휴교를 당하자 고향에 내려와서 만세운동을 주도한다. 결국 부모님까지 잃으면서도 자신의 몸을 아끼지 않고 대한의 독립을 위해 싸운다. 그러다 옥에 갇혀 그곳에서도 만세를 부르다가 일본인들의 잔인한 고문 끝에 처참하게 최후를 맞으며 잊히지 않는 백의 소녀가 된다.
포스터	

사랑의 원자탄	
감독	강대진
제작연도	1977
상영시간	105분
개봉극장	대한
출연	이신재, 송승환, 박소미, 이경희, 이형준, 장은교, 민현주, 최성호, 남 희, 김기종, 김민규, 지용남, 권오상, 최성관, 김기범, 김월성, 윤일주, 최형근, 박부양, 채 훈, 박찬식, 문미봉, 송인현, 서정일, 정영호, 서준영, 류영순, 김진수, 김진옥, 천대성, 김두영, 서현식, 박윤섭, 윤성화, 현광식, 장세영
관람객 수	77,103명
흑백/컬러	컬러
평가	
내용	손량원 목사는 일제하에서 6년의 옥고를 치르고 8·15와 함께 전남 여수에서 60리 떨어진 곳에 있는 애양원이란 나병환자촌에 돌아와 아내와 동인, 동산, 딸 동희 그리고 1,200명의 나환자와 생활하고 있다. 그러다가 1946년 10월 19일 여수에서 반란사건이 터져 두 아들을 잃고 실의에 빠지지만, 아들을 죽인 안재선을 양자로 맞아 친자식 이상으로 보살피며 역경을 이긴다. 이 무렵 6·25가 일어나 손 목사는 어린 양들을 구하고 대신 괴뢰에 잡혀 고문을 당해 끝내 처형장으로 끌려간다.
포스터	

저 높은 곳을 향하여	
감독	임원식
제작연도	1977
상영시간	101분
개봉극장	
출연	신영균, 고은아, 이순재, 김성원, 이정길, 강효실, 구봉서, 곽규석, 남 진, 박용식, 한상혁, 이영일, 전 숙, 문미봉, 정희섭, 김진영, 박용범, 지방열, 김용학, 김수천, 임생출, 김기종, 윤일주, 김기범, 조덕성, 김 웅, 최 준, 최재호, 신동욱, 윤복희, 문 숙, 도토리자매, 허 림, 유 준
관람객 수	
흑백/컬러	컬러
평가	
내용	조선 독립운동에 참여한 주기철은 일본 헌병의 추적으로 처녀 안갑수의 집에 피신하는데, 일본이 모든 조선인에게 신사참배를 강요하자 기독교는 큰 충격을 받는다. 주기철은 오점도라는 신자와 재혼하여 평양의 산정현교회로 부임, 예배당을 신축하나 헌당식을 앞두고 주기철은 구속되며 신사참배의 안은 가결된다. 마침내 주기철 목사는 파면되고 교회당은 폐교되며 주 목사는 1944년 4월 20일 밤에 형무소에서 순교하고 만다.
포스터	

상록수	
감독	임권택
제작연도	1978
상영시간	115분
개봉극장	대정(대전)
출연	한혜숙, 김희라, 이일웅, 김형자, 김천만, 박원숙, 독고영재, 송미남, 이예민, 이정애, 강계식, 지계순, 추 봉, 유명순, 박병기, 전미혜, 박 달, 최용팔, 박종설, 나정옥, 주상호, 박예숙, 이승일, 김신명, 이종철, 양 춘, 조덕성, 최 준, 이해룡, 김소저, 김기범, 임생출, 주일몽, 남윤길, 박부양, 이병환, 신찬일, 정성수, 신동옥, 박경희, 남석규, 권미순, 박채규, 최남미, 김지영, 김미영, 박우정, 이재학
관람객 수	861명
흑백/컬러	컬러
평가	심훈의 원작 '상록수'를 1961년에 신상옥 감독이, 1978년에 임권택 감독이 영화화 함
내용	신문사 주최의 학생계몽운동에 참가했던 영신과 동혁은 동지로서의 애정을 느끼게 되고 농촌운동에 앞장설 것을 약속한다. 학교를 중퇴하고 귀향하여 농민들에게 희망을 주려고 노력하지만 지주들의 방해로 실패한다. 영신도 예배당을 빌려 아이들을 가르치지만 일본 경찰의 저지가 심해 학교를 세우기로 결심한다. 학교 준공식 날 낙성식에서 축사를 하던 영신은 쓰러진다. 이때 동혁은 동지의 배신으로 운영권을 지주에게 빼앗겨 울분을 참지 못해 농우회관에 불을 지르고 지주를 살해한다. 체포된 동혁은 고문으로 식물인간이 되어 가석방되고 영신은 끝내 죽고 만다.
포스터	

사랑의 뿌리	
감독	강대진
제작연도	1978
상영시간	95분
개봉극장	국도(부산)
출연	윤일봉, 장동휘, 도금봉, 정선영, 강신조
관람객 수	8,458명
흑백/컬러	컬러
평가	1978년 제17회 대종상영화제 각본상
내용	조총련계 대판지국 조직부장 박용호는 재일교포 성묘단을 일원으로 모국을 방문, 혈육을 찾고자 한다. 아버지의 행방을 찾아 소록도까지 찾아간 용호는 아버지의 유품인 일기장을 읽으며 아버지의 고난에 찬 삶의 궤적을 확인하게 된다. 어렵게 찾은 동생 용준은 일선부대의 군목으로 있었고 용호는 용준과 함께 어머니를 찾아 사랑과 혈육의 진실을 알아낸다.
포스터	

을화	
감독	변장호
제작연도	1979
상영시간	100분
개봉극장	명보
출연	김지미, 정애란, 백일섭, 이순재, 이대엽, 주혜경, 유장현, 김석옥, 장정욱, 장 훈, 지방열, 박종설, 김신명, 김경란, 권일정, 유송이, 김지영, 박부양, 주일몽, 김대연, 김나나, 정윤영, 박승하
관람객 수	111,572명
흑백/컬러	컬러
평가	1979년 제18회 대종상영화제 여우조연상
내용	아들 영술과 살아가던 을화는 어느 날 신내림을 받고 강신무가 된다. 그녀는 늙은 무당 빡지 대신 굿을 하며 박수무당 성방돌과 결혼해 딸 월희를 낳는다. 그러나 빡지 무당의 굿보다 신통하다는 소문이 나자, 빡지 무당은 을화와 갈등하고 난동을 피우다 경찰에 끌려가 마을을 떠난다. 유명한 무당이 된 을화에게 스님이 찾아와 교육을 시켜 주겠다고 영술을 데려가고 성방돌 역시 굿이 싫다며 그녀를 떠난다. 마을에 기독교 신자가 점점 늘어 가던 중 영술이 기독교 신자가 되어 나타난다. 모자의 갈등은 점차 깊어 가고 영술이 성경책을 태우는 어머니를 만류하자 을화는 환영 가운데 아들을 창으로 찌른다. 을화는 상처 입은 영술을 극진히 간호하며 계속 서양 귀신을 몰아내 달라며 빌고, 영술도 어머니를 구원해 달라고 기도드린다. 그러던 중 복수하기 위해 돌아온 빡지가 신당에 불을 지르고, 어머니를 구하기 위해 불길 속에 뛰어든 영술도 어머니와 함께 죽고 만다.
포스터	

석양의 10번가(빛을 마셔라)	
감독	강대진
제작연도	1979
상영시간	102분
개봉극장	아세아
출연	이대근, 김보미, 홍성민, 여운계, 남수정, 차이선, 오영화, 심상천, 황 건, 한국남, 신찬일, 김민규, 문태선, 최무웅, 남성국, 마도식, 오영갑, 나갑성, 남포동, 이석구, 길달호, 강신조, 서대식, 이재학, 모정아
관람객 수	23,648명
흑백/컬러	컬러
평가	
내용	김덕팔은 아버지의 방종 때문에 어린 나이에 건달이 된다. 그런 생활을 하다가 고선미를 알게 되어 새사람이 되려고 하나 실패하고 폭행을 당한다. 아버지가 돌아가시고 계모와 이복동생들을 위해 덕팔은 건달 생활을 다시 하는데, 어느 날 자신을 폭행했던 자들과 싸움하다가 경찰에 쫓겨 교회당에 피신한다. 그러나 목사는 형사에게 덕팔을 인계하고 덕팔은 종교인을 증오한다. 그러나 목사의 인간적인 배려에 감동을 받고 성경에 의해 완전히 개심한 덕팔은 출감하여 전도사가 된다.
포스터	

사람의 아들	
감독	유현목
제작연도	1980
상영시간	110분
개봉극장	서울
출연	하명중, 최불암, 강태기, 이순재, 주선태, 오수미, 오미연, 김윤미, 황정순, 도금봉, 박 암, 김석훈, 나소운, 백 송, 오중근, 한국남, 이강배, 나정옥, 문태선, 임해림, 길달오
관람객 수	6,686명(서울)
흑백/컬러	컬러
평가	1980년 제19회 대종상영화제 최우수작품상/1980년 제1회 한국영화평론가협회상 작품상, 감독상, 촬영상, 기술상/1981년 제17회 백상예술대상 영화부문 기술상
내용	대구 근교 기도원에서 민요섭의 시체가 발견되고 남경호 담당 경사는 요섭의 친구 황 전도사로부터 실마리를 포착한다. 그는 요섭이 남긴 노트에서 요섭을 끝까지 추종했던 조동팔이라는 사내를 찾는다. 동팔의 아버지와 창녀 향순을 만나 전통적인 기독교의 신을 부정하고 자기들만의 합리적인 새로운 신을 찾으려고 했던 과거를 알게 된다. 한편 동팔은 사망한 김동욱의 이름을 빌려 범죄를 저지르고 창녀와 결혼까지 했던 과거가 알려진다. 방황하다가 요섭은 여호와에게 돌아오지만 이에 배신과 분노를 느낀 동팔에게 살해당하고 만다. 동팔 또한 자신을 추적한 남 경사 앞에서 패배가 아님을 알리며 자살한다.
포스터	

나는 할렐루야 아줌마였다	
감독	김수형
제작연도	1981
상영시간	120분
개봉극장	국도(서울)
출연	송도영, 신영일, 최지원, 전호진, 조승룡, 오영갑, 문미봉, 김석훈, 박선희, 문오장, 이일웅, 오영아, 한정환, 김을동, 한 현, 김인문, 최문선, 안영심, 이종우, 박옥초, 김민규, 최 삼, 손 전, 윤일주, 양성원, 이영호, 김예성, 안진수, 박종성, 이상열, 유명순, 김애라, 조용수, 박 달, 최 일, 최 준, 김신명, 최성관, 김남현, 유송준
관람객 수	19,281명
흑백/컬러	컬러
평가	
내용	어렸을 때의 신앙심을 성년이 되어 잃어버리고 세상에 눈이 어두워진 최자실은 사업에 실패하고, 어머니와 큰딸의 연이은 죽음과 남편에게서 버림까지 받자 자살하기 위해 간 삼각산 천막의 부흥회에서 신앙심을 얻는다. 복음을 전파하기로 결심한 최자실은 40이 넘어 순복음신학교에 입학하고 조용기 학생을 만나 조용기의 믿음에 어머니가 된다. 그녀는 졸업을 하고 불광동에서 천막교회를 시작하여 부흥하게 되고, 조용기 목사와 힘을 합하여 열심히 전도해서 서대문교회로 이전하게 된다. 그곳에서도 교인들이 많아 눈물과 기도로 세계 최대의 여의도 성전을 이룩하게 된다.
포스터	

어둠의 자식들	
감독	이장호
제작연도	1981
상영시간	100분
개봉극장	명보(서울)
출연	나영희, 안성기, 김희라, 이대근, 박원숙, 조주미, 진유영, 김성찬, 박정자, 김지윤, 이미경, 문미희, 정지희, 박경화, 이장미, 박애경, 나한일, 기주봉, 김학성, 추석양, 강능원, 김일우, 오영갑, 남수정, 유명순, 권일정, 장정국, 김신명, 남포동, 박용팔, 이재형, 박종설, 문태선, 이인옥, 박부양, 한다영, 김지영, 박성범, 신동욱, 김유행, 권철호, 김인수
관람객 수	255,817명(서울)
흑백/컬러	컬러
평가	1981년 제2회 한국영화평론가협회상 신인상/1982년 제18회 백상예술대상 영화부문 신인연기상
내용	급속한 경제성장 속에서 도시의 뒷골목에서 몸을 팔아 생활해 가는 윤락녀의 애환을 그려, <바람 불어 좋은 날> 이후 이장호 감독이 삶의 어두운 현장을 응시하는 첨예한 시각이 이 영화에 이르러 더욱 깊어진다. 이야기 구조와 시점의 설정도 그 이전에 비해서 보다 객관적으로 다층화되어 리얼리즘에 접근하고 있다. 윤락녀들이 사는 뒷골목에 영애는 사랑했던 딸을 돈 때문에 병 치료를 하지 못해 잃은 과거로 돈에 대한 집착 때문에 동료들의 질시를 받는다. 같은 창녀인 강원도 아줌마는 아이를 낳고 죽는다. 영애는 그 아이를 맡아 키우며 죽은 딸에 대한 한과 그리움을 대신한다. 윤락촌에서 아이를 키우는 일은 상상할 수 없는 어려움과 고통이 따르기에 영애는 아이를 키우기 위해 그곳을 나온다. 영애에겐 생존과 사랑하는 아이의 교육에 대한 억척스러운 투쟁이 시작된다. 주위 환경과 싸우며 생활하던 중 어린이 보호법상 아이를 부모가 있는 가정으로 입양시켜야 한다는 원칙 때문에 영애는 아이를 빼앗기게 된다. 아이를 포기하고 돌아서는 영애에게는 이제 그녀가 가야 할 길인 다시 옛날의 그곳으로, 불행도 행복도 아닌 삶의 현장으로 돌아간다.
포스터	

하늘 가는 밝은 길	
감독	김성호
제작연도	1982
상영시간	87분
개봉극장	아세아(서울)
출연	임동진, 문오장, 방 희, 김운하, 안영주, 정세혁, 김정철, 김석훈, 김민규, 문태선, 강 철, 나문기, 김기종, 신동욱, 나갑성, 장 철, 양성원, 박부양, 지윤주, 백동화, 최연수, 홍윤정, 김경란, 박영선, 명정옥, 오영훈, 소형선
관람객 수	5,067명(서울)
흑백/컬러	컬러
평가	
내용	1980년 8월 13일 '80 세계복음화 대회에 미국에서 대구, 서울에 올라온 70세의 김병섭 장로와 전 연대총장 박대선 박사가 여의도 광장에서 30년 전에 북한에서 있었던 일을 회상한다. 일제 말 평양에서 신사참배 불응으로 순교자가 된 주기철 목사의 아들 주영진 전도사는 산정교회에 온다. 당대의 거물인 김화식 목사는 무신론자, 유물론자인 공산당의 난동을 견제하는 것이 급선무이며 그것이 실패하면 남으로 피난을 시켜야 한다는 권고를 한다. 북괴 앞잡이 장익수는 기독교 정신에 감화되어 기독교인들을 월남시키는 일에 힘을 기울인다.
포스터	

낮은 데로 임하소서	
감독	이장호
제작연도	1982
상영시간	102분
개봉극장	명보(서울)
출연	이영호, 신성일, 나영희, 안성기, 박정자, 박재호, 천동석, 복혜숙, 김지영, 문태선, 김일우, 조인선, 조주미, 오영갑, 최형근, 김우빈, 기주봉, 이미경, 권오연, 김인관, 김태형, 국정숙, 이정애, 남수정, 나정옥, 김애라, 손 전, 염필호, 김우석, 김달호
관람객 수	110,564명(서울)
흑백/컬러	컬러
평가	맹인 목사 안요한의 일생을 다룬 이청준 원작의 동명 소설을 이장호 감독이 직접 시나리오로 옮겨서 연출, 소외된 계층에 대한 냉엄한 현실의 고발적 시선 대신에 한 맹인 목사의 정신사의 궤적을 계몽적 시각으로 그렸다. 1982년 제21회 대종상영화제 문예부문 작품상, 감독상, 미술상, 특별상 주제가창부문(극)/1982년 제18회 백상예술대상 영화부문 신인연기상, 주제가상, 대상, 작품상
내용	아버지가 목사인 요한은 자유분방하여 신학대학에 입학하였다가 휴학하고 카투사 병으로 군복무를 마친 뒤 미 8군 교육센터 교관으로 근무하는데, 미국 본토의 군사학교 교원으로 선발되어 서둘러 결혼을 한다. 그러나 갑자기 실명하게 된 요한은 절망하여 자살을 시도하고 방황하다 찬란한 광채와 함께 하늘의 목소리를 듣는 경이로운 체험을 하고 새로운 각성과 용기를 얻는다. 서울역에 들어가 구두닦이 꼬마인 진용과 친하게 되고 비로소 자신의 소명을 깨달은 요한은 신학공부의 길을 찾다가 뉴욕의 헬렌 켈러 재단의 도움을 받아 맹인교회를 운영하게 된다.
포스터	

죽으면 살리라	
감독	강대진
제작연도	1982
상영시간	90분
개봉극장	중앙(서울)
출연	윤복희, 박 암, 최성관, 김민규, 한은진, 김해숙, 오영아, 고아라, 이경희, 석인수, 남수정, 김윤형, 김기범, 조 춘, 임성포, 유명순, 김경란, 박소미, 이인옥, 최 석, 박용팔, 이영호, 임해림, 윤일주, 나갑성, 전 숙, 신지은, 남양문예회원 일동
관람객 수	25,829명(서울)
흑백/컬러	컬러
평가	
내용	안이숙은 여학교 교사로서 단신 신사참배를 거부해 입장이 곤란해진 학교 설립자에 의해서 교직에서 추방된다. 어느 날 꿈에 하나님에게 부름을 받게 되고 미지의 박 장로가 안이숙을 찾아와서, 일본 경도 가정 전문학교를 나와 일본에 익숙하니 일본 의회에 가서 신사참배에 항거하는 전단을 뿌려 줄 것을 부탁한다. 안이숙은 곧 일본으로 출발한다. 일본 신문에 이 거사가 성공됐다는 보도와 함께 기독교인들에게는 검거의 선풍이 불어닥친다. 평양 여자 교도소에 수감된 안이숙은 수차례 재판에서 국가반란 죄로 사형언도를 받게 된다. 안이숙은 해방으로 인해 목숨이 구출될 때까지 기구하고도 헌신적이고 기적적인 일들이 일어나 감방 안에 계속 머물게 된다.
포스터	

불의 딸	
감독	임권택
제작연도	1983
상영시간	108분
개봉극장	국제(서울)
출연	박근형, 방 희, 김희라, 윤양하, 최동준, 윤영애, 이경빈, 김운하, 김화영, 주상호, 이석구, 유명순, 남수정, 오영화, 성명순, 이금희, 홍동은, 최향미, 이정애, 김신명, 권일하, 손 전, 오도규, 이상열, 오철호, 강승우, 전무송, 양택조
관람객 수	6,252명(서울)
흑백/컬러	컬러
평가	1983년 제22회 대종상영화제 남우조연상, 특별상각색부문(극)
내용	잡지사 편집부장인 해준은 불의 여인의 환각, 시나위 가락의 환청으로 원인 모를 병에 시달린다. 병의 원인이 어머니와 관련된 것이라 확신한 해준은 어머니 용녀의 행방을 추적한다. 용녀는 남편을 비명에 잃고, 미신타파로 굿판을 잃어 실성한 무녀였다. 그 후 여러 남자와 인연을 맺고 방랑하는 생활을 하다가 결국 불 속에 뛰어들어 자신의 한을 육신과 더불어 불사른다. 해준은 자신의 병이 무병임을 알게 되어 갈등하나, 결국 내림굿을 받음으로써 자신의 병을 치유받는다.
포스터	

과부춤	
감독	이장호
제작연도	1983
상영시간	108분
개봉극장	대한(서울)
출연	박원숙, 이보희, 박정자, 박송희, 현 석, 권성덕, 김명곤, 서영환, 이희성, 김동수, 김 정, 남수정, 정지희, 추석양, 박용팔, 박부양, 김수천
관람객 수	15,207명(서울)
흑백/컬러	컬러
평가	
내용	홍말숙은 아이가 하나 있는 과부이다. 말숙은 결혼상담소 권 소장의 권유로 재일교포 미망인 행세를 하며 사기 행각을 벌이게 된다. 그녀의 오빠 홍찬일은 청소부로서 딸, 아들을 키우며 단란하게 산다. 찬일의 집 건넌방에는 금선이라는 과부가 이사를 오고, 시골에서 살다 온 과부 조씨댁은 꿋꿋하게 살지만 아들이 말썽을 부린다. 홍말숙은 사기 행각으로 옥살이를 하게 되고, 홍찬일은 어느 날 교통사고로 죽는다. 갑자기 과부가 된 동식이 엄마는 어느 빌딩의 청소부로 취직한다. 말숙은 신흥 개척교회의 광신자가 되나 이용만 당하고 과부들은 가난한 앞날을 헤쳐 나갈 결심을 한다.
포스터	

상한 갈대	
감독	유현목
제작연도	1984
상영시간	106분
개봉극장	
출연	최정민, 박일준, 문순섭, 이자영, 나소운, 문미봉, 한재수, 장강원, 토미 스트러그스, 다이안 그리셀, 랜디 홀리쉐, 나란 베누스, 루디 로드리게즈, 장 피에르, 죤리, 커티스 사이버
관람객 수	
흑백/컬러	컬러
평가	
내용	평북 선천에서 태어난 이근화는 1·4 후퇴 당시 부모의 반대에도 불구하고 흑인 장교와 결혼, 하와이에 살면서 안토니와 주리 남매를 낳는다. 안토니는 혼혈아라는 놀림과 부모의 관계가 불순한 것이었다는 오해에서 성장하여 갱단의 두목이 된다. 이근화는 남편이 죽자 교회에서 봉사활동을 하며 신앙심을 쌓는다. 안토니를 악의 세계에서 구하기 위해 이근화와 김 목사는 모든 위협을 감수하며 노력한다. 이러한 어머니의 희생심과 간곡한 기도는 안토니를 회개시켜 남을 위해 헌신하는 새 사람으로 태어나게 한다.
포스터	

순교보	
감독	임원식
제작연도	1986
상영시간	90분
개봉극장	
출연	
관람객 수	
흑백/컬러	컬러
평가	
내용	1900년대 초, 구한말의 조선 조정이 세계열강들의 틈바구니에서 많은 어려움을 겪고 있던 시절, 청년 이기풍은 당시 평양 성내를 주름잡던 유명한 깡패 두목이었다. 그러나 이기풍은 미국 장로회 파송선교사로서 평안도 지역에서 전도 활동을 하던 사무엘 마펫(마포삼열) 목사의 뜨거운 감화로 1907년 한국 최초의 목사가 된다(1907년 대한예수교 장로회의 평양신학교는 개신교 사상 최초로 제1회 졸업생 7인에게 목사 안수를 함). 하나님의 부르심으로 목사가 된 이기풍은 자신이 과거에 지었던 수많은 죄를 회개하는 뜻으로 당시 기독교가 전혀 전래되지 않았던 제주도에 한국인 최초의 선교사로서 자원하여 젊음을 불사르게 된다. 1908년, 제주도에 도착한 이기풍 목사는 불굴의 투지와 개척정신으로 온갖 시련과 어려움을 딛고 기독교 전래에 최선을 다한 결과 복음 전파는 물론 수많은 교회를 개척하여 제주도 복음화에 그 새로운 장을 펼치게 된다. 한국을 강점한 일본제국은 한국을 말살하기 위해 창씨개명과 아울러 동방요배와 신사참배를 강요했다. 이때에 수많은 기독교인들이 엄청난 시련을 당하게 되며 많은 교회 지도자들은 순교의 면류관을 쓰게 된다. 신사참배와 동방요배는 분명한 우상숭배이므로, 이를 철저히 거부한 이기풍 목사 역시 고령임에도 불구하고 일제의 모진 고문을 받게 된다. 그로 인하여 결국 1942년 6월, 그는 74세의 일기로 그의 거룩한 생애를 마치게 된다.
포스터	

새벽을 깨우리로다	
감독	이기원
제작연도	1989
상영시간	110분
개봉극장	코리아, 신영, 씨네하우스 3·4관(서울)
출연	임동진, 김자옥, 장정국, 이강조, 남포동, 안혜리, 박종설, 나갑성, 유일문, 추석양 외 39명
관람객 수	35,962명(서울)
흑백/컬러	컬러
평가	1990년 제28회 대종상영화제 특별연기상(여)
내용	진홍은 신학교회에서 빈민 선교훈련을 받고 74번지에 찾아와 학형이라는 어린이를 곱추병에서 기도로 낫게 한다. 아내와 함께 뚝방촌에 활빈교회를 세우고 가난과 무지와 싸웠다. 진홍의 성실한 노력, 희생, 사랑으로 주민들의 인식이 변한다. 훈이 엄마의 죽음으로 하나님을 원망하고 남몰래 교회 간판을 떼고 언덕길을 내려오다 굶고 누워 있는 어린아이의 눈물 속에서 예수님의 모습을 보고 다시 활빈교회의 간판을 건다. 철거반이 무참하게 교회를 부수어 버리지만 활빈교회를 재건한다. 주민회의가 결성되고 공동자금이 늘어나 교인들 간의 반목이 생기고 진홍은 사기꾼으로 몰려 수난을 당한다. 만득의 성급한 행동을 비판, 그 결과 15년형을 받고 교도소에 수감되어 감방에서 동상으로 썩어서 잘라야 할 죄수의 다리를 기도로 낫게 하는 기적을 이룩한다. 자신을 모함한 교인이 회개하고 진홍을 위해 전 교인들이 40일 철야 금식을 하여 진홍은 석방된다. 하지만 교회는 다시 강제 철거되어 헐리고 폐허가 된 집터 위에서 집회를 연다. 감동의 집회를….
포스터	

천국의 비밀	
감독	홍의봉
제작연도	1989
상영시간	110분
개봉극장	아세아(서울)
출연	한인수, 이성희, 김석옥, 전영선, 김종구, 촬리 메센저, 제이 롤링, 김기종, 장인한, 전 숙, 백중용, 김옥선, 석종민, 박부양, 김애라, 김은정, 김귀례, 황미정, 최정현
관람객 수	7,642명(서울)
흑백/컬러	컬러
평가	
내용	여행길에서 돌아오던 유승원, 정하연 부부와 아들 태진은 뺑소니차와 충돌, 태진이 죽는다. 충격을 받은 승원은 직장도 버리고 복수심에 범인들을 찾아다닌다. 시어머니로 인해 하연은 미국의 언니 집으로 가고 외로운 타국에서 그는 정신착란으로 병원에 입원한다. 병원에서 현숙을 만나 하느님을 믿게 되는데 마켓에서 하연이 대신 현숙이 죽자 더욱 깊은 신앙을 굳힌다. 한국으로 돌아온 하연은 복수심에 혈안이 된 남편과 미신을 믿는 시어머니를 설득하여 예수님을 믿게 한다. 그들 부부는 장애자들과 일생을 보내며 그리스도의 사랑을 몸소 실천한다.
포스터	

엄마의 기도 나의 기도(하나님이 보내준 엄마의 편지)	
감독	임원식
제작연도	1989
상영시간	62분
개봉극장	
출연	오준승, 김은경, 권현정, 장정국, 엄지연
관람객 수	
흑백/컬러	컬러
평가	
내용	동해안 바닷가 소도시에서 탁은 돈을 벌기 위해 떠난 아버지, 막노동을 하시는 어머니와 살고 있다. 하굣길에 친구들과 내기에 이겨 인호의 잠 바, 구두, 돈을 빼앗아 갖는다. 학부모들이 찾아와 애비 없는 자식이라 고 탁이와 엄마에게 수모를 주고 돌아간다. 어렵고 고통 속에서 한 번 도 탁이 엄마는 하나님을 원망하거나 잊어버리지 않고 자식을 착한 아 이로 키워 보려고 노력한다. 탁이도 점점 착해지고 교회도 나가고 도둑 의 누명을 쓴 친구 어머니와 같은 반 여자 친구의 수술을 도와준다. 하 지만 탁이는 아빠를 그리워한다. 주일학교 연합체육대회에 대표로 출 전한 탁이는 달리기에 일등하나 도시락을 만들어 오던 어머니는 빈혈 로 발을 헛디뎌 쓰러지고 만다. 의사의 극진한 보살핌에도 엄마는 깨어 나지 못하고 울부짖으며 기도하는 탁이의 기도를 하나님은 들으셨으리 라….
포스터	

휴거	
감독	홍의봉
제작연도	1990
상영시간	100분
개봉극장	중앙(서울)
출연	이종만, 정영숙, 김재이, 알리사 크리스텐슨, 신동욱, 박부양, 이민숙, 오성주, 김경희, 문정희, 백중용
관람객 수	28,805명(서울)
흑백/컬러	컬러
평가	
내용	한상우는 미국에서 권위 있는 의사로 부유한 생활을 하면서 백인 여자 제니퍼와 동거하고 있다. 그러나 딸 미애는 가출해서 행방을 알 길이 없고, 어머니는 노인병원에서 죽음을 앞두고 있으며, 어려울 때 자신을 뒷바라지하던 본부인 송영숙은 중풍으로 휠체어에 의지해 살고 있다. 어느 날 그는 수술 중 환자가 체험하는 기적으로 어머니가 늘 말하던 하나님의 존재에 관심을 갖게 된다. 더구나 친구 윤용원으로부터 휴거가 가까웠다는 말을 듣고 충격을 받는다. 이단종교의 공동생활을 하는 미애를 간신히 찾아낸 상우는 도리어 옥살이까지 하고, 그러면서 더욱더 성령에 감화된다. 어머니의 유언에 따라 영숙과의 재결합을 결심한 상우는 서울로 돌아와 그녀와 함께 봉사활동을 하면서 미애가 돌아오기를 기도한다. 한편 미애의 이단종교단체에서는 사람을 제물로 바치는 의식을 치르고, 미애는 그들로부터 도망친다. 미애에게 위험이 닥친 것을 안 영숙과 상우는 기도를 하고 갑자기 나타난 빛이 쫓는 자들을 눈부시게 한다. 그사이 미애는 무사히 도망쳐 서울로 돌아와서 부모와 재회한다.
포스터	

예수천당	
감독	홍의봉
제작연도	1991
상영시간	110분
개봉극장	계몽아트홀(서울)
출연	이영후, 서창숙, 신신범, 박규식, 안진수, 신동욱, 맹찬제, 도완석, 추 봉, 남정희, 박재옥, 조영이, 김경란, 유경애, 송행진, 강 희, 김우빈, 정영국, 이영길, 서영석, 박장순, 김덕영, 최종술, 이재영, 오도규, 장춘언, 장 철, 최재호, 박용팔, 최근제, 김학성, 조성준, 문병권, 박예숙, 윤일주, 박용호, 강이슬, 신경환, 전승렬, 장영기, 광복동, 강미혜, 김진영, 노태환, 김홍수, 신정근, 조나단, 맹찬제
관람객 수	11,035명(서울)
흑백/컬러	컬러
평가	
내용	평양에서 삭주로 귀향을 온 최봉석은 술 도매업자들을 속여 돈을 횡령한다. 후에 이러한 사실이 탄로 나고 최봉석은 술꾼들로부터 봉변을 당한다. 삭주를 떠난 최봉석은 한의사인 백유계를 만나고 그를 통하여 기독교에 귀의한다. 그 후 신앙심이 깊어지고 전도사가 되면서 교회의 주선으로 최봉석은 신학교에 입학하게 된다. 신학을 공부함으로써 체계적인 신앙생활을 하게 된다. 신학교를 졸업한 뒤 최봉석은 만주에서 선교활동을 시작하고 그곳에 무려 20여 개의 교회를 설립하는 등 선교활동을 벌이면서 신앙심을 키운다.
포스터	

외길 가게 하소서	
감독	오영석
제작연도	1991
상영시간	136분
개봉극장	허리우드(서울)
출연	방 희, 한인수, 김운하, 김선우, 주세은, 박성미, 김 윤, 윤영희, 김석옥, 신충식, 윤영지, 윤덕용, 김교순, 문회원, 정석원, 박숙자, 김춘화, 길달호, 서평석, 김지영, 박동룡, 이석구, 신찬일, 남정희, 박예숙, 김신명, 유명순, 오희찬, 강 희, 박종설, 신정아, 조순옥, 이선화, 임희숙
관람객 수	19,479명(서울)
흑백/컬러	컬러
평가	
내용	충청도 농촌마을에서 태어난 계화는 어려서 부모님을 잃고 불우한 학창 시절을 보낸 끝에 지금의 남편을 만나 행복한 신혼생활을 보낸다. 손이 귀한 독자 남편 집안에서 바라는 아이 소식이 좀처럼 없어 고민하지만, 남편의 극진한 사랑으로 고대하던 아들을 본 이들의 사랑은 날로 두터워져 간다. 그러나 행복은 계화의 곁에 오래 머물지 않는다. 그녀와 남편의 전부였던 아들이 7살이 되던 해, 뜻하지 않은 사고로 죽고만 것이다. 하늘이 무너지는 것 같은 아픔을 이기지 못한 계화는 자신의 주변을 모두 정리하고, 자살을 결심하는데, 하늘로부터 놀라운 계시를 받는다. 이 일을 계기로 그녀는 현대의술이 고치지 못한 불치의 병을 안수하며 하나님의 실체를 체험하는 삶을 살아간다.
포스터	

하나님이 어디 있어요	
감독	최창규
제작연도	1991
상영시간	
개봉극장	
출연	김성수, 안혜리, 남성훈, 김민정, 김성범, 방지현, 김석태, 박부양, 윤일주, 김경애, 김기범, 황춘수, 이재규, 박상현, 임수빈
관람객 수	
흑백/컬러	컬러
평가	
내용	뺑소니차에 치어 다리를 못 쓰게 된 아버지와 파출부로 나가는 어머니와 함께 가난하게 사는 훈은 효성이 지극하고 착하지만 하나님의 존재만은 극구 부인한다. 전도사 석원의 노력에도 불구하고 하나님이 계시다면 자기 같이 불행한 아이가 있을 리 없다는 것이다. 그런데 우연히 여름성경학교 수련회에 참가한 훈은 사사건건 다른 아이들과 부딪치고, 석원만이 훈을 감싸 준다. 그러나 수련회를 여는 산에 숨어 있던 강도들이 아이들의 물건을 훔쳐 가는 일이 생긴다. 아이들은 훈을 의심하고 훈은 혼자 산으로 들어가다가 강도들에게 잡힌다. 수색을 위해 산에 온 전경들에게서 사실을 안 아이들은 뉘우치며 모두 훈을 찾아 나선다. 전경들의 총에 강도들이 죽고 무사히 구출된 훈은 친구들의 사랑과 우정을 느끼며 비로소 하나님의 존재를 믿게 된다.
포스터	

불행한 아이의 행복	
감독	임원식
제작연도	1992
상영시간	70분
개봉극장	
출연	안해숙, 김웅철, 김은영, 원종철, 김기철, 서성훈, 정규용, 윤문정, 김시중, 이하나, 최 란, 장정국, 신양균, 오종환, 허창희, 이경례, 김광희, 강순열, 김제종, 이기환
관람객 수	
흑백/컬러	컬러
평가	
내용	진호는 6·25 동란으로 말미암아 남으로 자유와 삶의 길을 찾아 정착한다. 외딴섬 덕적도를 자신의 고향 삼아 3대를 이어 살아가던 진호는 끝까지 고향을 지키려고 하지만 풍랑으로 배를 잃고 술로 나날을 보낸다. 그러던 중 아내 주씨마저 생활고로 인해 섬을 버리고 뭍으로 돈을 벌기 위해 떠나 버리고, 급기야는 개구쟁이 아들 지만이 사고를 당해 불구가 되어 버린다. 그러나 꼼짝할 수 없는 고통과 환난을 믿음과 신앙의 힘으로 극복해 나간다.
포스터	

무거운 새	
감독	곽정환
제작연도	1994
상영시간	98분
개봉극장	서울(서울)
출연	송채환, 손창민, 김보연, 이미경, 박용진, 이훈희, 안유리, 신진희, Jaiingram, 김현숙, 김명규, 김명석, 김명일, Leilami Daimler, Lauren Dekoeyer, 임동진, 강리나
관람객 수	34,799명(서울)
흑백/컬러	컬러
평가	
내용	재산을 목적으로 자신과 결혼한 남자에게 환멸을 느껴 한국으로 도피해서 결국 그 남자를 용서하기까지의 세옥의 아픔과 삶의 굴절을 통해 우리는 인간의 참 행복은 사랑이며 용서하는 것이라는 소중한 진실을 배우게 된다. 또한 그 사랑과 용서의 실천은 예수님의 사랑 안에서 구원된다는 믿음 안에서 역사하는 것이다. 돈을 좇아서 살아가는 영애도 돈이 얼마나 인간의 삶에 있어서 부질없는 것인가를 깨닫고 믿음 안에서 굴복하게 된다. 성공과 명예를 꿈꾸며 자신의 삶을 불행으로만 몰고 갔던 지섭도 세옥의 헌신적인 사랑을 통해 새 삶을 찾게 된다.
포스터	

빛은 내 가슴에	
감독	이기원
제작연도	1995
상영시간	102분
개봉극장	스카라, 유토아, 동아 1관(서울)
출연	이세창, 김예지, 이재은, 이경희, 김선희, 김석태, 정내희, 신상봉, 김용석
관람객 수	72,201명(서울)
흑백/컬러	컬러
평가	1995년 제6회 춘사영화제 장려상
내용	한국 최초의 맹인박사 강영우 박사와 석은옥 여사의 수기를 영화화한 작품. 중학교 3학년 때 축구를 하다 왼쪽 눈에 공을 맞아 실명한 강영우. 그 충격으로 어머니가 돌아가시고 고아가 된 세 동생의 뒷바라지를 해야 하는 고통을 이겨 내지 못하고 큰누나마저 죽게 되자, 소년가장이 된 영우는 절망적인 상황에서 석은옥이라는 여인을 만나 새로운 삶에 눈을 뜨게 된다. 강영우는 석은옥과의 만남을 통해 적극적인 인생을 시작한다. 장애자가 부당하게 받는 법률철폐에 앞장서고, 안구은행을 설치하는 데 앞장설 뿐 아니라 맹인들이 공부할 수 있는 도서관 설립, 점자책 녹음도서 등을 개발한다. 영우는 연세대를 차석으로 졸업하고 은옥과 결혼, 국제로터리 장학재단의 장학금으로 피츠버그대학에 유학을 떠난다. 유학생활 중 영우는 다른 학생들에 비해 몇 배의 노력으로 맹인이기 때문에 겪어야 하는 어려움을 극복하고 3년 8개월 만에 한국 최초의 맹인박사가 된다. 또한 인디애나주 개리시 교육위원회 자문위원으로 위촉되며, 노스이스턴 일리노이 대학교 특임교수로 강단에 서게 된다.
포스터	

할렐루야	
감독	신승수
제작연도	1997
제작의도	
상영시간	98분
개봉극장	피카디리, 중앙, 코리아, 동아, 롯데월드, 옴니, 브로드웨이, 반포, 한일, 씨네월드, 계몽아트홀, 성남, 코아아트홀, 그랜드, 녹색, 씨네모빌, 티파니, 경원, 새서울(서울)
출연	박중훈, 이경영, 성현아, 이제니, 최종원, 국정환, 양택조, 김일우, 박병택, 차태현, 고소영, 김동수, 도지원, 박 철, 서춘화, 윤정수, 이재룡, 이재포, 이혜영, 이휘재, 조 춘, 최지우, 남포동, 조학자, 박예숙, 김경란, 나갑성, 문철재, 이창훈, 백정교, 권남희, 박용팔, 박재현, 황정미, 김철수, 권영화, 이현주, 문혜정, 김양규, 정일원, 박규채
관람객 수	310,920명(서울)
흑백/컬러	컬러
평가	1998년 제34회 백상예술대상 영화부문 연기상
내용	사기꾼 양덕건은 교통사고 피해자인 목사의 지갑에서 흥미로운 편지를 발견하다. 편지를 갖고 오면 개척 교회자금 1억 원을 주겠다는 내용. 덕건은 병원에서도 의식이 돌아오지 않은 그를 대신해 목사 행세를 하며 교회로 찾아간다. 그러나 공돈 1억 원이 그냥 굴러 들어오진 않는다. 교회에선 당회장 목사가 미국으로 출장 간 2주간 목회 일을 도와줄 것을 요구하고 덕건은 돈을 받기 위해 좌충우돌 가짜 목사의 진면목을 보여 준다.
포스터	

미션 바라바	
감독	사이토 고이치
제작연도	2000
상영시간	128분
개봉극장	
출연	와타세 츠네히코, 나영희, 윤유선, 와타나베 히로유키, 와타나베 테츠, 갓츠 이시마츠, 정영숙, 정 욱, 이정만, 마스다 케이코, 오카자키 지로, 마코토 나오야, 타츠미 케이타, 카네야마 타이치, 나가이 안즈, 카타키리 류지 외 77명
관람객 수	
흑백/컬러	컬러
평가	
내용	복수와 보복으로 얼룩진 야쿠자 조직 간의 피의 전쟁이 시작된다. 일본 야쿠자 조직인 산세까이파와 이사미까이파의 결연식. 이들 두 조직의 통합을 저지하기 위해 나까모리파의 조직원들이 결연식이 열리고 있는 요정을 습격한다. 갑작스러운 습격에 상당수의 조직원들을 잃은 산세까이파의 이인자 유지 기하라가 직접 나까모리파에 대한 복수를 결심한다. 복수의 과정에서 결연식 습격을 주도한 인물이 나까모리파의 시마 토시오임을 알게 된 유지는 그를 최종 타깃으로 결정하고, 소재 파악에 나선다. 좀처럼 모습을 드러내지 않던 시마의 위치를 알아낸 유지는 자신의 부하들과 함께 시마를 급습하지만 완강히 저항하는 나까모리파의 조직원들로 인해 시마를 죽이는 데는 실패한다. 복수에 실패한 유지는 이제 시마의 보복에 목숨의 위협을 느끼는 처지가 되고 만다. 결국 자신의 집 근처에서 시마로부터 습격을 받은 유지는 간신히 목숨만을 건진 채 아내 성애와 어린 딸을 뒤로하고 잠적한다. 유지는 홀로 낡은 아파트에서 마약에 찌든 채 악몽과 같은 하루하루를 보내고 있었다. 한편 마약 거래에 깊숙이 개입한 시마는 조직에서 위치가 급격히 상승하면서 그를 견제하려는 조직 동료의 테러를 받게 되지만 극적으로 살아난다. 모든 것을 동시에 잃은 유지와 시마. 결국 유지는 가족에게 돌아가겠다는 어려운 결심을 하게 되고 그는 성애의 지극한 사랑으로 삶과 생명의 소중함을 깨닫고 스스로의 지난날을 모두 뒤로한 채 새로운 인간으로 거듭나겠다는 결심을 한다. 한편 시마는 아내 영희의 간절한 애원에도 불구하고 조직을 상대로 한 복수를 계획하는데….
포스터	

계시받은 사람	
감독	김영배
제작연도	2003
상영시간	87분
개봉극장	
출연	석정만, 조시내, 정범모, 황요한, 김용우, 최혜련, 이영미, 홍석연, 이 영, 박진택, 이창현, 문삼복, 신우형, 김영옥, 이창렬, 박선희, 김희원, 김한규, 이상규, 정미남, 정용식, 이희성, 김인섭, 장문규, 최용진, 임금숙, 최보명, 조인옥, 백송화, 신현철, 오옥향, 어경수, 우상훈, 전창현, 최종호, 윤병휘, 황현명, 김효주, 맹승주, 박성균, 김기주, 이길자, 윤성권, 이상훈, 김용호
관람객 수	
흑백/컬러	컬러
평가	
내용	어린 시절 불우하게 지낸 40대 남자. 그는 모든 문제를 기도로 해결하고자 한다. 기도하던 중 미쳐 버리고 마는데, 이 계기로 인해 그에게 두 가지 현상이 나타난다. 하나는 살인을 저지르는 충동, 다른 하나는 어떤 질병도 고치는 신유의 은사를 지니게 된다. 이 정신이상자는 가상현실과 실제현실을 넘나들며 신약성경에 계시된 예수님 사건을 현대적 의미로 재현을 한다. 이름도 없이 선생님으로 불리는 이 계시받은 사람 앞에 세 사람의 제자가 나타나는데….
포스터	

총을 들지 않는 사람들	
감독	김환태
제작연도	2003
상영시간	68분
개봉극장	
출연	
관람객 수	
흑백/컬러	컬러
평가	2003년 서울독립영화제/2003년 전주인권영화제/2003년 광주인권영화제/2003년 수원인권영화제/2003년 인천인권영화제/2003년 군산인권영화제/2004년 부산아시아단편영화제
내용	2001년 12월 17일 불교 신자인 오태양 씨의 병역거부 선언으로 한국 사회는 양심에 따른 병역거부 논란이 발생했다. 카메라(나)는 이후 오태양 씨의 고민과 시민사회의 움직임을 쫓아간다. 그리고 유호근, 임치윤, 나동혁, 김도형 등… 기독교 평화주의에 기초한 여호와의증인의 병역거부가 아닌 정치적 신념, 평화주의적 신념, 불교적 신념 등… 다양한 병역거부의 흐름을 만나게 된다. 또한 카메라는 지난 60여 년 동안 국가안보의 이름하에 여호와의증인들에게 가해졌던 혹독한 인권 탄압의 모습을 기억하고, 여호와의증인들의 삶의 이야기를 기록하게 된다. 그리고 세계병역거부자의 날에 함께 모인 사람들은 평화와 생명을 존중하는 마음으로 자신들이 가진 신념과 양심을 위해 함께 나아갈 것을 다짐한다.
포스터	

708호, 이등병의 편지	
감독	김환태
제작연도	2004
상영시간	82분
개봉극장	
출연	강철민, 김정식, 오 리, 니 농
관람객 수	
흑백/컬러	컬러
평가	2004년 제30회 서울독립영화제 장편부문 우수작품상
내용	<708호, 이등병의 편지>는 2003년 11월 21일 현역 이등병으로 이라크 파병반대를 주장하며 병역거부를 선언한 강철민 씨와 기독교 연합회관 708호에서 8일 동안 농성을 함께 했던 농성장 사람들의 이야기를 담은 영화이다. 병역거부 문제를 기록해 왔던 나는 철민 씨의 행동이 현역 군인에 의한 선택적 병역거부라는 사실에 관심을 가지고 기록을 시작했다. 그러나 이것은 나의 일방적이고 의식적인 규정에 불과했다. 철민 씨는 거대한 이론을 가진 사람도 아니었고, 그렇다고 사상적으로 철저하게 무장된 사람도 아니었다. 단지 침략전쟁인 이라크전쟁에 한국군이 파병되는 것을 막아야 한다는 바람을 가진 소박하고 순수한 사람이었다. 군인이기 이전에 한 '인간'의 모습으로 가족 간의 문제, 사회적 비난과 시선, 자기 내면의 울림, 외부 상황 등에 대해 고민하고 갈등하면서도 당당하게 자신의 길을 가는 철민 씨를 통해 전쟁과 폭력으로 물들어 가는 이 시대에 자신의 양심과 신념을 지켜 나가는 것이 얼마나 어렵고 당당한 것인지 만나 볼 수 있기를 바란다. 또한 그러한 철민 씨의 순수하고 소박한 마음이 자신의 가치라 믿고, 함께 했던 708호에 모인 농성장 사람들의 이야기를 통해 우리가 함께하며 행동할 수 있는 것이 무엇인지 생각할 수 있는 계기가 되길 바란다.
포스터	

슬로브핫의 딸들	
감독	문정현
제작연도	2005
상영시간	58분
개봉극장	
출연	서울YMCA 여성회원
관람객 수	
흑백/컬러	컬러
평가	
내용	기독교가 복음을 들고 자유와 평등을 외치며 한국 땅에 들어온 지 120 여 년, 그동안 한국의 개신교는 1,200만 명의 신도를 거느린 남한 최고 의 종교 집단이 되었다. 그러나 급속한 성장 이면에는 차별의 그늘이 짙게 자리 잡고 있다. 이 영화는 가부장적인 국내 기독교의 권위를 기 반으로 여성에 대한 차별을 정당화하고 있는 서울 YMCA의 기만과 이 에 대한 해결을 촉구하는 여성 회원들의 투쟁을 다룬다. 그리하여 교회 와 교회의 이데올로기가 만들어 내는 차별의 문화를 비판하고 이를 통 해 교회의 바람직한 미래를 생각해 보고자 한다.
포스터	

밀양	
감독	이창동
제작연도	2007
상영시간	141분
개봉극장	
출연	전도연, 송강호, 조영진, 김영재, 선정엽, 송미림, 김미향, 이윤희, 김종수, 오만석, 백정임, 장혜진, 박규웅 외 81명
관람객 수	1,604,439명
흑백/컬러	컬러
평가	2007년 제6회 대한민국영화대상 최우수작품상, 감독상, 남우주연상, 여우주연상/2008년 제44회 백상예술대상 영화부문 감독상/2007년 제28회 청룡영화상 여우주연상/2007년 제60회 칸국제영화제 여우주연상/2007년 제27회 한국영화평론가협회상 여자여기상
내용	죽은 남편의 고향인 밀양에서 살고자 아들과 함께 그곳으로 가던 신애(전도연)는 차가 고장 나는 바람에 종찬(송강호)의 레커차를 얻어 타게 된다. 종찬은 신애를 도와 집 딸린 피아노학원 자리를 알아봐 준다. 신애는 피아노학원을 열어 밀양에서의 생활을 시작하고, 종찬은 신애의 일을 돕는 등 그녀의 주변을 맴돈다. 그러던 어느 날, 신애는 이웃들과 저녁 늦게까지 회식을 하고 집으로 돌아오지만 집에 있어야 할 아들 준이는 없고, 곧이어 준이의 몸값을 요구하는 전화를 받는다. 납치범은 평소 땅을 보러 다니던 신애에게 돈이 많으리라 생각한 것이었지만, 신애의 전 재산은 실상 870만 원뿐이다. 얼마 후 아이의 사체가 발견되고, 준이가 다니던 웅변학원 원장이 범인으로 잡힌다. 아들의 죽음에 괴로워하던 신애는 이웃집 약사의 끈질긴 전도로 교회를 가게 되고, 그곳에서 마음의 병을 치유했다고 믿는다. 신애는 준이를 죽인 범인을 용서하기 위해 교도소로 면회를 가지만, 하나님께 회개하고 용서를 받았다는 그의 말에 충격을 받는다. 이후 신애는 교회 부흥회를 찾아가 "거짓말이야" 노래를 틀어 훼방을 놓고, 이웃집 약사의 장로 남편을 유혹하고, 손목을 그어 자해를 하는 등, 하나님의 위선을 조롱한다. 얼마 후 병원에서 퇴원한 신애는 머리를 다듬기 위해 미용실에 들르지만 그곳에서 미용사로 일하고 있는 납치범의 딸을 만나고, 머리를 자르다 말고 그곳을 나와 버린다.
포스터	

당신의 바벨탑	
감독	임하니
제작연도	2008
제작의도	한국 개신교 사회의 문제점에 대해 이야기하고자 한다. 반(反)지성적인 종교 활동을 하지만 신앙만큼은 순결한 예순, 그녀가 보는 같은 교회 교인들의 부패한 신앙, 과연 우리는 그녀에게 돌을 던질 수 있을 것인가.
상영시간	11분
개봉극장	
출연	천정하, 최명숙
관람객 수	
흑백/컬러	컬러
평가	2009년 제46회 대종상영화제 상영작/2009년 제35회 서울독립영화제 단편경쟁부문 상영작
내용	독실한 개신교 신자인 예순에게 성경은 삶 그 자체다. 교회를 열심히 나가고 기도를 하는 것만으로는 진정한 신앙생활이 아닌 것이다. 그녀는 하나님을 만나지 못한 이들을 진정으로 안타깝게 여겨, 집집마다 돌아다니며 선교를 하고 성경을 전한다. 어느 날 그런 그녀의 눈에 들어온 것은 부유한 교회 동료인 준희가 가진 예쁜 성경책. 예순은 그것과 똑같은 성경책을 서점에서 발견하고 순간의 욕심으로 성경책을 훔치지만, 죄책감은 없다. 자신의 신앙심마저도 더 숭고한 것으로 보이게 하는 그 성경책을 가지게 된 것에 대한 자신감이 더 크기 때문이다. 예순은 성경책을 들고 당당하게 교회로 들어가지만, 아무도 그녀를 특별하게 바라봐 주지 않는다. 곧 자신의 착각을 깨닫게 된 예순은 다시 서점에 성경책을 갖다 놓으러 간다. 책을 왜 다시 가져왔냐는 서점 직원 재관의 질문에, 예순은 책을 훔쳤다는 것에 대한 사죄가 아닌 다음과 같은 대답을 한다. "가져갔더니, 바뀐 게 하나도 없잖아요."
포스터	

하드보일드 지저스	
감독	정영헌
제작연도	2009
상영시간	50분
개봉극장	
출연	이화룡, 이웅재, 류혜연
관람객 수	
흑백/컬러	컬러
평가	2010년 제11회 전주국제영화제 한국단편경쟁-감독상
내용	젊은 목사 요셉의 아내는, 기도원에 다녀오다 교통사고를 당하고 의식 불명에 빠진다. 실은 아내가 기도원에 가지 않았으며, 음주운전까지 했다는 사실을 알게 된 요셉. 아내에 대한 불신으로 괴로워하던 그의 앞에, 어느 날 의문의 남자 장도철이 나타난다. 요셉은 그를 아내의 정부로 의심하기 시작하는데…. 드라마틱한 촬영과 음악이 유난히 돋보이는 작품. 신과 인간 사이에서 번민하고 갈등하는 성직자의 모습을 통해, 신앙에 대한 근본적이고도 진지한 질문들을 던진다.
포스터	

이층집 남자	
감독	JFM(Jesus Films Mission)
제작연도	2009
상영시간	8분
개봉극장	
출연	권오중
관람객 수	
흑백/컬러	컬러
평가	
내용	도시 외곽 이층집 아파트의 텅 빈 집 안. 하나뿐인 피붙이였던 아들을 잃은 남자가 생의 기로에서 자살을 시도한다. 천장에 넥타이를 동여매고 눈을 질끈 감아 보지만, 쉽게 발이 떨어지지 않는다. 남자는 마지막으로 아들의 영정사진을 바라본다. 환한 미소를 머금고 있는 아들의 얼굴과 마주한 남자. 사진 속에 살아 있는 아들은 여전히 아버지를 향해 해맑게 웃고 있다. 어느새 그의 눈가엔 척척한 눈물이 고인다…. 그 순간, 창밖에는 한 어린 남자아이가 높은 축대 위를 걷고 있다. 한 발 한 발 내딛는 연약한 발걸음이 바람에 흔들린다. 위태로워 보이는 두 사람. 남자가 아들의 영정사진에서 눈을 떼는 순간, 축대 위를 걷고 있는 남자아이를 목격한다. 하지만 이내 못 본 척 넘어간다. 그리고 넥타이 사이에 목을 맨 채 지그시 눈을 감는다. 그 순간, 쿵! 누군가 떨어지는 소리가 귓가에 들려온다. 남자는 창밖을 살피지만 이미 아이는 사고를 당한 직후다. 놀란 가슴을 끌어안은 남자는 넥타이를 뿌리치고 한걸음에 아이에게로 달려간다. 다행히 아이는 무사하다. 이윽고 남자는 아이의 딱한 사정을 듣게 된다. 자신을 돌봐 줄 가족이 없다는 것. 남자는 그 아이의 눈 속에서 먼저 떠나보낸 아들을 본 것일까. 그는 아이를 집으로 데려가 따뜻한 밥을 지어 준다. 천장에는 여전히 검은 넥타이가 길게 늘어져 있다. 어느덧 창밖에서 늦은 오후의 햇살이 비쳐 온다. 그들을 감싸는 따스한 그림자. 그 모양은 십자가 형상이다.
포스터	

바이블 스토리	
감독	김동수
제작연도	2010
상영시간	16분
개봉극장	
출연	
관람객 수	
흑백/컬러	컬러
평가	
내용	구약성서 내용을 담은 애니메이션
포스터	

한걸음	
감독	권순도
제작연도	2010
상영시간	80분
개봉극장	
출연	최성웅, 장대식, 한혜성
관람객 수	
흑백/컬러	컬러
평가	
내용	1950년대 6·25를 배경으로 참된 기독교인이 사랑을 실천한다는 내용의 기독교영화
포스터	

간증	
감독	박수민
제작연도	2010
상영시간	96분
개봉극장	
출연	권혁풍, 이주승, 이대연
관람객 수	
흑백/컬러	컬러
평가	2010년 제4회 시네마디지털서울영화제 버터플라이 부문 상영작/2011년 제29회 이탈리아 토리노 국제영화제 경쟁부문 초청작
내용	홀로 사는 노인 박덕준은 매일 밤 과거의 기억에 잠을 이루지 못한다. 브로커 강일현을 통해 폐업한 목욕탕에서 청부 고문을 하며 생계를 이어 가는 그에게, 신앙을 가지고 기도하는 것도 쉽지 않은 일이다. 유일한 말동무인 이 권사가 간증회에 초대하며 건네준 주보를 보고 박덕준은 깜짝 놀란다. 1980년대 고문 경찰이던 박덕준의 상관, 임광한이 간증의 주인공이었기 때문이다. 임광한과 재회한 박덕준은 과거의 비극을 되새기며 절망에 빠진다. 이때 뜻밖의 사건이 발생하면서, 박덕준은 진실을 알기 위한 문답을 다시 시작한다. 과거 고문 전문가였던 노인의 죄와 종교 사이에서의 갈등을 그린 영화이다.
포스터	

한경직	
감독	천정훈
제작연도	2011
상영시간	**86분**
개봉극장	
출연	정애리, 故 한경직, 사무엘 H. 모펫, 손봉호, 잭 보앨켈, 한혜원, 윤승호, 김병삼, 이석우, 김창국, 임종술, 김정숙, 김현숙, 최선죽, 양호승, 김혜자, 이광순 외 64명
관람객 수	
흑백/컬러	컬러
평가	
내용	빚진 자의 마음으로 그가 바라본 세상에 필요한 것은 사랑이었습니다. 믿음이 척박한 땅 대한민국, 암울했던 일제강점기를 거쳐 질곡 같은 역사 속에 나라 잃은 겨레의 아픔을 눈물로 기도한 한 남자가 있습니다. 대한민국 기독교의 역사 그 밭 한복판에 유별나게 큰 거목 한 그루. 종교를 뛰어넘어 사회의 가장 큰 어른, 소외된 이웃들의 울타리, 마지막 대변인으로서의 삶을 살아간 이 시대의 진정한 거인 故 한경직 목사. 98년간의 기적 같은 여정… 그의 길을 따라갑니다.
포스터	

고백	
감독	유지영
제작연도	2011
상영시간	30분
개봉극장	
출연	
관람객 수	
흑백/컬러	컬러
평가	2011년 제12회 전주국제영화제 감독상/2011년 제13회 서울국제여성영화제 최우수상
내용	예배를 마치고 집으로 돌아온 독실한 기독교 신자 박 씨. 열쇠가 없던 그는 담을 넘어 집으로 들어가려고 한다. 아들 친구 영배가 지나가다 낑낑대는 박 씨를 보고 대신 담을 넘어 대문을 열어 준다. 나른한 여름날 오후, 집 안에 우연히 마주 앉은 두 사람. 불쑥 낯 뜨거운 영배의 고백이 이어지고 박 씨는 영배를 올바른 길로 인도하기 위해 함께 기도를 한다.
포스터	

뷰티풀 차일드	
감독	이성수
제작연도	2013
상영시간	93분
개봉극장	
출연	이성수, 홍성득, 데보라정, 제임스김, 서모세, 이바울, 송유순, 브루스 브라운, 브라이언 브라운, 마이클 호프, 알렉 웨스트, 리차드 워커, 레이먼드 맥클레인, 벤자민 칼보, 버니 칼보, 휴 마크스, 타비다 마크스, 피터 아담스, 스테파니 아담스, 빌리 윌리엄스, 실비아 윌리엄스 외 45명
관람객 수	
흑백/컬러	컬러
평가	
내용	매일 밤 성 마이클 기숙학교에서는 어린아이들의 비명소리가 들려왔다. 19세기 후반 캐나다 정부가 실시한 문화 동화 정책에 따라 원주민들의 문화와 관습을 없애기 위해 그들의 어린아이들을 부모에게 떼어내어 기숙학교에 집어넣었다. 그리고 하나님의 이름으로 반복된 정신적·육체적·성적인 학대가 가해졌다. 원주민들은 기나긴 시간을 영혼을 빼앗긴 채 살아와야 했고, 수치심에 못 이겨 술과 마약 그리고 범죄에 빠져 살았다. 기숙학교에서 살아 나온 생존자 30%가 끔찍한 트라우마를 가지고 평생을 살아가고 있다. 기나긴 폭력의 역사는 기숙학교가 폐교한 시기인 1996년까지 계속되었고 깊어질 대로 깊어진 갈등의 골은 그 누구도 해결할 수 없을 거라 생각했다. 하지만 그 틈을 담대하게 비집고 들어가 화해의 중재자가 되어 준 한인 선교사들…. 세상을 감동시킬 따뜻한 화해와 용서의 장이 펼쳐진다!
포스터	

시선	
감독	이장호
제작연도	2013
상영시간	89분
개봉극장	
출연	오광록, 남동하, 박용식, 김민경, 이영숙, 서은채, 홍성춘, 이승희, 이 호, Kuch Keim Khorn, Kang Heang Rattana, Ltech Mong, Koa Bunthea, Pon Leu, 민병국, 정우식 외 90명
관람객 수	
흑백/컬러	컬러
평가	
내용	돈만 밝히는 수상한 선교사 조요한! 조요한(오광록 분)은 이스말르에 봉사를 하기 위해 오는 한국인들을 상대로 가이드 해 주며 뒤로 돈을 빼돌리는 가짜 선교사다. 여느 때와 마찬가지로 한국에서 온 봉사단의 안내를 맡게 된 요한. 그의 목적은 이들을 속여 최대한 많은 돈을 받아 낸 뒤 빨리 한국으로 돌려보내는 것뿐이다. 그러나 요한과 봉사단을 싣고 달리던 자동차가 고장 나 숲 한가운데에서 멈춰 버리면서 이들은 그동안 한 번도 생각해 보지 않았던 상황과 맞닥뜨리게 된다. 이슬람 반군에게 피랍되다! 이슬람 반군들은 이스말르 정부에 자신들의 지도자 우딘뚜기만의 석방을 요구하는 동시에 한국 정부에는 인질들의 몸값을 요구하며, 이 조건이 충족되지 않을 시에는 인질들을 한 명씩 죽이겠다고 협박한다. 상황이 급박하게 돌아가고 죽음에 대한 공포의 그림자가 옥죄여 오자 그동안 평범하게만 보였던 봉사단원들의 내면의 문제들이 하나씩 드러나기 시작한다. 위선, 거짓, 불신, 미움, 불륜, 폭력. 내면에 감춰 왔던 문제들이 수면 위로 떠오르면서 사람들은 더욱 극심한 혼란과 내분을 겪게 된다. 그리고 이들의 모습을 묵묵히 바라보던 요한의 내면에도 조금씩 변화가 일어나게 되고, 오랫동안 감춰 왔던 그의 과거 역시 조금씩 드러나기 시작하는데⋯. 살기 위해 믿음을 버릴 것인가, 죽음으로 신앙을 지킬 것인가. 시간이 흘러 죽음의 벼랑 끝에 선 요한과 봉사단원들. 이슬람 반군들은 이들에게 신앙과 죽음 사이에서 한 가지를 선택할 것을 강요한다. 삶과 죽음, 선과 악, 믿음과 불신에 대해 이장호 감독이 던지는 날 선 질문! 과연 이들은 죽음 앞에서 어떤 선택을 하게 될 것인가.
포스터	

빛을 향하여 다시	
감독	홍의봉
제작연도	2013
상영시간	96분
개봉극장	
출연	조승희, 정선일, 정나온
관람객 수	
흑백/컬러	컬러
평가	
내용	절망에 빠진 사람들이 기독교적인 가치와 신앙에 의해 운영되는 힐링 캠프에 참여하여 각자의 문제를 진단하고 치유하여 희망을 찾아 새 출발 하게 되는 과정을 그린 내용
포스터	

신유의 키	
감독	장태령
제작연도	2013
상영시간	114분
개봉극장	
출연	정선일, 김성남, 이 현, 이명숙, 강태기
관람객 수	
흑백/컬러	컬러
평가	
내용	순복음교회를 설립한 조용기 목사의 일대기를 그린 내용
포스터	

아 유 레디?	
감독	허 원
제작연도	2013
상영시간	**88분**
개봉극장	
출연	고형원, 권요섭, 김명혁, 김택균, 김 폴, 대천덕, 리즈 토레이, 리차드 메이튼, 림근오, 매튜 툴러, 민경찬, 방지일, 배기찬, 벤 토레이, 성현경, 손경주, 스텔라 프라이스, 스티브 김, 스테판 프라이스, 오대원, 오테레사, 이규대, 이상규, 이영호, 임창호, 장영생, 존 텐콕, 주선애, 최요한, 피터 양, 장광
관람객 수	
흑백/컬러	컬러
평가	
내용	분단 이후 지금까지 수많은 대한민국 기독교인들의 남북통일을 위한 기도가 응답받지 못한 이유는 무엇인가? 국내외 수많은 사역자들과 탈북자들의 생생한 증언은 현 남북통일의 문제가 단순히 하나의 정권으로 합쳐지는 정치적 차원의 일이 아니라는 사실을 보여 준다. 김일성 정권 수립 이후, 공산주의와 주체사상에 동의하지 않는 기독교인들을 감금, 통제, 사살하여 사실상 기독교인들이 존재하지 않는 것으로 알려졌던 북한. 하지만 대한민국 교회의 침체와 맞물려 북한의 지하 깊숙한 곳에서 발견된 북한 교회의 충격적인 진실이 밝혀지고 한반도 통일의 마지막 열쇠가 드디어 그 모습을 드러내는데…. 대한민국 기독교인들이 남북통일을 이루어 내야 하는 궁극적인 이유와 우리가 간과했던 중요한 메시지가 가슴을 울리기 시작한다!
포스터	

소명 하늘의 별	
감독	신현원
제작연도	2013
상영시간	75분
개봉극장	
출연	조태환, 오순옥, 조하은, 조예은, 김형식, 심칠보, 송병국, 최덕일, 조은혜, 김다은, 최호영, 손순례, 조종태, 윙 아대릴, 로사리아 에바
관람객 수	
흑백/컬러	컬러
평가	
내용	2010년 8월 서울의 한 교회에 분향소가 차려졌다. 44세의 나이… 필리핀에서 사역하던 조태환 선교사가 괴한이 쏜 총에 맞아 생을 마감했다. 그를 기억하는 많은 사람들이 눈물로 그를 배웅하는데… 필리핀 아렌다 쓰레기 마을… 마닐라에서 배출되는 각종 쓰레기가 모여드는 곳. 대학 때 등록금을 벌기 위해 했었던 공사판 막노동 일로 어렵게 모은 5,000만 원을 들고 1999년 아렌다 쓰레기 마을을 찾은 조태환 선교사… 그가 찾은 아렌다 쓰레기 마을 사람들은 판자와 천막으로 만든 열악한 집에서 삶을 이어 가고 있었다. 그러나 판자 천막집은 태풍으로 홍수가 날 때마다 아렌다 지역에 버려진 쓰레기들이 집 안으로 밀려들어와 온통 쓰레기로 뒤범벅이 되곤(가득 차곤) 했다. 이런 절박한 사정을 해결해 주기 위해 손수 목수가 되어 집을 지어 주며 그들과 동고동락한 조태환 선교사. 조 선교사가 지켰던 그 자리…. 오순옥 사모가 눈물로 이어 가는 아렌다 쓰레기 마을의 감동 스토리가 펼쳐진다.
포스터	

신이 보낸 사람	
감독	김진무
제작연도	2014
상영시간	112분
개봉극장	
출연	김인권, 홍경인, 지용석, 안병경, 최규환, 김재화, 김은혜
관람객 수	
흑백/컬러	컬러
평가	
내용	"목숨도, 믿음도 살아남아야 지킬 수 있는 거요." 지하교회 교인이었던 것이 발각돼 아내와 함께 수용소에 끌려갔던 철호(김인권 분). 자신의 목숨은 건졌지만 아내를 잃고, 혼자 살아남은 것에 대한 죄의식을 떨쳐내지 못한다. 2년 만에 고향 땅으로 돌아온 철호는 죽은 아내와의 마지막 약속을 지키기 위해 마을의 북한지하교인들을 데리고 남조선으로의 탈북을 결심한다. 하지만 탈북을 준비하던 중 철호는 1급 정치범으로 고발당하게 되고, 자유를 찾아 탈북을 결심하게 된 교인들은 지하교회가 발각될까 두려움에 떨게 된다. 설상가상으로 마을 사람들을 원조해주던 중국 선교사와의 연락도 두절되면서 준비해 오던 탈북 계획에 차질이 생기게 되는데… 과연, 철호는 마을 사람들과 함께 자유를 찾아 탈북에 성공할 수 있을까?
포스터	

쿼바디스	
감독	김재환
제작연도	2014
상영시간	105분
개봉극장	
출연	남명렬, 안석환, 이종윤, 최승호, 이상호, 이용마
관람객 수	
흑백/컬러	컬러
평가	
내용	교회는 점점 커졌고, 예수는 점점 작아졌다. 아버지 목사가 교회의 주인이고, 아들 목사가 다음 주인이다. 다들 탐욕에 미쳐 버렸지만 교회엔 침묵만 흐를 뿐이다. 지금 한국 교회는 누구의 가슴도 뛰게 하지 못한다. 교회가 예수를 따르는 이들의 모임이라면 이제 단도직입적으로 물어야 한다. 쿼바디스 한국 교회? 그리고 쿼바디스 한국 사회?
포스터	

제자, 옥한흠	
감독	김상철
제작연도	2014
상영시간	92분
개봉극장	
출연	권오중, 성유리, 옥한흠, 하용조, 강명옥, 고장원, 김경원, 김동호, 김명혁, 김명호, 김영순, 김영인, 김계선, 김원배, 김정재, 김종화, 김해용, 노창수, 민상식, 박은조, 박응규, 박정근, 반기성, 반석진, 배창돈, 손봉호, 손인웅, 송금화, 송길원, 신경옥, 오정현, 오정호, 옥상석, 옥성호, 옥승훈, 옥은혜, 옥진우, 이권희, 이동원, 이만열, 이명은, 이상화, 이성주, 이종식, 이찬수, 임징자, 정민철, 조상용, 최민화, 최홍준, 한인권, 홍정길
관람객 수	
흑백/컬러	컬러
평가	
내용	옥한흠 목사는 한국 개신교에서 한경직 목사 이후로 가장 존경받는 인물로 알려져 있다. 그는 제자훈련으로 잘 알려져 있다. 대형 교회 목사로서 누릴 수 있는 모든 것을 배설물로 여겼을 뿐 아니라 한 영혼을 위해 최선을 다한 목사로 통한다. "나는 내 주변에 있는 분들을 비교 대상으로 삼은 적이 없다. 나의 비교 대상은 사도 바울이고 초대교회 교인들이다. 그들과 비교하면 내가 무엇을 자랑할 것이 있겠는가." '제자, 옥한흠'을 한 단어로 요약한다면 비교 대상이 달랐던 사람이었다. 한국 교회가 왜 세속화되었을까? 그것은 항상 주변을 보니까 그렇다고 할 수 있다. 따라서 우리가 보아야 할 대상은 초대교회 교인이고 초대교회에서 말씀대로 살았던 사람이어야 한다. 스스로를 초대교회 교인들과 비교하면서 살면 어떻게 한국 교회가 세속화될 수 있겠는가. <제자, 옥한흠>을 보면 우리의 비교 대상이 달라질 수 있을 것이다.
포스터	

바세코의 아이들	
감독	김경식
제작연도	2014
상영시간	79분
개봉극장	
출연	신승철, 이경욱, 라니 깐딜랑, 오가와, 바세코의 아이들, 이영애, 반정섭, 박호빈, 김광철, 신경철, 권오순, 셸리시 티노, 에바 빌리야로엘 깐딜랑, 크리스티안, 드보라, 오가와, 탄파뇨, 이스라엘, 크리스, 조이스, 요마리
관람객 수	
흑백/컬러	컬러
평가	
내용	꿈도 희망도 없는 바세코에서 피어난 기적 같은 여정. 바닷가의 쓰레기 더미를 놀이 공간 삼아 뛰어놀면서도 해맑은 웃음만큼은 잃지 않는 바세코의 아이들. 행복이 무엇인지 알기도 전에 맞이한 차가운 삶의 덫은 이들의 삶에 대한 작은 희망마저 앗아 가려 한다. 그러던 어느 날, 신승철 선교사가 이끄는 세계선교공동체 WMC 일원들이 바세코를 찾는다. 굶주린 아이들에게 따뜻한 한 끼의 식사를 대접하고, 학교에 가지 못하는 아이들에게는 빵 만드는 기술을 가르치며 그들을 위해 기도하는 이들… 과연, 절망의 땅에 희망의 빛을 전해 줄 수 있을까? 바세코의 작은 천사들의 아름다운 날갯짓이 시작된다!
포스터	

순교	
감독	김상철
제작연도	2015
상영시간	83분
개봉극장	
출연	김영학, 안원정, 배형규, 심성민, 박현범, 오소라, 윤민희, 구본재
관람객 수	
흑백/컬러	컬러
평가	
내용	김영학의 아내인 안원정 사모가 남긴 자술서를 최초로 인용하며, 그들의 삶과 슬픈 가족사를 조명한다. 영화는 순교라는 것이 한 사람의 의지에 의해 일어나는 것이 아니라, 하나님의 결정과 또 다른 가족의 희생이 함께 어우러진 가장 귀한 값진 열매임을 다시 한번 확인한다. 그리고 순교라는 것이 무엇인지를 돌아보고 그 의미를 한국 교회에 전달한다.
포스터	

미션스쿨	
감독	강의석
제작연도	2015
상영시간	61분
개봉극장	
출연	이바울, 임정은, 권우경, 승의열, 리우진, 김혜화, 윤금선, 권방혁, 윤상호, 정연심, 조 운, 허정진, 문영옥, 송생애, 문상희, 김민체, 송효주, 고훈목, 전성원, 장재권, 박준영, 조주환, 고기혁, 정래석, 이종승, 정준훈, 권택기, 신용숙, 이경훈, 오수지, 안덕용, 공혜진, 최원준, 전유성, 윤정훈, 최승하, 한민호, 김서영, 김지서, 노채현, 박선형, 변지현, 선경연, 신세현, 이다은, 이은정, 이선우, 이재인, 정윤미, 조지혜, 최다예, 황희정, 김예준, 이민구, 하길현, 이정민, 이소연, 이나원, 서지형, 홍선기, 김노연, 김재원, 이미선, 황종필, 장수훈, 나인호, 박재철, 서정원, 임정숙, 최수혁, 박장호, 김재연, 허경영
관람객 수	
흑백/컬러	컬러
평가	
내용	기독교 명문사학인 대명고등학교의 아침은 교내에 울려 퍼지는 찬송가 소리로 시작된다. 비기독교인인 학생회장 바울은 매일 반복되는 종교 수업과 예배를 받아들일 수 없다. 교장실을 찾아가 강제 예배는 부당하다 말하지만, 누구도 그의 말을 귀담아 들으려고 하지 않는다. 급기야 유일한 바울의 상담자였던 교목실장은 종교다원주의자로 몰려 학교에서 내쫓기게 되고, 부모님과 친구들 역시 바울의 행동을 못마땅하게 여긴다. 아무도 들어 주지 않는 목소리…. 바울은 결국 강제 예배를 거부하고, 1인 시위와 단식투쟁을 감행한다. 이에 학교는 '퇴학'이라는 강경책을 내세우는데… 과연, 바울은 다시 평범했던 날들로 돌아갈 수 있을까?
포스터	

6. 한국 신종교영화

백백교	
감독	하한수
제작연도	1961
상영시간	
개봉극장	
출연	황 해, 도금봉, 김희갑, 허장강
관람객 수	
흑백/컬러	컬러
평가	
내용	착실한 기독교도인 귀연(도금봉)은 한집에서 자란 대학생 대성(황해)과 사랑하는 사이다. 귀연은 백백교도가 된 아버지의 뒤를 따라 서울에 갔다가 그들의 마수에 걸려든다. 이 사실을 친구인 일만(김희갑)에게 전해 들은 대성은 그와 함께 백백교의 소굴로 들어가지만 곧 잡힌다. 그러나 대성은 굴하지 않고 자신을 짝사랑하는 명희(김삼화)의 도움으로 탈출에 성공하고 백백교의 본거지와 만행을 경찰에 알린다. 사교는 해체되고, 귀연과 대성은 재회한다.
포스터	

동학난	
감독	최 훈
제작연도	1962
상영시간	
개봉극장	
출연	신영균, 김승호, 최남현, 김지미
관람객 수	
흑백/컬러	흑백
평가	
내용	마을 진사인 성국의 아들 상도와 평민인 순구(신영균)는 친구로 가깝게 지낸다. 상도의 여동생 금주는 순구를 양반집 도령인 줄 알고 그를 사모하게 된다. 순구는 동학당 지도자 최갑(최남현)의 손자로 그의 형 순영(김승호)과 함께 동학운동을 이끌고 있었다. 상도는 서울로 과거를 보러 떠나고 금주와 순구는 서로 사랑하게 된다. 동학군들은 타락한 양반들을 몰아내고 귀천의 구분 없는 세상을 만들고자 봉기하고, 순구는 동학운동의 선봉장이 된다. 동학운동을 위한 모임 도중 포졸들이 들이닥치자 동학군들은 추월산으로 피신하고 최갑은 잡혀가 모질게 고문을 당한 뒤 숨진다. 순구는 금주를 찾아가 자신의 신분을 밝히고 자신을 잊어 달라고 한다. 금주는 순구를 찾아가지만, 순구는 조부가 억울하게 죽은 것에 대해 복수하고 모든 백성의 원수를 갚겠다고 말하면서 금주를 돌려보낸다. 동학군이 봉기를 일으켜 김성국 진사 가족을 잡아들이나, 순구는 남몰래 진사 가족을 풀어 준다. 금주는 가족을 버리고 순구를 따르기로 결심한다. 전세가 역전되어 순영과 동학군은 수만 명의 관군을 맞아 싸우다 산중으로 패주한다. 순영은 자살하고 순구는 포도대장이 되어 동학군을 처벌하러 내려온 상도와 대결하게 된다. 순구를 붙잡은 상도는 순구에게 총을 겨누고, 금주는 그를 처벌하지 말라고 상도에게 애원한다. 금주의 설득으로 상도가 자기 가족을 살렸다는 사실을 알게 된 상도는 순구에게 누이를 부탁하면서 두 사람에게 멀리 떠나라고 말한다.
포스터	

화평의 길	
감독	강대진
제작연도	1984
상영시간	120분
개봉극장	아세아(서울)
출연	전 운, 이순재, 한은진, 김진규, 김해숙, 제갈숙, 전 숙, 심정수, 김운하, 조용수, 김민규, 이지산, 김정철, 여재하, 심상천, 최 석, 최성관, 박 암, 김기종, 추 봉, 정영국, 김하림, 한다영, 박용호, 신찬일, 권혁진, 이예성, 지용남, 문태선, 임해림, 최재호, 사원배, 안용환, 최 성, 김태용, 최 일, 신양균, 채 훈, 김석훈, 최성호, 김월성, 추석양, 김기범, 윤일주, 임성호, 임생출, 마도식, 박부양, 유명순, 이정애
관람객 수	80,000명(서울)
흑백/컬러	컬러
평가	
내용	증산은 1871년 전북 고부군 객망리에서 출생했다. 어린 시절부터 특출한 학문과 사고를 보인 증산은 청년 시절에 이미 수많은 제자를 거느린다. 안으로 조선의 어지러운 국운을 바로잡아 보려고 교화에 힘쓰고 밖으로는 한일합방을 탄핵했으며, 유·불·선의 정신혁명으로 민족적 시련을 이기고 나면 우리 민족이 세계를 영도하는 문화민족이 된다고 민중에게 희망을 주었다. 증산이 서거한 뒤 그를 추종하던 종도들이 증산사상을 신앙화하고, 한때 그 교세를 크게 떨쳤으나 대동아전쟁 과정에서 탄압을 받게 된다. 그러나 해방 후 증산사상은 연연히 이어져 민족의 정신도량 구실을 하고 있다.
포스터	

개벽	
감독	임권택
제작연도	1991
상영시간	146분
개봉극장	대한(서울)
출연	이덕화, 이혜영, 박지훈, 김명곤, 이석구, 최동준, 김길호, 김기주, 기정수, 박 웅, 오영화, 홍원선, 한영수, 이기영, 최종원, 이성훈, 송용태, 정영철, 이기열, 김찬구, 손호균, 송영호, 김학철, 나기수, 장정국, 손 전, 문미봉, 박부양, 김달호, 조태봉, 김태희, 김경란, 박민희, 신찬일, 홍진기, 서평석, 주상호, 태 일, 김기범, 안진수, 오희찬, 나갑성, 최재호, 김우석, 고재민, 이철민, 이남경, 짓패희망세상, 우리굿사랑
관람객 수	45,566명(서울)
흑백/컬러	컬러
평가	1991년 제38회 아시아태평양영화제 미술감독상/1991년 제12회 청룡영화상 감독상, 촬영상/1991년 제2회 춘사영화제 감독상, 남우주연상, 음악상/1992년 제30회 대종상영화제 최우수작품상, 남우주연상, 조명상, 미술상, 특별연기상(남)/1992년 제28회 백상예술대상 영화부문 인기상
내용	동학의 1대 교주 수운 최제우가 혹세무민 죄로 처형당하고, 2대 교주 해월 최시형은 관의 추적을 받으면서도 동학을 널리 알리기에 여념이 없다. 민중생활은 더욱 궁핍해지고, 민중의 지지를 받던 동학이 계속 탄압당하자, 해월은 혼자 태백산으로 숨고, 부인 손씨와 네 딸들은 전국에 조리돌림을 당하는 수모를 겪는다. 이 소식을 들은 해월은 부인이 죽었으리라 생각한다. 더 깊은 산중에 숨은 해월은 그를 돌보던 노인의 과부며느리 안동 김씨와 결혼한다. 강시헌 선생과 재회한 해월은 다시 도주해서 동학의 경전을 출판한다. 그리고 죽은 줄 알았던 손씨 부인과 재회하지만, 기쁨보다는 안동 김씨를 생각하며 고민한다. 정부의 삼정문란은 날이 갈수록 심화되어, 민중들의 분노는 동학란으로 이어진다. 그리고 1898년 수많은 군중이 지켜보는 가운데 해월은 참형을 당한다.
포스터	

백백교	
감독	최영철
제작연도	1991
상영시간	106분
개봉극장	대왕, 신양, 여성(서울)
출연	이대근, 김형자, 나영진, 홍수아, 이춘식, 문회원, 김영인, 김기주, 김동호, 문동근, 조형기, 오희찬, 나갑성, 최근제, 박동룡, 이 숙, 유경애, 조영선, 이혜성, 최상아, 이강욱, 이명미, 임정하, 김유행, 김기범, 박종설, 윤일주, 박인순, 최한수, 박은숙, 김동현, 한찬희, 오동훈, 임성배, 최 용, 장 신, 황승일, 최용석, 용희창, 오차진, 이주희, 박연실, 홍미경, 정성훈, 이치우, 김현정, 이종훈, 김대성, 김효관, 선우영
관람객 수	1,130명(서울)
흑백/컬러	컬러
평가	
내용	때는 1930년대, 이단 사교 백백교는 온갖 감언이설로 우매하고 선량한 사람들을 꾀어 교세를 넓혀 간다. 철저한 지하 밀교로서 신도들의 재산을 모아 교주의 유흥비로 탕진하고, 돈 없는 신도들에게는 딸을 바치게 해 첩으로 삼는 등의 범죄를 일삼는다. 그러던 중 자신들의 범죄 행각이 드러날까 두려운 교주는 심복 부하 12명의 살인귀들에게 지시를 내려 전국적으로 350여 명의 남녀 신도들을 집단 살육한다. 그러나 수년 후 유곤룡이라는 사람에 의해 그 마각이 드러나는데, 유곤룡은 조부의 유언에 따라 백백교의 마수를 벗기기 위하여 그 본거지를 찾아 헤맸던 것이다. 그는 이미 백백교 교도가 되어 버린 아버지와 교주의 첩이 된 누이동생을 상봉하는 자리에서 교주 전용해의 가면을 벗기고 전 세계를 전율의 도가니로 몰아넣은 살인집단 백백교의 전모를 밝혀낸다.
포스터	

동학, 수운 최제우	
감독	박영철
제작연도	2011
상영시간	106분
개봉극장	
출연	박성준, 송경의, 정기선, 조윤정
관람객 수	
흑백/컬러	컬러
평가	
내용	신념을 지키기 위해 지독한 소외를 넘어 죽음마저 마다하지 않는 실존 인물, 수운 최제우의 마지막 생애를 그린, 발견의 휴먼 드라마! 내적 몽타주가 돋보이는 정치한 화면 구도, 가히 정중동의 미학이라 할 극적 호흡, 감독의 영화적 '내공'을 짐작게 하는 적잖은 오마주들, 비주얼 못잖게 섬세한 사운드 효과 등은 새삼 "영화란 무엇인가?"란 예의 근원적 질문을 던지게 한다.
포스터	

미쓰 홍당무	
감독	이경미
제작연도	2008
상영시간	100분
개봉극장	
출연	공효진, 이종혁, 서 우, 황우슬혜, 방은진, 서보익, 라미란, 고희주, 박지수, 전민정, 장진영, Michael Onyeka, 김희영, 장혜진, 마세라, 송주은, 최유라, 김채윤, 양현진, 이다은, 윤연수, 김채울, 정준수, 김보현, 홍현철, 김성은, 서영주, 최희진, 봉준호, 정정훈, 박찬욱, 배성우
관람객 수	539,121명
흑백/컬러	컬러
평가	2008년 제7회 대한민국영화대상 여우주연상, 신인여우상/2008년 제29회 청룡영화상 신인감독상, 각본상/2008년 제28회 한국영화평론가협회상 여자신인상/2009년 제18회 부일영화상 신인여자연기상
내용	시도 때도 없이 얼굴 빨개지는 안면홍조증에 걸린 양미숙은 비호감에 툭하면 삽질을 일삼는 고등학교 러시아어 교사. "지지난해 회식자리에서도 내 옆에 앉았고, 집으로 가는 차 안에서도 내 옆에 앉은 걸 보면서 선생님은 나를 좋아하는 게 분명해!"라고 생각하던 그녀 앞에 단지 예쁘다는 이유로 사랑받는 모든 여자의 적 이유리 선생이 나타났다. 같은 러시아어 교사인 이유리 선생. 그러나 러시아어가 인기 없단 이유로 양미숙은 중학교 영어 선생으로 발령 나고, 자신이 짝사랑하는 서 선생과 이유리 사이에도 미묘한 기운이 감지되는데…. 열심히 해도 미움받는 양미숙, 대충 해도 사랑받는 이유리. 미숙은 자신이 영어 교사로 발령 난 것도, 서 선생의 마음을 얻지 못한 것도 모두 그녀 때문이라고 생각한다. 급기야 질투와 원망에 사로잡힌 양미숙은 서 선생과 이유리 사이를 떨어뜨리기 위해 서 선생의 딸이자 싸가지 없는 전교 왕따 서종희와 모종의 비밀스러운 동맹을 맺게 되는데…! 전공 아닌 과목 가르치기, 아프지도 않은 몸 챙기기, 내 것도 아닌 남자 사랑하기. 29년째 삽질 인생을 걸어온 비호감 양미숙. 이제 짝사랑하는 남자를 지키기 위해 그녀의 본격적인 삽질이 시작된다!
포스터	

박종수

강남대학교 종교철학과(B.A.)를 졸업하고, 한신대학교 종교문화학과에서 「고구려 고분 벽화의 종교적 의미에 대한 연구」로 석사학위(M.A.)를, 한국학중앙연구원 한국학대학원에서 「다문화사회에 대한 한국종교의 대응」으로 박사학위(Ph.D.)를 취득하였다. 이후 한국학중앙연구원 학술정보관에서 전임연구원으로 근무하였고, 강남대학교, 한신대학교, 인천대학교, 우송대학교 등에서 강의한 후, 현재 대구가톨릭대학교 다문화연구원에서 강의와 연구를 하고 있다. 저서로는 『한국 다문화사회와 종교』, 『우리에게 종교란 무엇인가』(공저), 『한국종교교단연구-조상의례 편』(공저) 등이 있으며, 관심을 갖고 연구하는 주제는 다문화와 종교, 종교와 미디어, 종교와 문화콘텐츠 등이다.

한국 종교, 영화 속으로

초판인쇄 2020년 1월 31일
초판발행 2020년 1월 31일

지은이 박종수
펴낸이 채종준
펴낸곳 한국학술정보㈜
주소 경기도 파주시 회동길 230(문발동)
전화 031) 908-3181(대표)
팩스 031) 908-3189
홈페이지 http://ebook.kstudy.com
전자우편 출판사업부 publish@kstudy.com
등록 제일산-115호(2000. 6. 19)

ISBN 978-89-268-9813-0 93210